Edda Klessmann

Wenn Eltern Kinder werden und doch die Eltern bleiben

Aus dem Programm Verlag Hans Huber
Psychologie Sachbuch

HUBER

Im Verlag Hans Huber sind außerdem erschienen:

P. Bäurle (Hrsg.), H. Förstl, D. Hell, H. Radebold, I. Riedel, K. Studer
Spiritualität und Kreativität in der Psychotherapie mit älteren Menschen
250 Seiten (ISBN 3-456-84095-0)

P. Bäurle (Hrsg.), H. Radebold, R. D. Hirsch, K. Studer, U. Schmid-Furstoss, B. Struwe
Klinische Psychotherapie mit älteren Menschen
Grundlagen und Praxis
325 Seiten (ISBN 3-456-83439-X)

M. Hafner, A. Meier
Geriatrische Krankheitslehre
Teil I: Psychiatrische und neurologische Syndrome
4., vollständig überarbeitete und erweiterte Auflage
499 Seiten (ISBN 3-456-84204-X)
Teil II: Allgemeine Krankheitslehre und somatogene Syndrome
3., vollständig überarbeitete Auflage
ca. 600 Seiten (ISBN 3-456-84376-3)

N. L. Mace, P. V. Rabins
Der 36-Stunden-Tag
Die Pflege des verwirrten älteren Menschen, speziell des Alzheimer-Kranken
Übersetzung und Anhang von Michael Martin
5., vollständig überarbeitete, erweiterte und aktualisierte Auflage mit Adressteil
375 Seiten (ISBN 3-456-83486-1)

Mike Martin / Hans Rudolf Schelling (Hrsg.)
Demenz in Schlüsselbegriffen
Grundlagen und Praxis für Praktiker, Betroffene und deren Angehörige
281 Seiten (ISBN 3-456-84191-4)

Edda Klessmann

Wenn Eltern Kinder werden und doch die Eltern bleiben

Die Doppelbotschaft der Altersdemenz

Mit einem Beitrag von Peter Wollschläger
zur stationären Betreuung von Alzheimer-Kranken

6., durchgesehene Auflage

Verlag Hans Huber

Die Autorin: Medizinstudium in Kiel und in Heidelberg (1953 Staatsexamen und Promotion). Danach Ausbildung als Kinderärztin an der Heidelberger Universitätskinderklinik. Weitere Fortbildung (u. a. im Hamburger Psychoanalytischen Institut) zum Zusatztitel «Psychotherapie». Tätigkeit in verschiedenen Kliniken und Beratungsstellen (z. B. Psychotherapeutische Beratungsstelle der Stadt Hamburg/Eppendorf). 1964 Heirat und Umzug nach Lemgo. Dort u. a. Leiterin der Familien-, Ehe- und Jugendberatung des Kreises Lippe neben eigener psychotherapeutischer Praxis. Seit Jahren Vorträge und Seminare im In- und Ausland. Themenschwerpunkte: Katathymes Bilderleben, Magersucht und familiendynamische Aspekte.

Das Umschlagbild stammt aus dem Band «Die Keramikmalerin Margit Kovaacs» von Ilona Pataky-Brestyansky, erschienen im Verlag Corvina, Budapest (© I. Pataky-Brestyansky).

Lektorat: Monika Eginger
Herstellung: Marileth Tonini
Druckvorstufe: Lang Druck, Liebefeld
Umschlag: Atelier Mühlberg, Basel
Titelillustration: Ilona Pataky-Brestyansky, Budapest
Druck und buchbinderische Verarbeitung: AZ Druck und Datentechnik, Kempten
Printed in Germany

Bibliografische Information der Deutschen Bibliothek
Die Deutsche Bibliothek verzeichnet diese Publikation in der Deutschen Nationalbibliografie; detaillierte bibliografische Daten sind im Internet über http://dnb.ddb.de abrufbar.

Anregungen und Zuschriften bitte an:
Verlag Hans Huber
Hogrefe AG
Länggass-Strasse 76
CH-3000 Bern 9
Tel: 0041 (0)31 300 4500
Fax: 0041 (0)31 300 4593

6. Auflage 2006

ISBN-10: 3-456-84364-X
ISBN-13: 978-3-456-84364-3

Inhalt

Vorwort zur 6. Auflage

Seit der 1. Auflage sind 16 Jahre ins Land gegangen. Inzwischen ist die Autorin 80 Jahre alt geworden. In diesem Alter hatte sich bei ihrer Mutter und ihrem Großvater die Demenz zum ersten Mal manifestiert. Einige Male gab es in letzter Zeit auch bei ihr Anzeichen von «Schusseligkeiten», die wohl früher kaum passiert wären. Eine Frage geht ihr deshalb öfter durch den Kopf: Könnte es sein, dass sich jetzt auch bei ihr eine Demenz anbahnt?

Ich muss die Frage einstweilen offen lassen, konstatiere aber mit Erleichterung, dass ich mich durch die Erfahrungen mit meiner Mutter gewappneter fühlen kann. Die heutigen Möglichkeiten im Umgang mit Alzheimer-Kranken, einige neuere Medikamente (S. 200 f.) und neuerdings die Untersuchungen zur biologischen «Neurogenese» (der Möglichkeit neuer Nervenzell-Entwicklungen, mit der neuronale Defekte vielleicht kompensiert werden können) – all dies hat doch tröstliche Aspekte. So heißt es erst einmal geduldig abwarten, was mir wichtig ist.

Lemgo, im Mai 2006

Edda Klessmann

Einleitung

Die Alzheimer-Krankheit, die «wegen ihrer Verbreitung, aber auch wegen der gewaltigen sozialen und ökonomischen Probleme ... zur Krankheit des Jahrhunderts» (Lauter, 1989) erklärt worden ist, schien zu Beginn desselben Jahrhunderts, als der Neuropathologe Alois Alzheimer die «rätselhafte Erkrankung» erstmals beschrieb, eher eine Rarität zu sein. Inzwischen spricht man, obwohl die «schleichende Katastrophe im Gehirn» (ebenfalls Lauter, 1989) nach bisherigen Erkenntnissen nicht ansteckend ist, von einer «Volksseuche». In der Tat sind die bisher erhobenen und hochgerechneten Zahlen erschreckend: Bei den über 80jährigen rechnet man mit einer Erkrankungsrate bis zu 20 Prozent; jeder Fünfte wäre demnach disponiert.

Da mehr als 80 Prozent der Demenzkranken zu Hause versorgt werden, kommt den Nächsten der Kranken bei der Betreuung eine Schlüsselrolle zu. Ärzte und andere Verantwortliche in den Einrichtungen und Kliniken, die mit dem Problem täglich konfrontiert werden, haben die unentbehrliche Funktion der Angehörigen inzwischen erkannt und versuchen daher, den fast immer Überforderten Hilfe und Entlastung (Beratungsangebote, Selbsthilfegruppen) anzubieten. Denn die Kranken sind nicht mehr in der Lage, selbst für sich zu kämpfen und soziale Veränderungen zu erzielen. «Hirnkranke alte Menschen haben keine Lobby», heißt es in einer Ausgabe der «Ärztezeitung» (1987). Oft können sie nicht einmal ihre ganz persönlichen Nöte und Wünsche artikulieren. Das müssen dann diejenigen tun, die sie lange und/oder gut kennen und manchmal ahnen mögen, wie man ihr unausweichliches Los menschlicher gestalten sollte.

Die Schwedin Maj Fant (1988) hat auf eine eigene, sehr persönliche Weise versucht, das in ihrer Heimat zu tun. Ihr Buch «Att bli mamma till sin mamma» («Mama seiner Mama werden») hat in Skandinavien viele Diskussionen ausgelöst und auch einige Tabus in der Öffentlichkeit gebrochen. Maj Fant berichtet im ersten Teil des Buches in ungewöhnlicher Offenheit von der zunehmenden Verwirrtheit ihrer Mutter und von den Problemen, die sie als Tochter damit hat. Im zweiten Teil greift sie als «Fachfrau» (Sozialarbeiterin in leitender Funktion) viele Unzulänglichkeiten und Widersprüchlichkeiten der schwedischen Alteneinrichtungen auf, um Verbesserungsvorschläge zu unterbreiten. So z.B.: «Jeder muß ein Recht auf ein eigenes Zimmer haben.» Oder: «Die Generation, die gestern dazu beigetragen hat, den Wohlstandsstaat aufzubauen, darf heute (und morgen) nicht von der davon profitierenden Gesellschaft im Stich gelassen werden und ihre letzten Tage in Einsamkeit, Demütigung und ohne adäquate Hilfe verbringen.»

Maj Fants Anliegen, mehr Nachdenklichkeit, mehr Verständnis für die Probleme der Alzheimer-Betroffenen zu initiieren, ist auch das Ziel dieses Buches. Die Autorin (Kinderärztin, Psychotherapeutin) versteht sich allerdings nicht als «professionell» im engeren Sinn. Sie hat weder eine neurologische noch eine psychiatrische Fachausbildung. Sie versucht vielmehr, aus der langjährigen Begleitung eines Alzheimer-Schicksals den Ablauf der Erkrankung in ihren drei charakteristischen Stadien zu schildern. Es geht dabei um zwischenmenschliche Verwicklungen, die sich durch die Verwirrtheit der Kranken ergeben, es geht um (unnötige) Schuldgefühle, um viele Mißverständnisse, um allgemeine Vorurteile und – vor allem – um bessere Bewältigungsmöglichkeiten.

Darf man aber so intim erlebtes Leid öffentlich ausbreiten? Dieses ethische Problem stand der Niederschrift lange Zeit fast unüberwindlich entgegen. Es ist mit der Entscheidung *für* die Publikation nicht «gelöst» worden ... Auch die Leser werden unterschiedliche Antworten darauf haben.

Eines der durchgängigen Themen des Buches ist die wohl jede Alzheimer-Krankheit begleitende paradoxe Botschaft: «Hilf mir! Nein, ich kann alles noch allein!» Die Kranken brauchen das nicht wörtlich zu äußern. Durch ihre Hilflosigkeit (bis in die praktischen Alltagsverrichtungen wie Anziehen, Essen, Toilettengänge) geraten sie zwangsläufig in eine Kleinkindebene. Andererseits bleiben gewisse soziale Fähigkeiten noch lange erhalten. Der so entstehende unlösbare Widerspruch zwischen Kleinkindverhalten und Erwachseneneinsichten wirkt sich auf das Umfeld außerordentlich lähmend aus. Kaum hat man sich mütterlich (väterlich) fürsorglich um die Kranken gekümmert (was die Realsituation erfordert), da erwacht deren «Stolz». Sie wehren sich gegen die immer stärker werdende Abhängigkeit, und so können die Helfenden im nächsten Augenblick eine aggressive Gegenreaktion erleben, die sie ärgerlich und hilflos macht. Oder sie stellen irritiert fest, daß die scheinbar Hilflosen mitunter erstaunlich reif und «geistesgegenwärtig» reagieren, so daß die Helferrolle unangebracht wirkt. Der Titel des Buches bezieht sich daher in erster Linie auf diesen widersprüchlichen Aspekt der Altersdemenz.

Das, was bei Kleinkindern oft als «Übergangsobjekt» (die Schmusedecke, der Teddy, die Puppe), als trostreiches Refugium bei der Ablösung aus der elterlichen Behütung hilft, kann bei Altersdementen umgekehrt den Prozeß der Adaptierung an die hilflose Kleinkind-Position erleichtern. Auf der Suche nach solchen und ähnlichen Entlastungsmöglichkeiten kam der Autorin zugute, daß sie den Prozeß einer Alzheimer-Erkrankung persönlich erlebt und darüber Aufzeichnungen gemacht hat. Die chronologisch erzählte «Geschichte von M.» ist zunächst eine noch weitgehend unreflektierte Wiedergabe des Geschehens, welches die Autorin genauso ratlos, widersprüchlich, verzweifelt und manchmal auch mit «Galgenhumor» wahrgenommen hat, wie wohl mehr oder minder alle, die damit konfrontiert sind. Erst im *nachhinein* konnte das Vergangene in einen übergeordneten Kontext gebracht und *kommentiert* werden. Der Versuch, das Schwerbegreifliche zu ordnen, um es besser verstehen zu können, führte dann zu drei sich komplex überschneidenden Problemfeldern:

1. der unbeeinflußbare Prozeß des Abbaus von Hirnsubstanz mit den entsprechenden Ausfallerscheinungen,
2. die (unter Umständen) beeinflußbaren «reaktiven Symptome»,
3. das betroffene Beziehungsumfeld (Familie, Freunde, Betreuende).

In einer gemischten Gruppe von Angehörigen und Helfenden stellt sich oft die Frage, woran man erkennen könne, ob es sich bei dieser oder jener Verhaltensweise «um etwas Krankhaftes handelt, wogegen man nichts tun kann?» oder ob es eine Eigenart («Unart») sei, auf die man «reagieren muß?» «Hat es Sinn (Zweck), daß ...» so werden diese Fragen häufig eingeleitet. Das Buch kann keine Rezepte geben über das, «was Sinn hat» und wann es «keinen Zweck hat», etwas zu tun oder zu lassen. Etwas, das sich eben noch zu bewähren schien, kann kurze Zeit später das Gegenteil bewirken. In den Kommentaren, die die verschiedenen Kapitel abschließen, versucht die Autorin jedoch, Zusammenhänge, Erklärungen für einige «typische» Reaktionen aufzuzeigen, um möglichst optimale Wege für die Kranken zu finden, aber auch für diejenigen, die sich mit den oben skizzierten Widersprüchen auseinandersetzen müssen. Die Sorge der Autorin, die Probleme dabei zu einseitig, zu speziell aus persönlicher Betroffenheit gesehen zu haben, wurde durch die von P. Wollschläger gemachten, ganz ähnlichen Erfahrungen aus dem gerontopsychiatrischen Stationärbereich relativiert. Sein Bericht aus der Sicht eines Arztes findet daher als Ergänzung des vorher Ausgeführten hier einen entsprechenden Platz.*

Dem Lektor des Huber Verlages, Herrn Dr. Peter Stehlin, der das Entstehen des Buches mit Wohlwollen, Geduld und konstruktiver Kritik begleitet hat, sei abschließend ebenso herzlich gedankt wie Frau Gabriele Nitsche für ihren unermüdlichen Einsatz bei den Schreibarbeiten und Frau Erika Wagener-Köhler (beide Lemgo) für ihr ebenso sorgfältiges wie anregendes Korrekturlesen!

Edda Klessmann, Lemgo
Peter Wollschläger, Remscheid — Dezember 1989

* Leider konnte das sehr lesenswerte Buch von L. Feldmann «Leben mit der Alzheimer-Krankheit» nicht mehr berücksichtigt werden, da es der Autorin erst nach der Fertigstellung des Manuskripts zugänglich wurde.

Erstes Stadium

1.1 Die Vorgeschichte

Nachträglich läßt es sich nicht mehr festlegen, wann es eigentlich begann. Sehr leise, sehr langsam auf jeden Fall. So unauffällig mehrten sich die kleinen Vergeßlichkeiten, «die jeder in dem Alter hat», so diskret wurden sie auffälliger, daß es niemand bemerkte – oder bemerken wollte?

Es gab wohl ein erstes Erschrecken, als die Mutter während eines Besuchs bei der Tochter von ihrem Glück sprach, ja, von dem ungewöhnlichen Glück, daß sie zweimal in einer Woche (oder war es sogar dreimal) ihre Handtasche mit einem gut gefüllten Portemonnaie und ihren Ausweisen in der Straßenbahn habe liegen lassen. Und jedesmal hätten freundliche Menschen dafür gesorgt, daß sie das Verlorene, bzw. Vergessene zurück erhielt. Sie erzählte es heiter, wie ein Kind, das etwas geschenkt bekommen hat. Im nachhinein meinte die Tochter sich zwar zu erinnern, daß bei dieser Erzählung untergründig eine gewisse Beunruhigung dabei war. Immerhin: «So oft vergißt man ja so wichtige Dinge eigentlich nicht; oder? Ist dir das auch schon passiert?» Wollte sie sich mit diesen Fragen bestätigen lassen, daß das alles doch ganz «normal» sei? Direkt hat sie sich zu diesen Vorgängen nie mehr geäußert.

Dabei war es keineswegs abwegig, sich darüber Gedanken zu machen. Ihr Vater hatte mit etwa 80 Jahren eine Altersverwirrtheit bekommen. Nur hieß das damals nicht Alzheimer Krankheit. Aber es waren die gleichen Erscheinungen; auch bei ihrem Vater hatte es «so harmlos» begonnen. Allerdings hat sie den Beginn der Erkrankung seinerzeit nicht unmittelbar erlebt. Sie erfuhr nur von den Inhabern einer kleinen Pension, in der der Vater lebte, «daß er in der letzten Zeit doch sehr vergeßlich wird». Es kamen immer häufiger Berichte darüber, daß er manchmal «richtig verwirrt» sei und «Dinge tut, die er früher nie gemacht hätte». Man müßte ständig auf ihn aufpassen.

Er vernachlässige sich auch zunehmend, er, der doch immer so gepflegt gewesen sei! Man könnte sich das gar nicht erklären, es müsse wohl eine «Adernverkalkung» im Gehirn sein. So etwa lauteten die Botschaften, die aus Bremen in das weit entfernte Königsberg kamen. Aber was konnte die Tochter tun? Es war Krieg, sie durfte ihren Arbeitsplatz nicht verlassen. Es war überdies eine damals sehr lange und beschwerliche Reise von Ostpreußen nach Bremen – und dort dann die vielen Luftangriffe! «Nein, nein, beunruhigen Sie sich nicht, wir kommen schon mit dem alten Herrn zurecht. Heute geht es z.B. erstaunlich gut, und wir haben uns doch jahrelang bestens mit ihm verstanden». So wurde sie letztlich immer wieder von einem Besuch abgehalten. Bis eines Tages die alarmierende Nachricht kam, man müsse ihn *doch* in ein Krankenhaus bringen, es gehe nicht mehr. Er gefährde sich und alle andern, die noch in dem Haus wohnten ...

Also fuhr die Mutter mit ihrer Tochter nach Bremen. Die Enkelin sollte den «Opi» – vielleicht das letzte Mal? – noch einmal sehen. – Es war ein Schock für beide. Der Großvater erkannte die Enkelin überhaupt nicht mehr, aber auch seine Tochter nur zeitweise. Die Enkelin erinnert heute noch einen Vorfall, der wohl auch für die Mutter den Ausschlag gab, der Klinikeinweisung zuzustimmen: Da stand der Großvater mitten im kalten Februar an der Haustür, nur mit einem Hemd bekleidet, unter dem Arm ein buntes Sofakissen, das er offenbar für seine Aktentasche hielt; keine Hose, keine Strümpfe, nur Hausschuhe an. Und er war nicht davon abzubringen, daß er dringend in sein Kontor gehen müsse, von dem er sich zu diesem Zeitpunkt bereits seit Jahren zurückgezogen hatte.

Alles Zureden von seiten der Tochter und der Enkelin, schließlich auch von mehreren Pensionsgästen, half nichts. Selbst die gerade ertönende Luftschutzsirene, die das Annähern englischer Bomber ankündigte, brachte kein «Erwachen» aus diesem Alptraum. Der alte Herr, früher absolut korrekt und liebenswürdig, wurde immer wütender und schlug schließlich auf seine Tochter, die verzweifelt die Haustür zuhielt, ein. Nur mit Gewalt (d.h. von der Übermacht der um ihn Herumstehenden überwältigt) konnte er in den Luftschutzkeller gebracht und dort so lange festgehalten werden, bis der herbeigerufene Arzt ihm eine «Beruhigungsspritze» gab. Dieser «Auftritt» führte zwangsläufig zur Noteinweisung. Nachdem er in einen Tiefschlaf der Erschöpfung gefallen war, konnte der alte

Mann mühelos in das nächste Krankenhaus transportiert werden. Dort mußte er aber wegen Überfüllung und wegen der ständigen Fliegerangriffe umgehend in ein Ausweichkrankenhaus außerhalb der Stadt verlegt werden.

Die Enkelin konnte den weiteren Ablauf des Dramas nicht mehr wahrnehmen, da sie wegen der Schule wieder nach Königsberg zurückfahren mußte. Sie weiß nur, daß ihre Mutter einen Revers unterschreiben mußte für eine nochmalige Verlegung – diesmal in eine psychiatrische Einrichtung – und daß die Mutter einen Tag später, als sie ihren Vater dort besuchen wollte, kurz vorher die telefonische Nachricht erhielt: Er sei plötzlich an Herzversagen gestorben. Die Enkelin erfuhr von Verwandten, daß sich die Mutter damals bittere Vorwürfe machte und völlig verzweifelt wirkte, da sie offenbar nicht an ein natürliches Ende glaubte. Die physischen Kräfte des alten Mannes – das hatte ja der «Kampf an der Haustür» gezeigt – waren doch erstaunlich gut! Die Mutter wußte auch von der schizophrenen Tochter einer Schulfreundin, was man damals mit «Geisteskranken» tat. Sie war absolut davon überzeugt, daß man den von ihr so geliebten Vater «eingeschläfert» hatte und daß sie, als sie den Revers unterschrieb, an seinem «Todesurteil» mitschuldig geworden war. Der plötzliche Tod hatte darüber hinaus jedes Abschiednehmen unmöglich gemacht.

Die Enkelin hat den Großvater gar nicht mehr gesehen; das letzte Bild war das des verwirrten alten Mannes, der, hilflos um sich schlagend, versuchte, sich einen Weg nach draußen zu bahnen. Ihre Mutter sah ihn nur noch einmal auf dem Totenbett, wo keine Klärung, keine Aussprache über die schreckliche Auseinandersetzung an der Haustür möglich war. Sie konnte in aller Zeitnot nur noch die Begräbnisformalitäten erledigen, weil auch sie an ihren Wohnort zurückkehren mußte. Als sie wieder bei der Tochter eintraf, war das Thema «Großvater» bereits zum Tabu-Thema geworden. Nie mehr hat die Enkelin erlebt, daß ihre Mutter über das tragische Geschehen sprach. Offenbar hatte sie nicht nur den leiblichen Vater beerdigt, sondern zugleich auch alle nicht substantiellen Erinnerungen tief in sich begraben. Es gab später keine Besuche am Grab, nichts, was an die Krankheit oder gar den Tod hätte erinnern können.

Im gleichen Ausmaß, wie es die Mutter verdrängte, hat sich das Lebensende des Großvaters in allen Einzelheiten im Gedächtnis der

Enkelin eingeprägt. Noch heute sieht sie seine unruhigen Augen, hört sie die befremdliche Frage an ihre Mutter: «Wen hast du denn da mitgebracht?» Und sie kann ihre verlegene Hilflosigkeit wieder spüren, die damals jedes erklärende Wort im Hals abschnürte. Beim letzten Besuch hatte der «Opi» sie noch in den Arm genommen und ihr einen bärtig-kratzenden Kuß auf die Backe gedrückt. Und jetzt die unerklärliche Fremdheit. Lag es an ihr? Hatte sie irgend etwas Kränkendes in einem Brief geschrieben? Fast war es ein Trost, daß er am nächsten Morgen auch ihre Mutter nicht erkannte, wenngleich die unerwartete Aggressivität die Enkelin noch mehr irritierte. Immer wieder versuchte sie später, den letzten Eindruck wegzuschieben und sich das frühere Bild des Großvaters wachzurufen. Aber das war schwierig, weil die Mutter solche Gespräche abbrach und das lastende Schweigen, das dann entstand, noch weniger hilfreich war. So dachte auch die Enkelin immer weniger darüber nach ...

... bis sich die Krankheitszeichen bei der Mutter vermehrten und eindeutiger wurden. Da tauchte plötzlich die Frage auf: War das nicht damals beim Großvater genauso? Aber der Tabu-Mantel legte sich ebenso rasch wie regelmäßig darüber, zumal die Mutter in keiner Weise erkennen ließ, ob auch sie Parallelen zog, ob sie ahnte, daß sie denselben Weg wie ihr Vater gehen müsse.

Außer den eingangs erwähnten «kleinen Altersschusseligkeiten» (so umschrieb die Mutter bagatellisierend ihre zunehmende Vergeßlichkeit) gab es noch andere Veränderungen. So nahm vor allem der Schwiegersohn wahr, daß sie immer häufiger abschweifte, nicht zuhörte oder auch wie abwesend nickte, bei Themen, die sie früher mit Sicherheit lebhaft aufgegriffen hätte. Anfänglich zweifelte der Schwiegersohn noch, aber schließlich glaubte er wirklich, daß sich hier ein Wandel zum Oberflächlichen vollzog. An eine Alzheimer Erkrankung dachte er nicht, und wenn, dann ordnete er die Krankheit (wie es damals üblich war) als «Zerebralsklerose» ein (als eine «Arterienverkalkung» im Gehirn). Erst viel später, als sich das Zustandsbild mit der Diagnose einer Alzheimer-Demenz erklären ließ, bekam das seinerzeit so seltsam abflauende Interesse der Schwiegermutter für ihn die Bedeutung von ersten Symptomen, als Vorboten eines krankhaften Prozesses.

Die Tochter registrierte in dieser Zeit – ebenfalls ohne es einordnen zu können und ohne «Hintergedanken» –, daß die Mutter aufhörte zu malen. (Sie hatte früher eine Zeitlang ein Kunststudium absolviert.) Bis dahin nahm sie fast regelmäßig ihr Skizzenbuch mit, um bei passenden (gelegentlich auch weniger passenden) Gelegenheiten kleine Zeichnungen anzufertigen, die sie gegebenenfalls zu Hause «ausmalte». Irgendwann fiel der Tochter auf, daß die Mutter ihren Zeichenblock nicht dabei hatte, obwohl es sich da durchaus angeboten hätte. «Ach, weißt du, das ist ja doch ziemlich umständlich. Ich lasse jetzt meine Hände lieber ruhen und genieße das mit den Augen.» Hatte sie nicht recht? Die Tochter war eine Zeitlang passionierte Fotografin gewesen und hatte zufällig in der gleichen Zeit ebenfalls die Hände und den Apparat ruhen lassen. Das war also nichts Ungewöhnliches, so schien es.

Davon abgesehen war die Mutter – den Eindruck hatten alle – so «kreativ» wie eh und je. Sie kam z.B. auf die Idee, ein Bild an die Dachschräge ihrer Mansardenwohnung zu «malen», dorthin, wo es bei einem Gewitter einmal durchgeregnet und häßliche, unregelmäßige Flecken gegeben hatte. Von diesen ließ sie sich, wie bei einem Rorschach-Test* zu einem Landschaftsbild inspirieren, das sie farbig ausmalte. Alle Besucher waren begeistert von der Idee, aus den häßlichen Flecken ein so hübsches Bild zu machen. Niemand fiel auf, daß dies offenbar nur deshalb (noch) ging, weil durch die Regenwasserflecken schon etwas vorgegeben war, was sie ebenfalls in «Klecksmanier», nur zu vervollständigen brauchte. «Richtige» Bilder konnte sie damals schon nicht mehr gestalten.** Das hat sie der Tochter erst sehr viel später «gestanden». Seinerzeit überspielte sie jedoch die beginnenden Ausfälle noch so geschickt, daß sie möglicherweise an ihre Rationalisierungen (es geht nicht, weil ich keinen geeigneten Pinsel habe usw.) selber glaubte.

Es dachte sich auch niemand etwas dabei, daß die Kinder zunehmend lieber mit «Omi» Spiele spielten, bei denen man sich konzentrieren mußte, «weil Omi immer so schön verliert». Selbige quittierte das halb lachend und gegenüber der Tochter mit den Augen

* Ein Test, bei dem man sich zu zufällig entstandenen Klecksfigurationen etwas einfallen lassen muß.

** Ein ähnliches Beispiel wurde in der Zeitschrift «Geo» (1989) referiert: Ein Hobbymaler konnte sein letztes Ölgemälde nicht beenden, weil die Konzentration dafür verlorengegangen war.

zwinkernd: «Sie brauchen ja ihre Erfolgserlebnisse, und ich brauche das nicht mehr.» Natürlich, das leuchtete ein. Eine gewisse Altersabgeklärtheit schien sich demnach anzubahnen, denn bis dahin gab die Großmutter ihre Gewinnchancen keineswegs so großzügig an die Enkel ab. Also war auch dieses neue Verhalten erklärbar und nicht beunruhigend. Selbst, daß die Vielgereiste, die sonst immer erst im letzten Augenblick den Zug erreichte – souverän um sich blickend nach dem Motto, «ohne mich wäre der nicht abgefahren» –, dieses Spiel aufgab, «verstanden» alle, denn «M. ist ja nicht mehr so beweglich». Tatsächlich wurde sie von Mal zu Mal ängstlicher und drängte darauf, daß sie unbedingt zur Bahn müsse, auch wenn sie noch viel Zeit gehabt hätte. Allmählich bürgerte es sich ein, daß sie ungefähr eine halbe Stunde vor der Zugabfahrt am Bahnhof war, um dann ungeduldig zu fragen, warum der Zug nicht endlich käme. Bis zu sechs-, achtmal wurden inzwischen die Gepäckstücke gezählt ... Auch solche ungewohnten Zeichen von Unstimmigkeiten und Umständlichkeiten, die für beginnende Orientierungseinbußen sprachen, alle diese Zeichen nahm niemand richtig ernst. Wenn überhaupt, wurden sie mit der Bemerkung abgetan: «M. ist eben nicht mehr 20!»

Auf der anderen Seite war sie in dieser Zeit immer noch sehr lebhaft, erzählte viel, fragte viel, schien sich nach wie vor für «Gott und die Welt» zu interessieren. Bei genauem Zuhören hätte man zwar bemerken können, daß sie vieles «mit freien Einfällen» ausschmückte, was sie offenbar nicht mehr genau erinnerte. Ihre Erzählungen über Theater- oder Fernsehstücke enthielten häufig auffallende «Neuigkeiten» und Ungereimtheiten. Sie hatte immer einen reichen Wortschatz gehabt, und wenn sie aus diesem nun großzügig etwas zusammenfügte, was nicht zusammenpaßte, dann pflegten Freunde und Verwandte das ihrer Phantasie zuzuschreiben, die «manchmal mit ihr durchging». «Ein bißchen hatte M. doch schon immer dazu geneigt, oder nicht?» Es gehörte eben zu ihrem «Wesen», und «jeder hat seine Eigenarten, die im Alter halt ausgeprägter werden können». So wurden auch diese Zeichen übergangen: Nein, M. war – im Gegenteil – für «ihre Jahre» noch «ungewöhnlich jung», so sahen sie alle, die sie damals erlebten. Sie war zu der Zeit 80 Jahre alt.

Kommentar: Die täuschende Fassade und die Frage, was heißt «normal»?

Die Frage eines «normalen» (oder anormalen) Alterungsprozesses wird derzeit unter Gerontologen kontrovers diskutiert. Zwei Fachwissenschaftler seien dafür exemplarisch zitiert.

1. «Der normale Altersabbau im Gehirn hat mit dem Morbus Alzheimer *gemeinsame Züge.* Vermutlich ist die senile Demenz vom Alzheimer-Typ die Endstrecke dessen, was an biologischen Veränderungen auch bei normalen Altersprozessen in abgeschwächter Form vorkommt. 75- bis 80jährige haben Defizite in der Größenordnung von 25–30 Prozent, Alzheimer-Patienten von 60 Prozent (Oswald, 1989).

2. «Das normale Altern und der Morbus Alzheimer haben *nur wenig gemein*» (Schlote, 1989)*. «Bei normalem Altern nimmt das Hirnvolumen vor allem des Frontalhirns ab. Beim Morbus Alzheimer dagegen sind vor allem parietotemporale Strukturen (Seitenpartien der Großhirnrinde) betroffen, deren Volumen sich beim physiologischen Alterungsprozeß nicht verändert.»

Die theoretisch interessante Frage, ob es sich um einen prinzipiell anderen pathologischen Vorgang oder um einen zwar physiologischen, aber krankhaft gesteigerten Prozeß handelt, dürfte für die Alzheimer-Betroffenen selbst letztlich irrelevant sein, vor allem, wenn es sich um das mittlere oder gar das Endstadium handelt. Sie kann aber in der ersten Phase von großer Bedeutung sein, weil hier zwischen krankhaftem oder nicht-krankhaftem Geschehen schwer zu unterscheiden ist. Die Frage, ob krank oder nicht krank, ist auch für die Angehörigen wichtig, denn mit der richtigen (oder falschen) Einschätzung der «Symptome» hängt natürlich das Verhalten zu den Kranken zusammen. So kann man die Störung einerseits nicht ernst genug nehmen und die Kranken durch Unverständnis isolieren («er, sie, macht das nur, um uns zu ärgern», «gibt sich keine Mühe», «hat schlechte Laune» ...). Umgekehrt kann eine falsche oder zu frühe Einordnung in das Schema: «Demenz = da-kann-man-doch-nicht-helfen» einer Resignation den Weg bahnen, die mögliche (noch) vorhandenen

* Vortrag: Internationales Alzheimer-Symposium in Würzburg, Juni 1989.

Ressourcen nicht nutzt und darüber hinaus eine allgemeine Trost- und Hilflosigkeit auslöst.

Überbesorgte (oder ungedulgige, zu-wenig-Zeit-habende) Angehörige «entmündigen» dann ihre Pfleglinge oft ungewollt zu früh, weil sie ihnen nichts (mehr) zutrauen und meinen, ihnen alles abnehmen zu müssen. Man sollte daher bei fraglichen Hinweisen auf eine Demenz sorgfältig – und möglichst unter Hinzuziehung eines Neurologen oder Psychiaters – abwägen, ob es sich nur um die «üblichen» Altersvergeßlichkeiten und Schwerfälligkeiten oder um die Vorboten der Alzheimer-Krankheit handeln könnte.

M. hatte das Glück und das Unglück zugleich, daß ihre Nächsten seinerzeit den Beginn einer Alzheimer Erkrankung nicht erkannt haben. Sie meinten, daß die sonst noch sehr rüstige und aktive Mutter genug geistiges Training betreibe, um ihre (normalen) «Alterserscheinungen» in Grenzen zu halten. (M. war beispielsweise in einem Lesekreis, sie suchte ihr Schulenglisch durch Sprachkassetten aufzubessern, ging in Vorträge, Konzerte und dergleichen). Die Angehörigen kümmerten sich daher nicht um die Symptome, weil sie nicht auf die Idee kamen, daß hier etwas «nicht stimmen» könnte. M. ihrerseits trug mit ihrem Verhalten kräftig dazu bei, daß man sich nicht zu sehr (be-)kümmerte. Es kam ihr mit Sicherheit entgegen, daß niemand merkte, wie es «eigentlich» in ihr aussah. Sie war immer sehr eigenständig und unabhängig gewesen. Sich «auf ihre alten Tage» in irgendwelche Abhängigkeiten zu begeben, das war wohl das Schlimmste, was sie sich vorstellen konnte. Alle diesbezüglichen Alarmzeichen hat sie daher konsequent mit allen ihr zur Verfügung stehenden Mitteln (ihrer Zugewandtheit, ihrer Sprachgewandtheit) überspielt.

Die eben genannten «sozialen Funktionen» bleiben bei Alzheimerkranken im allgemeinen lange erhalten: Das bezieht sich aber nur auf die Funktionen, die bis dahin im Leben ausgebildet wurden. Das heißt, daß jemand, der immer zurückgezogen lebte, nicht plötzlich von sich aus auf andere zugehen wird. Die «Kontaktfreudigkeit» eines Alzheimerkranken, welche eine aufgeschlossene Fassade, die in Wirklichkeit längst brüchig ist, vortäuschen kann, wird sich demnach nur dort zeigen, wo ein solches Verhalten schon immer erkennbar war. Auch ein großer Wortschatz kann als Reservoir für momentane Ausfälle noch längere Zeit eine scheinbar ungebrochene «geistige Lebendigkeit» vortäuschen. Man hat immerhin bei Kassettenaufnahmen von Alzheimerpatienten mit einer *beginnenden* leichten Demenz bereits bei 70 Prozent *Sprachstörungen* registriert. Dabei fiel vor allem auf, daß die Patienten oft das Thema vergaßen oder unvermittelt wechselten (Romero, 1988; zur «Oberflächlichkeit» siehe Seite 16).

Da es hinsichtlich der Intensität *unterschiedliche Vorstadien* gibt, kann der Verdacht auf eine ernste Erkrankung über einen mehr oder minder langen Zeitraum latent bleiben. Bei geringer geistiger Beweglichkeit werden die Symptome vermutlich eher auf die richtige Spur einer Altersdemenz führen als bei Kranken, die ihre Defizite länger überspielen können.

Letzteres hat den Vorteil, und insofern kann es – wie schon erwähnt – ein Glück sein, daß diese Kranken sich und ihre Umgebung relativ lange in der Illusion einer heilen Welt wiegen können. Es birgt andererseits die Gefahr in sich – und insofern ist es eher ein «Unglück» –, daß das Durchhalten einer Scheinnormalität zur deutlichen Überforderung führen kann – sowohl in geistiger als auch emotionaler Hinsicht. Da die Umgebung noch nichts ahnt, führen Alzheimerkranke, die sich ihrer Ausfälle schämen und in der Regel ihre Schwächen zu vertuschen suchen, in diesem Krankheitsstadium mitunter einen halsbrecherischen Drahtseilakt durch. Umso betroffener werden sie und ihre Angehörigen auf mögliche «Abstürze» reagieren. Davon wird im nächsten Kapitel die Rede sein.

Was bei M. besonders tragisch war, ist ihre spezielle Vorgeschichte mit dem altersdementen Vater. Es kann wohl angenommen werden, daß sie diese Ereignisse zwar weitgehend aus dem Bewußtsein «verdrängt» hatte, daß sich aber dennoch in ihrem Unbewußten und Vorbewußten Vergangenheitsspuren eingegraben haben müssen. Die einzige Zeugin, mit der sie ein klärendes Gespräch darüber hätte führen können, ihre Tochter, hatte durch frühere unglückliche Erfahrungen nicht mehr den Mut, das aufrührende Thema noch einmal aufzugreifen. Da sie anfänglich selber zweifelte, ob sich der Zustand der Mutter überhaupt mit dem des Großvaters vergleichen ließe, vermied sie ein klärendes Gespräch aus Sorge, die Mutter zu irritieren – leider zu einem

Zeitpunkt, an dem es von der Mutter geistig noch hätte verarbeitet werden können. Je klarer sich im Laufe der Krankheitsentwicklung herauskristallisierte, daß die Mutter das gleiche Schicksal wie ihr Vater durchlitt, desto unmöglicher wurde es aber mit ihr, die man im Gespräch kaum noch fixieren konnte, darüber zu sprechen. So war neben der Möglichkeit, die Mutter auf erst später bekannt gewordene Fakten hinzuweisen (daß z.B. das «offizielle Euthanasieprogramm» bereits 1941 gestoppt wurde)*, d.h. daß der Großvater auch eines natürlichen Todes hätte gestorben sein können, der richtige Zeitpunkt für eine solche «Aufklärung» ebenso verpaßt worden wie die Möglichkeit gemeinsamer Trauer, die die Mutter vermutlich entlastet hätte.

Wenn irgend möglich, sollten also alte «Schuldkonten» (wie Familientherapeuten es formulieren) rechtzeitig gelöscht werden. Auch von daher ist es wichtig, die Diagnose (bzw. Verdachtsdiagnose) so früh wie möglich zu stellen, sonst läuft die Zeit für aufarbeitende Gespräche ungenutzt davon. Das Löschen der «Schuldkonten» sollte sich aber nicht nur auf «Altlasten» beziehen, sondern auch gegenwärtige Familienkonflikte (Ungerechtigkeiten in Erbschaftsangelegenheiten z.B.) einschließen.

* Man weiß allerdings auch, daß «inoffizielle» Tötungsmaßnahmen weiterhin durchgeführt wurden.

1.2 Es nicht wahrhaben wollen – Die Kunst der Verdrängung

Eines Tages siedelten die «Kinder» ihre Mutter aus der kleinen Mansardenwohnung einer hanseatischen Großstadt in das geräumige Haus einer westfälischen Kleinstadt um. Ausschlaggebend für diesen Entschluß war nicht etwa der «Geisteszustand» der Mutter, den die Kinder keineswegs beunruhigend fanden, sondern die Sorge, daß die Mutter auf lange Sicht gewisse Mühseligkeiten in ihrer vier Treppen hoch gelegenen Wohnung nicht mehr bewältigen werde. Ihr Herz schien wenig belastungsfähig zu sein; sogenannte Stenocardien machten ihr zu schaffen. Die Vorstellung, daß sie eines Tages mit einem Herzversagen hilflos in ihrer Wohnung liegen könnte, schien durchaus denkbar, wie auch die Möglichkeit, daß sie im Winter irgendwann die relativ schweren Ölkanister für ihren Ofen nicht mehr vier Treppen «hochschleppen» könne. Es gab auch noch andere Argumente, die den Umzug sinnvoll erscheinen ließen, aber mit Sicherheit dachte niemand daran, daß die Mutter einmal eine ständige Beaufsichtigung wegen zunehmender Verwirrtheit brauchen würde.

Die Umgewöhnung in das Kleinstadtleben, das Sich-zurecht-finden in den neuen Räumen, ging erstaunlich gut, was sicher daran lag, daß der Mutter durch frühere Besuche die Umgebung der Kinder seit Jahren vertraut war. Mit der ihr eigenen Energie hatte sie sogar in kurzer Zeit wieder einen kleinen Lesekreis gegründet, und sie hatte sich in der Volkshochschule zu einem Englischkurs angemeldet. Immerhin hatte sie dabei gegenüber der Tochter die Begründung gebraucht: «Ich muß was für mein geistiges Training tun, ich vergesse doch sehr viel in letzter Zeit.» Zum ersten Mal fiel der Tochter bei diesem offenen Bekenntnis auf, daß die sonst so lebensbejahende Mutter besorgt, ja fast resigniert wirkte – so, als glaubte sie selber nicht mehr richtig daran, daß das geistige Training ihr helfen könne. Da gab es einen kurzen Moment gemeinsamer Nachdenklichkeit – bei der Tochter meldete sich sogleich bohrend und wieder schemenhaft abebbend die Erinnerung an den Großvater – es war eine Besinnungsstunde für beide, die sie sicher unterschiedlich erlebten, die allerdings nicht lange nachwirkte.

Andererseits wurden jetzt einige Auffälligkeiten, die man vorher wegrationalisiert hatte, so deutlich, daß die Tochter und ihr Ehemann sich einen Abend lang darüber Gedanken machten. Die Mutter hatte – obwohl die räumlichen Gegebenheiten besser als in der Großstadt-Mansardenwohnung waren – alle Angebote, sich eine Art kleines Atelier einzurichten, abgewiesen. Bei dieser Gelegenheit (erst) hatte sie gegenüber der Tochter geäußert, daß sie früher schon gemerkt hätte, daß «es nicht mehr geht»; es fehle ihr zur Zeit aber auch die «geistige Konzentration», sie könne ja nicht «nur so dahinpinseln» (wie etwa mit dem Regenwasserfleck-Bild in ihrer alten Mansardenwohnung). Aber sie hoffe, daß das nach der Überwindung der Umstellungsschwierigkeiten «alles wieder kommen wird» ... Hatte man vielleicht doch das Falsche getan, als man sie noch einmal «verpflanzte»?

Dann passierten «Geschichten», die mit dem Umzug nichts zu tun haben konnten. Die Mutter hatte – nie besonders schön oder sorgfältig, aber doch «ganz gern» – wenn es dämmrig wurde, gestrickt: Kleinigkeiten für die Enkel z.B. Jetzt wollte sie unbedingt ein Paar Bettsocken für die Tochter stricken, «für deine ewig kalten Füße!» Ein Relikt aus der Kindheit, was inzwischen nur noch eine Nebensächlichkeit für die Tochter bedeutete. Trotzdem nahm sie gerührt an den liebevollen Bemühungen der Mutter um ihre vermeintlich «ewig kalten Füße» teil. Und dann stellte sich – je länger, desto irritierender – heraus, daß die Mutter mit diesem Unternehmen kläglich scheiterte. Es war kaum zu begreifen: Sie, die mit leichter Hand, nebenbei und ohne nachzudenken, vor sich hinzustricken pflegte, verlor sich hoffnungslos in einem chaotischen Maschengewirr. Sie «rebbelte» es immer wieder auf, kaufte neues Garn, neue Stricknadeln, «weil, ... mit dem dünnen Garn und den komischen Stricknadeln konnte es ja auch nicht gehen!» Und dann begann sie von neuem: «Du wirst sehen, diesmal werden die Bettschuhe ganz schön und mollig warm». Die Tochter wagte schließlich nicht mehr, nach dem Ergebnis der mütterlichen Fürsorge zu fragen, weil sie spürte, daß dies zunehmend zu einem «wunden Punkt» geworden war.

Ein anderer schmerzlicher Punkt war der Umgang mit Geld. Die Mutter hatte – so war es von Anfang an beschlossen – ihren eigenenen kleinen Haushalt behalten. Sie kaufte für sich ein, kochte für sich und bewahrte sich so ihre Unabhängigkeit. Natürlich gehörte dazu auch ein eigenes Bankkonto, auf das ihre Rente überwiesen wurde und das sie mit kleinen Nebenverdiensten auffüllte. (Sie hatte einige Patienten, die von ihr eine Heilmassage erhielten, was zum Teil von der Krankenkasse erstattet wurde.) Niemand im Haus kümmerte sich um Mutters Geldverhältnisse, auch die Tochter hatte zunächst keinen Überblick, wie es damit stand – das war nicht ihre Angelegenheit. Ihr fielen allerdings eigenartige, neue «Angewohnheiten» der Mutter auf, wenn diese die Tochter bat, ihr «mal was aus der Stadt zu besorgen». Dann gab sie der Tochter einen entsprechenden Geldschein, nein, oft wollte sie ihn ihr geben, und dann ging eine verzweifelte Suche nach dem Portemonnaie oder der Brieftasche los. «Eben war es doch noch hier! Wer hat mir das nur weggenommen? Das ist doch komisch! Glaubst du, daß hier jemand klaut?!» «Aber M., wer denn? Komm, wir suchen noch mal» – so versuchte die Tochter das beginnende Mißtrauen der Mutter zu besänftigen. Anfänglich mit Erfolg, meist fand sich das Gesuchte an einem relativ logisch einzuordnenden Platz. Aber allmählich wurde es mühselig. Die Mutter war zunehmend davon überzeugt, daß «man» ihr Geld stehlen wollte, und so sann sie über Verstecke nach. Das wäre ja nicht störend gewesen, wenn sie diese wiedergefunden hätte. Sie machte sich auch Zettelnotizen, wo sie beispielsweise «das Kuvert mit den 200.–» versteckt hatte (im Bücherregal, in dem und dem Buch, gleich vorne an). Aber die Zettelnotizen verschwanden auf unerklärliche Weise gleichermaßen. Also mußte sie zu den eben abgehobenen 200.– nochmal dieselbe (oder gar eine größere) Summe abheben, denn «ich brauche ja auch für XY noch Geld».

Inzwischen hatte die Mutter der Tochter erlaubt, sich mit den Vorgängen auf dem Bankkonto zu befassen, weil sie «das doch nicht mehr übersah», wie sie nun freimütig einräumte. Diverse Hinweise der Tochter auf die hoffnungslose Talfahrt des Kontos nahm die Mutter zwar momentan betrübt zur Kenntnis, gelegentlich auch mit konstruktiven Beschlüssen wie «ich setz' dich zur Vermögensverwalterin ein, und du gibst mir dann immer was, wenn ich es brauche». Bis das allerdings zu realisieren war, verging noch viel Zeit – und manche sorgenvolle Überlegung wurde in der Familie angestellt, wie das eines Tages enden würde.

Immerhin war die Tochter nun wachsamer geworden. Sie kümmerte sich z.B. – möglichst, wenn die Mutter nicht da war – um deren Küchenvorräte. Da türmten sich zum Teil erstaunliche Mengen von Eßbarem (und nicht mehr Genießbarem) im Kühlschrank, und leider nicht nur dort! Zweifellos hatte die Mutter auch hier den Überblick verloren und es galt, diskret das Verdorbene zu entfernen. Nicht immer verlief das aber so diskret und reibungslos. Manchmal hatte die Tochter den Eindruck, daß man der Mutter «mal richtig Bescheid sagen müßte»: Sie könnte sich eigentlich ein bißchen zusammennehmen und selbst für mehr Ordnung in ihrer Küche sorgen! Solche meist ungeduldig vorgetragenen Mahnungen stießen bei der Mutter auf heftigen Protest. Sie fühlte sich unangemessen kontrolliert, verleugnete umgehend auch alle Realitäten, und so konnte es lautstarke «Kräche» zwischen Mutter und Tochter geben, unter denen sie im nachhinein beide litten.

Viel leichter konnte man da mit einer anderen Verhaltensweise der Mutter umgehen: Mit dem Umstand, daß sie ständig nach einer Brille suchte. Sie hatte deren drei, und trotzdem im Ernstfall keine dabei. Dennoch hatte sie ein fast freundschaftliches Verhältnis zu ihren Brillen entwickelt und ihnen Namen gegeben. «Blondchen» hieß eine mit einem hellen, «blonden» Plastikgestell, «Schwarzfüßchen», die zweite, weil sie zwei Bügel hatte, die an den Enden dunkel gefärbt waren. (Die Endung ...«chen» gebrauchte die Mutter relativ häufig, das war eine Angewohnheit aus ihrer Ostpreußenzeit.) Die dritte Brille schließlich hieß aus unerfindlichen Gründen «Bärbel». Da kamen dann zur Ergötzung der Familie etwa folgende Selbstgespräche zustande: «Wenn ich jetzt Bärbel hätte, könnte ich auch entdecken, wo Blondchen geblieben ist. – Ach, hier ist ja Schwarzfüßchen! Na, da nehm' ich die so lange.» – Man hätte vermutlich noch zehn weitere Brillen im Hause haben können, und es hätte trotzdem ein ständiger Notstand geherrscht, weil die Mutter nie (oder selten) bereit war, eine Brillenkette zu verwenden. Das war ihr «zu lästig». Wahrscheinlich empfand sie es auch als offizielles Eingeständnis ihrer hoffnungslosen Suchaktionen, und das fiel ihr damals ohne Zweifel schwer.

Insgesamt läßt sich trotz allem über diese Zeitspanne sagen, daß sie erstaunlich harmonisch, ja heiter schien. M.'s bisher beschriebene Auffälligkeiten wurden als unumgängliche, aber letztlich eher harmlose Begleiterscheinungen ihres hohen Alters angesehen. Man konnte nur dankbar sein für den Reichtum eines langen Lebens – das war das Resümee, welches alle nach der ersten Zeit ihres Umzuges zogen.

Heute, nachdem viele leidvolle Jahre das friedlich-helle Bild mit dunklen Tönen überlagert haben, erscheint es kaum nachvollziehbar, mit welcher Verleugnungsstrategie man dem Unausweichlichen seinerzeit entgegentrat. Niemand wollte es richtig wahrhaben, wie deprimiert die Mutter manchmal gewesen sein muß, wie einsam auch, wenn sie merkte, was sie in Wirklichkeit alles nicht mehr konnte, wie ihr die Dinge aus den Händen glitten, und wie ihre Umgebung nichts davon zu merken schien.

In seltenen Augenblicken nur gelang es der Tochter, einen kurzen, erschreckten Einblick hinter die angespannte Fassade der «Normalität» zu werfen. Da ertappte sie die Mutter einmal in ihrem Zimmer, wie sie verwirrt in einem Meer von Zetteln saß, auf die sie irgendwelche zusammenhanglosen englischen Wörter geschrieben hatte: Ihre «Schulaufgaben» für den Volkshochschulkurs! Sie weinte sich in den Armen der Tochter aus und erzählte ihr, daß sie nichts, nein, gar nichts mehr behalten, ja nicht einmal verstehen könne. Und das seien doch nur «Wiederholungssachen», etwas, was sie eigentlich absolut wissen müsse ... Die Tochter wollte der Mutter Mut machen und verstärkte vermutlich noch den unglückseligen Kreislauf der Überforderungen. Sie schlug der Mutter vor, regelmäßiger für ihr Englisch zu üben, dann würde sie sicher einen grünen Zweig finden, und es würde ihr wieder Spaß machen. Sie könne sie ja jeden Tag ein paar Vokabeln und etwas Grammatik abfragen. Plötzlich schien die Mutter erleichtert und voller Hoffnung zu sein, aber sie kam nicht zum Vokabelabfragen, und die Tochter mit ihren vielen anderweitigen Aufgaben vergaß es nach einiger Zeit auch.

Sie und ihr Mann wurden erst ernsthaft besorgt, als die Mutter sie eines Tages mit «Geschichten aus dem Nachbargrundstück» überraschte, die jeder realen Grundlage entbehrten. M. zeigte lebhaft mit den Händen in den menschenleeren Garten und erklärte ihren verdutzten Nächsten, sie habe schon den ganzen Morgen beobachtet, wie die bunten Gestalten dort Turnübungen machten. (Tatsächlich hatten die Nachbarn einige bunte Säcke als Vogelscheuchen oder ähnliches aufgestellt. Es war aber eindeutig zu sehen, daß es keine Menschen waren.) Mit absoluter Überzeugung erklärte die Mutter weiter, die eine Gestalt sei die Oberlehrerin, das andere seien ihre Schülerinnen. Am nächsten Tag waren es «Nonnen, die dort eine Kur machten und beteten». Immer wieder kamen neue Varianten in ihren Berichten vor. Die Familie reagierte zunächst freundlich abwehrend, man sagte «ja, ja» und versuchte, ablenkend ein neues Thema einzubringen. Aber da erwies sich die Mutter als unerwartet hartnäckig. «Ach, Ihr glaubt mir wohl nicht? Könnt Ihr denn nicht sehen?» Langsam ärgerten sich die «Nichtsehenden» und schließlich versuchte man M. mit einem Feldstecher, den man ihr vor die Augen hielt, zu korrigieren. Es wurde inzwischen «peinlich», weil sie nicht nur der Familie, sondern auch fremden Besuchern ihre phantastischen «Erlebnisse» aufdrängte. Die gegenseitigen Bekehrungsversuche ergaben zu der Zeit keinerlei «Einsicht». Aber irgendwann klang die Episode zur Erleichterung aller dann doch von alleine wieder ab.

Danach kamen neue Alarmsignale: Die Mutter – nun wieder in verzweifelter Stimmung – berichtete der Tochter, was ihr gerade mit einem Patienten nach der Massage passiert sei. Sie hätte vergessen, einige Handtücher mitzunehmen und wollte diese aus ihrem Zimmer holen. Als sie dort angelangt war, hatte sie das schon wieder vergessen. Dann sei sie mit leeren Händen zurückgekommen und habe – «wie im Traum» – gesagt: «So, hier sind die Tücher» und ihre leeren Hände so bewegt, als würde sie etwas darin halten. Auf den erstaunten Blick ihres Patienten habe sie ihm nochmals die «Handtücher» mit einer auffordernden Geste angeboten, bis sie «erwacht» sei, nun erst merkend, in welch peinliche Situation sie den Mann und sich gebracht hatte. «Das ist doch nicht normal?» fragte sie, zum ersten Mal wirklich tief erschrocken ... Nein, das fand die Tochter auch nicht mehr «normal», wenngleich sie die Mutter zu beruhigen versuchte und sie daran erinnerte, wie sehr sich noch vor wenigen Tagen alte Freunde, die sie besucht hatten, über ihre «unveränderte Lebendigkeit» gefreut hätten. Letzteres war tatsächlich der Fall gewesen. Die Freunde hatten einen schönen Nachmittag mit ihr verbracht, wie sie nachträglich erzählten, und sie waren begeistert davon, daß «M. immer noch so anregend sein kann».

Aber wenige Tage später brach endgültig die Heile-Welt-Illusion der Familie zusammen. Eine Bekannte brachte die Mutter in einem bedauernswerten Zustand nach Hause. Die Bekannte war zufälligerweise dazugekommen, als die Mutter – augenscheinlich verwirrt und desorientiert – beim Versuch, auf eine belebte Straße zu gehen, gestolpert war. Mit ungebremster Wucht (offenbar ging der Sturz so abrupt vor sich, daß die Mutter ihre Hände zum Abstützen nicht mehr einsetzen konnte) war sie auf ihr Gesicht gefallen. Schürfwunden und dicke blaue Flecken hatten sie entstellt, die Kleidung war verschmutzt und zum Teil zerrissen. Sie redete immer noch «durcheinander», als sie von der Retterin nach Hause gebracht wurde, und berichtete, sie habe auf die U-Bahn gewartet. Da sei ja eine Haltestelle gewesen. (In Wirklichkeit war dort eine Bushaltestelle.) Sie habe auch gesehen, wie es tief in einen U-Bahntunnel gegangen sei... Aber sie habe dann so schrecklich lange warten müssen. Darüber sei sie ärgerlich geworden, schließlich sei sie mit Frau Z. verabredet gewesen, die hätte sie am anderen Ende des Tunnels abholen wollen. Und dann sei sie, «um zu sehen, wo die Bahn denn endlich bleibt» – auf die Straße gegangen. Dabei müsse sie irgenwie hingefallen sein. Genaueres konnte sie dazu nicht angeben. Das konnte die hilfreiche Zeugin, welche M. schon eine Weile beobachtet hatte, bestätigen. Der Rest habe sich so schnell abgespielt, daß sie nicht mehr habe eingreifen können. Ohne erkennbaren Anlaß und ohne auf Autos zu achten, sei M. plötzlich auf die Fahrbahn zugesteuert. Zum Glück sei sie aber gestolpert und hingefallen, sonst wäre sie mit Sicherheit in ein Auto gelaufen.

Es dauerte einige Zeit, bis die Mutter sich von diesem Vorgang so weit distanzieren konnte, daß ihr wieder einfiel: «Hier gibt es ja gar keine U-Bahn – wie bin ich denn nur darauf gekommen?» Diese Frage beschäftigte natürlich auch ihre Angehörigen. Hatten sie bisher noch alles irgendwie einordnen können, so empfanden sie die beiden letzten Geschehnisse doch eindeutig als «aus dem Rahmen fallend». Eine dumpfe Ahnung, daß dies der Beginn einer ernsthaften, krankhaften Entwicklung sein könnte, breitete sich aus. Die Zeit der Verharmlosungen hatte einen gewissen Abschluß gefunden.

Kommentar: «Schrulligkeiten» und zunehmende Vergeßlichkeit, selektive Dyspraxie und halluzinatorische Fehleinschätzungen: Die Diagnose «Altersdemenz» erhärtet sich

Auch in diesem Kapitel finden sich einige Veränderungen, denen man per se keinen «krankhaften» Wert zuschreiben muß. Wie viele alte Menschen suchen nicht – zumindest vorübergehend – einmal ihre Brillen! In der Regel wird der Umgang mit diesen unentbehrlichen Geräten zwar distanzierter und zweckbetonter sein, als es M. mit ihren Namensgebungen praktizierte. Ob die Verleihung von Namen einer besseren Unterscheidungsmöglichkeit dienen sollte, muß offen bleiben. Das hat die Mutter nie zu erkennen gegeben. Es ist immerhin möglich, daß es ein Hilfsmittel war, um die zunehmenden Orientierungsprobleme besser zu meistern. Als spezifisches Zeichen für eine Demenz kann dieses Verhalten, das man eher als «liebenswerte Schrulligkeit» bezeichen möchte, jedoch nicht angesehen werden.

Auch die mangelnde Einsicht in die eigenen Geldverhältnisse mit der Angst, bestohlen zu werden, die überbordenden Küchenvorräte, als Zeichen einer nachlassenden Übersicht und Konzentration sowie eines beginnenden Mißtrauens (wenn etwas nicht zu finden ist, gleich Diebe zu vermuten), solche Verhaltensweisen finden sich so häufig bei alten Menschen, die keine Demenz haben, daß sie nur dann als krankhaft angesehen werden müssen, wenn das Ausmaß ungewöhnliche Formen annimt; dieses wechselte bei M. in der ersten Zeit noch sehr stark.

Schwerwiegender für die diagnostische Zuordnung waren da schon die Zeichen einer Dyspraxie, einer Unfähigkeit, bestimmte Handlungen auszuführen, obwohl keine Lähmungen, sondern «eine Störung auf einer höheren Integrationsebene» (Kurz, 1989) dafür verantwortlich gemacht werden muß. Solche Dyspraxien, wegen denen ältere Menschen ihre bisherigen Berufs- oder Freizeittätigkeiten nicht mehr auszuüben vermögen, können in der Tat häufig als Alzheimer-«Vorboten» angesehen werden. Sie können aber auch auf eine andere Hirnerkrankung hinweisen und sind insofern nicht ein spezifisches Alzheimer-Symptom. Umgekehrt muß man eruieren, ob möglicherweise eine Interessenverschiebung der Grund für die Aufgabe einer bestimmten Beschäftigung sein kann, die prinzipielle Fähigkeit dazu jedoch weiterhin intakt bleibt.

Bei M. war das insofern unwahrscheinlich, als an ihrem neuen Domizil eine kleine Ausstellung ihrer früheren Arbeiten, vor allem der Porträts, stattfand, auf die sie viel positiven Zuspruch erhielt. Aber gerade da zeigte sich, daß sie – trotz einer jetzt noch einmal auflebenden Motivation – weder handwerklich noch geistig die dafür notwendige Gestaltungskraft mehr aufbringen konnte. Ihr «Versagen» bei der sehr viel einfacheren Tätigkeit des Strickens war eigentlich schon ein Indiz dafür, daß hier kein freier Entschluß für die Aufgabe eines jahrzehntelang gepflegten Hobbys vorlag, sondern die zunehmende Einschränkung ihrer Fähigkeiten.

Das, was im vorhergehenden Kapitel als «Abstürze» apostrophiert worden war – Ereignisse, die unvermittelt Risse in einer bereits brüchigen Fassade erkennen lassen, kennzeichnen in erster Linie das Ausmaß der Einbußen und sind daher als Zeichen eines – wie auch immer gearteten – hirnorganischen Leidens ernst zu nehmen. Mit Recht war die Mutter selbst, aber auch die Familie, daher beunruhigt über ihre halluzinatorischen Wahrnehmungsstörungen: Die «Geschichten aus dem Nachbargrundstück», den «U-Bahn-Ausflug», sowie die «Handtücher-Szene». Diese Ereignisse wiesen allerdings graduell differierende Schweregrade auf. Als die leichteste Form einer Realitätsverzerrung kann wohl die Geschichte mit den Handtüchern angesehen werden, zumal die Mutter nach einer relativ kurzen Verwirrungsphase selber zu einer kritischen Distanz fähig war. Auch von der «U-Bahn-Geschichte» konnte sie sich nach einiger Zeit distanzieren. Dennoch ist hier das Ausmaß der Fehleinschätzung doch schon beträchtlich, inklusive der Gefährdung des eigenen Lebens. Nicht nur graduell, sondern auch in der Art des Ablaufs unterscheidet sich allerdings die «Geschichte aus dem Nachbargrundstück» von den beiden vorausgegangenen.

Haupt (1989) schreibt, daß bereits im ersten Stadium der Alzheimer Krankheit neben (flüchtigen) Wahnphänomenen, optischen und akustischen Halluzinationen vor allem «Wahrnehmungsstörungen auf Grund der Beeinträchtigung der kognitiven Leistungsfähigkeit» relativ häufig auftreten können. Die Kranken könnten beispielsweise eine filmische Darstellung im Fernsehen nicht mehr von der Realität unterscheiden und glaubten dann, daß bestimmte Personen auf dem Bildschirm tatsächlich im Raum seien. Zu diesen hirnorganischen Auffälligkeiten gesellen sich aber auch, wie er schreibt, «nachvollziehbare psychologische Reaktionsweisen, wie Zorn oder panikartige Angst», da das Krankheitsbewußtsein weitgehend erhalten bleibe – zumindest in der ersten Zeit des Krankheitsverlaufs.

Eine solche Mischung von hirnorganischen und emotionalen Abläufen könnte die Besonderheiten der «Geschichte aus dem Nachbargrundstück» erklären. Zunächst schien es so, als ob die tatsächlich vorhandenen bunten Säcke, die sich übrigens gelegentlich auch im Winde drehten, für die von Haupt genannte Wahrnehmungsstörung verantwortlich zu machen waren. Unterstützt wurde die Fehleinschätzung vermutlich noch durch das mangelhafte räumliche Sehvermögen der Mutter, welche einige Zeit zuvor eine Thrombose an einem Auge erlitten hatte. Das, was sie daraus machte, ein «Ich-sehe-was- was-du-nicht-siehst»-

Spiel mit ihren Angehörigen, ging allerdings über die vorher geschilderten halluzinatorischen Fehleinschätzungen hinaus. Hier kommt wahrscheinlich die von Haupt genannte emotionale Überlagerung hinzu, ein fast verbissener «Trotz», mit dem die Mutter ihre Version verteidigte und «phantastisch» ausmalte. Täglich mußte sie ja sonst erleben, daß sie bei Diskussionen «nicht mehr mitkam», daß sie sich nicht auf ihre eigenen Fähigkeiten verlassen konnte, und so kann man durchaus nachvollziehen, daß sie nun endlich einmal «recht behalten wollte».

Damit kommt eine neue Dimension in das zwischenmenschliche Geschehen, was Altersdemente und ihre Angehörigen oft so problematisch verbindet. Es entwickeln sich paradoxe, umgekehrte Abhängigkeitsverhältnisse, wenn die Eltern zu «Kindern» werden. M.'s «Trotzreaktion», wie sie eben geschildert wurde, läßt sich hier gleichermaßen zitieren, wie ihre hilflose Verzweiflung in den Armen der Tochter, als sie wegen ihres «Schulversagens» getröstet werden mußte. Was die Relationen aber so komplex und verwirrend gestaltet, ist die Tatsache, daß es daneben immer noch gegenläufige Bewegungen gibt: z.B. M.'s mütterliche Fürsorge für ihre Tochter, als sie ihr unbedingt die Bettschuhe stricken wollte. Zu der verwirrenden Vielfalt gehört auch das Schwanken der jeweiligen Verfassung der Kranken. So ist es z.B. «typisch», daß sie bei Besuch – angeregt durch die besondere Zuwendung – fast noch «die alten» sein können, um kurze Zeit später einen der geschilderten «Abstürze» zu erleiden. Das bedeutet für die Angehörigen, daß sie sich ständig umstellen, neu einstellen müssen auf die jeweilige Befindlichkeit der Kranken, und das wird auf längere Sicht so gut wie immer eine Überforderung. Es kommt dann zu ungeduldigen, gereizten Reaktionen, die ihrerseits natürlich die Kranken schlecht verkraften können – ein Thema, das in den kommenden Kapiteln immer wieder auftauchen wird.

1.3 Unsichtbare Fäden. Die Desillusionierung eines Urlaubs

Eines war klar nach den vorangegangenen Ereignissen: M. konnte nicht mehr für längere Zeit allein gelassen werden. Mehrfach hatten die Kinder inzwischen auch bemerkt, daß sie vergaß, die Haustür abzuschließen, der Schlüssel war sowieso fast ständig «verschwunden», das Licht blieb an, Wasserhähne liefen, auf der Toilette wurde nicht gespült – es war nur eine Frage der Zeit, wann das Bügeleisen oder die Kochplatten eine gefährliche Situation herbeiführen könnten.

Die Frage «wer kümmert sich um M.?» spitzte sich zum Problem zu, als die Urlaubszeit sich näherte. Im letzten Sommer hatte M. noch eine ziemlich abenteuerliche Busfahrt mit einer Reisegesellschaft nach Ungarn unternommen. An etwas Ähnliches war jetzt nicht mehr zu denken. Tochter und Schwiegersohn befanden, daß sie einen ruhigen Urlaub dringend nötig hätten. Zu Hause bleiben kam nicht in Frage. Das war eine leidvolle Erfahrung von früher: Immer wieder klingelten abwechselnd das Telefon oder die Haustür – als Arzt hatte man, auch im Urlaub, sozusagen ständig Bereitschaftsdienst. Wer zuerst auf den Kompromiß kam, «wir nehmen M. einfach mit» – das wußte im nachhinein keiner mehr. Sicher war nur, daß sich alle schnell einig wurden und die notwendigen Vorbereitungen trafen.

Man würde in eine «stuga» (eines der vielen schwedischen Holz-Sommerhäuschen in rostroter Farbe mit weißen Eckpfosten und Fensterrahmen), an einen einsamen Waldsee fahren. Die Besitzer der stuga wohnten nicht weit entfernt und versicherten, daß sie die Mutter – auch wenn sie etwas verwirrt sei – gern in ihrem geräumigen Haus unterbringen könnten. (In dem winzigen Sommerhäuschen selbst war nur Platz für 2 Personen.) Alle freuten sich, auch die Mutter liebte die schwedische Landschaft, und sie schwärmte davon, daß sie jeden Tag im See baden würde. Der See lag in unmittelbarer Nähe der stuga, es war sozusagen der Haus-See, den die Tochter und ihr Mann für die Dauer ihrer vorhergehenden Ferienaufenthalte schon immer als dazugehörigen «eigenen Besitz» angesehen hatten. Niemand pflegte in diesen Besitzstand einzubrechen. Das Haus lag weitab von einer Straße, wirklich mitten im Wald. Was sollte da schon «passieren».

Freilich, die Nachtfahrt auf der Fähre war etwas schwierig. M. mußte mit einer anderen Reisenden in einer Kajüte übernachten – aber die dabei aufgetretenen Verwirrungen waren am nächsten Tag schnell vergessen. Die schwedischen Vermieter empfingen die Familie freundlich und hilfsbereit. Die Vermieterin sprach sehr gut deutsch, und sie zeigte M. alles, inklusive der etwas komplizierten Wasserhähne. M. fand sich einigermaßen im Haus der Wirtsleute zurecht; sie ging jedenfalls nach einigen Tagen nicht mehr in deren Räume. Mit den Wasserhähnen gab es aber nach wie vor Probleme. Immer wieder zeigte die Tochter (oder die Vermieterin), wie sie zu bedienen seien ... Trotzdem, wenn die Tochter manchmal diskret die Waschlappen berührte, waren diese immer «knochentrocken».

«Soll ich dir morgen beim Duschen helfen?» Der freundliche Vorschlag der Tochter wurde empört abgewiesen. «Wie kommst du denn darauf? Das kann ich ja wohl noch alleine!» «Aber deine Waschlappen sind noch unbenutzt ...» «Ich dusche mich ohne Waschlappen. Kümmer' du dich lieber um deine Sachen!» Der ungewohnt gereizte Ton zeigte an, daß die Mutter sich (mit Recht) kontrolliert fühlte und daß ihr Stolz sich dagegen verwahren mußte. Die Tochter versuchte, sich nicht mehr für Mutters Hygiene verantwortlich zu fühlen, und sie war fest entschlossen, sich ihren Urlaub durch nichts verderben zu lassen.

Aber: War es der Klimawechsel oder was sonst? Auf jeden Fall sah die Mutter oft blaß und angestrengt aus. Sie klagte häufig über «Herzanfälle». Darüber konnte sich die Tochter nicht so großzügig hinwegsetzen. Was wäre, wenn die Mutter womöglich einen Herzinfarkt bekäme, und das mitten in der schwedischen Waldeinsamkeit? Und dann die Vorstellung, sie müßte in einer Klinik behandelt werden! Sie würde mit Sicherheit vollends verwirrt werden. Die fremde Sprache, die Apparate – die Tochter konnte die Vorstellung gar nicht mehr richtig «loswerden». Sie schlief unruhig und fing an, sich Vorwürfe zu machen. Sie fühlte plötzlich die zentnerschwere Last einer Verantwortung, die sie noch nie, auch nicht bei ihren Kindern, so erlebt hatte. Diese würden sich in einer ungewöhnlichen Situation schon irgendwie adaptiert haben, davon war die Tochter überzeugt. Aber die Mutter wäre restlos überfordert gewesen, davon war die Tochter genauso überzeugt. Wie konnte sie nur so naiv gemeint haben, daß in der Waldeinsamkeit alles gutgehen würde, müsse! Es konnte jeden Tag etwas passieren. Es gab Kreuzottern in der Gegend. Zweimal hatte die Tochter früher solche Begegnungen gehabt, einmal wäre sie selbst, ein anderes Mal der Sohn fast auf eine Kreuzotter getreten. Außerdem mußte die Mutter jeden Tag zu den Mahlzeiten einen ausgetretenen, aber recht unebenen Pfad durch den Wald zu der kleinen stuga gehen. Dabei konnte sie stolpern, sich den Schenkelhals brechen, sich vielleicht auch hoffnungslos im Wald verlaufen ... So entwickelten sich die Tage (und Nächte) fast zu Alpträumen. Die Tochter spürte, wie unsichtbare Gummifäden sie an das jeweilige Befinden der Mutter fesselten – je weniger sie sicher war, daß keine Gefahr «lauerte», desto mehr zogen die Gummifäden an. Schließlich ersehnte die Tochter geradezu den Tag der Heimreise, dann würde sie endlich wieder entspannt sein können.

Aber so weit war es noch nicht. Neue «Spannungen» standen bevor. Eine schwedische Bekannte, Barbro, hatte die Familie nach Trollhättan eingeladen. Es galt, das «Wunder der Freigelassenen Wasserfälle» zu bewundern. Es sollte auch für M. eine schöne Abwechslung sein. Barbro hatte nichts gegen etwas verwirrte alte Damen; sie kenne das von ihrer eigenen Mutter.

Zunächst wurde bei Barbro Kaffee getrunken. Die Tochter bemerkte mit einer gewissen nervösen Spannung, daß die immer unbeherrschter werdende Mutter ihre gute Kinderstube vergaß. Kaum hatte man Platz genommen, da ergriff sie unaufgefordert das größte, selbstgebackene Kuchenstück, dann noch eins, bis sie offenbar nicht mehr konnte. Sie legte das letzte Stück angebissen zurück und erklärte: «Der Kuchen schmeckt nicht, wenn ich weiteresse, wird mir schlecht!» Barbro lachte etwas gezwungen, wie es schien. Das sei doch nicht schlimm. M. brauche wirklich nicht alles zu essen, erklärte sie ihr allzu freundlich. Offenbar spürte M., daß dies nicht ganz «echt» war. Irgendwie übertrug sich die nervöse Spannung der Tochter auch auf M. und die Gastgeberin – oder war es umgekehrt?

Als man dann auf einer großen Brücke das Schauspiel der Wasserfälle sah, die sich durch eine vorübergehende Öffnung der Staumauer in die Tiefe zu stürzen begannen, kamen neue Differenzen zutage. Früher hätte M. ein derart spektakuläres Naturwunder fasziniert, von der wilden Schönheit der Landschaft ganz abgesehen. Man wußte nicht, worüber man sich mehr wundern sollte: über die Natur, die ihre Urgewalt so genau programmiert entfalten und wieder zurückdämmen ließ, oder über die Technik, die das möglich machte. Doch all das ließ M. kalt. Sie begriff offensichtlich nicht, was die anderen hier ergriff. Barbro erklärte es anfänglich, zeigte mit den Fingern auf die brausenden Wassermassen und M. sagte: «Ja, nett.» Dabei sah sie sich nach den Leuten um, die staunten und fotografierten. Niemand achtete auf sie, von ein paar ebenso gelangweilten Kleinkindern abgesehen, denen die Menschenumgebung gleichfalls wichtiger schien. So viel Abgewandtheit, so viel Unverständliches um M. herum muß sie wohl geärgert haben. Jedenfalls drang plötzlich ein gereizter Ton an das Ohr der Tochter: «Deine aufdringliche Barbro, können wir die nicht endlich stehenlassen und nach Hause gehen?» Barbro verstand vorzüglich deutsch, die Mutter hatte laut und deutlich gesprochen. Da war nichts mehr zu retten ... Die Tochter spürte irritiert, wie sich der Ärger in ihr breit machte, den Mütter erleben, wenn ihre Kinder sie «blamieren».

Am besten war es dann doch, wenn man unter sich war und friedlich am See saß. Dabei erfuhr die Tochter aber auch, wie schwierig es sein konnte, mit der Mutter ein Gespräch zu führen: M: «Wie heißt eigentlich der See hier?» T: «Ballasjö.» M: «So ein komischer Name – warum hast du mir das nicht schon früher gesagt?» Die Tochter hatte es mindestens zehnmal gesagt, sie schwieg daher jetzt. M: «Wie lange müssen(!) wir noch hier bleiben?» T: «Wir müssen in zwei Wochen zurück». M: «Gestern hast du noch gesagt, in drei Wochen». T: «Aber M., das war vorige Woche, als ich von drei Wochen sprach, inzwischen ist eine Woche 'rum, darum bleiben jetzt nur noch zwei Wochen.» M: «Also bleiben wir jetzt noch zwei oder drei Wochen? Warum kannst du dich nicht klar ausdrücken?» Die Tochter versuchte, die Mutter abzulenken: «Sieh mal, die Möwe!» «Ja, warum kreischt die so?» «Vielleicht hat sie Hunger. Weißt du noch, wie wir vorgestern die Möwen in Göteborg gefüttert haben? Das war auch so ein Gekreische.» «Göteborg? Wie kommst du denn auf Göteborg, das ist doch in Schweden!» «Ja, wir sind doch hier auch in Schweden.» M. sah sich nachdenklich um und meinte: «Du könntest recht haben.» Nach einer Weile berichtete sie von ihrer ersten Schwedenreise – und plötzlich war alles wie früher. Die Mutter erinnerte sich noch an erstaunliche Einzelheiten. Sie sprach lebhaft, humorvoll. Es war ein Vergnügen ihr zuzuhören. Die Tochter atmete tief aus – warum konnte es nicht immer so sein!

Da fragte M. unvermittelt: «Gehe ich dir eigentlich manchmal auf die Nerven?» Und die Tochter konnte aus der Sicherheit der augenblicklichen alten Vertrautheit antworten: «Manchmal schon, ein bißchen, aber jetzt nicht.» Beide lachten sich an – es war ein Lachen, das zugleich «eine andere Art von Weinen ist», wie die Schweden sagen.

Kommentar: Über die Schwierigkeit des Kommunizierens und die Illusion: «Das bekommt er (sie) doch nicht mehr mit»

Häufig erleben die Angehörigen von Dementen das ganze Ausmaß der Veränderung erst, wenn sie von morgens bis abends mit den Kranken zusammen sind. «Der gemeinsame Urlaub» ist dafür ein charakteristisches Beispiel. Erst hier wurde auch der Tochter offenbar, wie häufig die Mutter dieselben Fragen wiederholte, wie realitätsfern sie zeitweise «dahinlebte». Das konnte natürlich nie so deutlich zutage treten, so lange man sich nur stundenweise und mit Unterbrechungen zu Gesicht bekam.

Aber nun erfuhr die Tochter unerwartet und ungeschminkt die schmerzliche Tatsache, daß Menschen, die sich einmal viel zu sagen wußten, zeitweise nur noch para-logisch aneinander vorbeireden, weil die kognitiven Ebenen nicht mehr zusammenpassen.

Jeder, der mit Alzheimer-Kranken intensiver zu tun hat, wird die kurzen hier wiedergegebenen Passagen «kennen», und er wird auch das unausbleibliche Gefühl von Ermüdung, Trauer oder Ungeduld kennen, das sich beim Gegenüber ausbreitet, wenn man sich nicht mehr verstanden fühlt. Das gilt sicher gleichermaßen für die Angehörigen, wie auch für die Betroffenen. Der Inhalt solcher «Gespräche» wird praktisch austauschbar, weil es sich meist um belanglose Vordergründigkeiten dreht. Über wichtige aktuelle Themen und komplexe Zusammenhänge läßt sich in diesem Stadium in der Regel nicht mehr sprechen. Und doch können länger zurückliegende Ereignisse plötzlich erstaunlich ausführlich «repetiert» werden. Die Mimik der Kranken läßt auch erkennen, daß im Wiedererzählen der alten Geschichten deren emotionaler Gehalt nachempfunden wird. So kann ein eben noch flach und leer wirkendes Gespräch plötzlich «lebendig», ja ergreifend werden. Stößt das auf entsprechende Resonanz, so wirkt es sich in einem Rückkoppelungsprozeß wiederum anregend auf die Kranken aus, und so resultiert schließlich die erstaunte Wahrnehmung, «was sie doch noch alles wissen»! Diese Erkenntnis kann sich zum Stimulanz entwickeln, den Kranken wieder mehr Aufmerksamkeit zu widmen. Es kann tragischerweise aber auch zu Mißverständnissen führen, daß man ihnen nicht trauen könne, «eben hat er (sie) doch noch bewiesen, was alles geht und was er (sie) noch weiß ...» Da werden unter Umständen die doch vorhandenen Defizite gewertet als «er (sie) tut ja nur so, als ob er (sie) das nicht mehr kann». Viele Menschen können sich schlecht vorstellen, daß beides «echt» ist: Die völlige Desorientiertheit und dann die überraschende Präsenz.

Zu dieser Widersprüchlichkeit gehört auch das Phänomen, wieviel Atmosphärisches Alzheimer-Kranke noch «mitbekommen». Der Besuch in Trollhättan ist dafür ein Beispiel, das hier noch einmal reflektiert werden soll. Im nachhinein läßt sich rekonstruieren, daß die Mutter sich vermutlich schon sehr bald überfordert fühlte, weil die Tochter zum Teil mit der Gastgeberin schwedisch sprach – leider ohne sich über die Konsequenzen Gedanken zu machen. Das mußte die Mutter, die ohnehin Mühe hatte, längeren Gesprächen zu folgen, zusätzlich vereinsamt haben. So hielt sie sich bei nächster Gelegenheit an dem Kuchen «schadlos». Mit Sicherheit dürfte sie dann die Anspannung der Tochter als Reaktion auf ihr ungehöriges Benehmen gespürt haben und nicht weniger sicher die «falschen Töne» von Barbro, als diese sie beschwichtigen wollte. Barbro entwickelte, das spürte auch die Tochter, in der Folgezeit eine Art von künstlicher Überbetulichkeit, wie man sie manchmal kleinen Kindern zukommen läßt. M.'s Charakterisierung der «aufdringlichen» Barbro traf durchaus einen wahren Kern.

Diese Fähigkeit, Atmosphärisches richtig zu «verstehen», erhält sich bei Alzheimer-Kranken erstaunlich lange. Hier muß man sich vor Fehleinschätzungen immer wieder hüten (z.B. in Gegenwart der Kranken etwas zu kritisieren, von dem man meint, das würden sie nicht mehr wahrnehmen). Damit werden neue Fragen angeschnitten: Welche Schlüsse lassen sich aus den genannten Erfahrungen ziehen? Wie kann man unnötige Belastungen in Gesprächen vermeiden und umgekehrt: Wo kann man noch vorhandene Fähigkeiten mobilisieren?

Eine Möglichkeit, sich durch Schweigen dem Einerlei der Fragen zu entziehen, wurde von der Tochter mehr oder minder erfolgreich eingesetzt. Es war sicher besser, als die Mutter immer wieder darauf hinzuweisen: «Ich habe dir das doch schon zehnmal gesagt!» Andererseits empfinden die Kranken natürlich auch Schweigen als eine nicht gerade freundliche Antwort. Das Ablenken durch ein neues Thema ist da sicher die bessere Möglichkeit. Als die weitaus beste Lösung stellte sich jedoch die spontan von der Mutter eingebrachte Wendung heraus, an alte Erinnerungen anzuknüpfen. Hier fühlte sie «Land unter den Füßen», das war ein Terrain, auf das sie sich (noch) verlassen konnte. Allerdings geht mit dem Fortschreiten der Krankheit auch das sogenannte Altgedächtnis allmählich verloren. Das letztgenannte «Mittel» ist daher nur für begrenzte Zeit anwendbar.

Der Tochter hatte sich – das merkte sie aber erst nach längerer Zeit – noch eine weitere Möglichkeit erschlossen: Sie grenzte sich gelegentlich durch eine klar ausgesprochene Bitte ab, indem sie etwa sagte: «Ich wäre dir dankbar, wenn du mir etwas Zeit zum Nachdenken läßt, es wird mir alles ein bißchen viel.» Man sollte die Fähigkeit von Alzheimer-Kranken nicht unterschätzen, auf solche eindeutigen «sozialen Appelle» entsprechend zu reagieren! Das wird auch in der Regel nicht als Zurückweisung empfunden, sondern als ein Signal, daß man sie ernst nimmt und ihnen eine solche «Leistung» (noch) zutraut.

Damit wird zugleich die Frage einer «Infantilisierung» der Kranken berührt. Barbros – natürlich gut gemeintes – Bemühen um M. trug sicher zu letzterem bei, d.h., daß M. sich wie ein Kind behandelt fühlte; und das löst vielfach Widerstand aus – eine Reaktion, die eigentlich «gesund» ist. Eine Bitte an das «Erwachsenen-Ich» (siehe Kapitel 2.6) kann stattdessen, wenn sie richtig und zum richtigen Zeitpunkt vorgetragen wird, eine ganz andere Reaktion bewirken.

Aber das wird einem nicht immer einfallen; häufig reagiert man eben auf die Botschaften der Kranken, die in ihrer Hilflosigkeit kindlich wirken, viel eher so wie Barbro. Und alles Bemühen, die Kranken, solange es geht, als «mündige Erwachsene» anzusehen, kann auf Dauer natürlich nicht darüber hinwegtäuschen, daß sie in mancher Beziehung noch hilfloser als Kinder sind. – Die Ängste der Tochter um die Mutter, falls dieser in dem fremden Land etwas passieren würde und sie in ein Krankenhaus müßte, waren sicher realistisch. Man weiß, daß Alzheimer-Kranke auf solche Situationen in der Regel mit völliger Desorientiertheit reagieren. Deshalb sollte man sich *vor* großen Entscheidungen schon sehr überlegen, was das für die Kranken, aber auch für einen selbst bedeuten kann.

1.4 Für und gegen Uhrzeiger und Hausordnungen

Etwas hatte sich während des gemeinsamen Urlaubs grundlegend verändert: Die Tochter hatte ihre noch leidlich aufrechterhaltene Unbefangenheit bzw. Unbesorgtheit gegenüber den Symptomen der Mutter verloren. Während sie bis dahin eher gelassen auf die mütterlichen Besonderheiten reagiert hatte, ertappte sie sich jetzt dabei, daß sie das Verhalten der Mutter ständig – insgeheim natürlich – «überwachte». Dabei registrierte sie eine beunruhigende Menge von Störungen.

Die Störungen störten im wörtlichen Sinn zunehmend auch den Ablauf der häuslichen Normen und Rhythmen. Herrschten bis dahin stillschweigende Übereinkünfte über gemeinsame Regeln gewisser zeitlicher Gewohnheiten (wann man etwa ins Bett ging und wieder aufstand, die Mahlzeiten einnahm usw.), so war dies nun absolut keine Selbstverständlichkeit mehr. Die Mutter wurde nachts immer unruhiger und geisterte dann – manchmal mit vernehmlichem Türenschlagen – durch das Haus. Dafür entrüstete sie sich z.B. mittags darüber, was die Tochter denn nun schon wieder von ihr wolle. Gerade habe sie sich der wohlverdienten Nachtruhe hingegeben, da werde sie gestört. (Sie lag oft bei elektrischem Licht und voll aufgedrehter Heizung angezogen unter ihrer Bettdecke und schlief augenscheinlich.)

Natürlich schlug sich ein derart unrhythmisches Leben auch auf die Einnahme der Mahlzeiten nieder. Es konnte geschehen, daß die Mutter den ganzen Tag kaum etwas gegessen hatte, dafür erschien sie um Mitternacht und fragte, ob sie ausnahmsweise beim Mittagessen teilnehmen könnte, sie hätte leider nichts gekocht, und sie habe inzwischen doch ziemlichen Hunger.

Tatsächlich erwiesen sich der Kühlschrank und die Küchenschränke jetzt meist als leer, bzw. es standen häufig irgendwelche nicht mehr genießbaren Reste umher. Die Mutter tätigte ihre Einkäufe nur noch unregelmäßig und wenn, dann hatte sie oft sinnlose Sachen besorgt und das Wesentliche vergessen.

Ihre Vergeßlichkeit dehnte sich inzwischen auch auf den Gebrauch der Kochplatten aus. So versuchten die übrigen Hausbewohner mit zunehmender Besorgtheit immer wieder, in ihrer Küche nach dem Rechten zu sehen – etwas, was die Mutter manchmal als «nett von Euch!» quittierte, ein anderes Mal aber auch mit: «Warum könnt ihr mich eigentlich nie in Ruhe lassen?!» «Nie» war weit übertrieben, da sowohl die Tochter als auch der Schwiegersohn beruflich intensiv eingespannt waren und daher eigentlich viel zu selten nach dem Rechten sehen konnten. So kam eines Tages denn auch die Tochter abgehetzt aus ihrer Arbeit, nichts Gutes ahnend bzw. riechend, in die Küche der Mutter und sah, wie auf einer rotglühenden Kochplatte offenbar schon längere Zeit ein Plastikgefäß groteske Formen beim Dahinschmelzen annahm und unangenehm roch. Nicht weit davon lagen ein Butterbrotpapier, daneben Handtücher sowie Haushaltpapier in ungeordneter Zusammengehörigkeit. Es war abzusehen, daß sich hier eine kleine oder auch größere Katastrophe anbahnen konnte. Die Mutter saß derweil friedlich nebenan in ihrer Stube und – las. Sie sah die Tochter, als diese ziemlich außer sich zu ihr hereinkam, freundlich an und sagte, «ich glaube, ich lese dieses Buch nun zum 5. Male, und ich finde es immer noch schön ...». «Aber M., riechst du denn nicht, was hier los ist, daß du gleich ein kleines Feuer auf deinem Herd haben wirst?» Das roch die Mutter – enttäuscht, daß die Tochter sich gar nicht für ihr Buch interessierte – überhaupt nicht, und als sie sich schließlich auf Drängen der Tochter die «Bescherung» auf dem Herd ansah, meinte sie: «Was du nur immer hast, davon ist wohl noch niemand gestorben.»

Nein, *noch* nicht ... Aber die Familie (zum Teil waren zu der Zeit auch die Enkel im Haus) beschloß nun einstimmung, solche «Gefahrenherde» zu eliminieren. Irgendwann, als M. zum Einkaufen unterwegs war, unterbrach der Elektriker die Stromzufuhr für den Küchenherd der Mutter. Es dauerte erstaunlich lange, bis sie merkte, «daß hier etwas nicht stimmt». Da sie jetzt für die warmen Mahlzeiten in den Familienablauf einbezogen worden war, kam sie nur selten auf die Idee, sich etwas auf der Kochplatte selber wärmen oder kochen zu wollen. In erster Linie war es dann wohl das Bedürfnis, sich einen Tee zu machen. Sie vergaß solche Vorsätze aber häufig, und so merkte sie es nicht, daß die Platten ihren wärmenden Dienst aufgegeben hatten. Eines Tages hatte sie es aber doch bemerkt, und sie kam klagend zur Tochter, daß der Herd kaputt sei. Das waren Situationen, die die Tochter in beträchtliche Loyalitätskonflikte stürzten. Sie wußte ja, was mit dem Herd geschehen war. Aber der Mutter zu sagen, «wir haben ihn hinter deinem Rücken abgestellt, damit du uns nicht in Gefahr bringst», das wäre mit Sicherheit von der Mutter nicht nur als unberechtigt, sondern auch als arger Vertrauensbruch und in seiner «Hinterhältigkeit» (mit Recht) als schlechter Stil empfunden worden. So etwas war zwischen Mutter und Tochter nie üblich gewesen, wenn, dann hatten sie Meinungsverschiedenheiten immer offen ausgetragen. Andererseits konnte die Mutter ihre «gefährliche Rolle» nicht mehr einsehen, eine vernünftige Absprache, bzw. ein Appell an ihre Vernunft, war deshalb nicht durchführbar. Also nahm die Tochter zu einer Notlüge Zuflucht und versicherte der Mutter, daß sie sich mit elektrischen Sachen auch nicht auskenne, sie werde aber den Elektriker bestellen, damit er den Herd einmal ansehe. Und sie bereitete der Mutter einen extra guten Tee auf der eigenen Herdplatte ... hoffend, daß M. das Problem erneut vergessen würde.

Ähnlich verfuhr man mit einigen Schlüsseln, vor allem mit dem der Haustür, welche die Mutter inzwischen fast regelmäßig wieder abzuschließen vergaß.

Da die Mutter ihren Schlüssel verlegt hatte, mußte sie sich von den Familienmitgliedern die Tür aufschließen lassen. So wußten alle, wann sie etwa weg war und ob und wann sie heimkam – ein relativ einfaches «Kontrollsystem». Das war wichtig, weil sich die Mutter inzwischen gelegentlich verlief. Was sollte, konnte man sonst tun? Mehr als die Kontrolle der abgeschlossenen Haustür ließ sich nicht durchführen. Das Haus war schließlich kein Gefängnis. Meistens versuchte man überdies, die Mutter – wenn sie denn unbedingt hinaus wollte – durch Zureden wenigstens so lange davon abzuhalten, bis jemand sie begleiten konnte.

Neben diesen Beschwerlichkeiten, die immer die Angehörigen einbezogen, gab es aber auch ganz persönliche Mißstände bei der Mutter, in die man gleichfalls und notgedrungen einbezogen wurde. Versuchte die Tochter im Urlaub noch über die hygienischen «Zustände» großzügig hinwegzusehen, so war das jetzt nicht mehr möglich. Die Mutter wäre zeitweise tagelang nicht mehr aus ihren Kleidern gekommen, von waschen oder baden ganz zu schweigen. Sie hatte eine ausgesprochene Abneigung gegen solche «überflüssigen Prozeduren», wie sie das jetzt nannte. Es bedurfte oft großer Überredungskunst und manchmal mehr oder minder sanfter Gewalt, sie zum Ausziehen (und dann wieder zum Anziehen!) zu bewegen.

Die Tochter hatte sich in bezug auf das Reinigen zunächst mit der Mutter auf einen Minimalkonsens geeinigt: Sonntags ein großes Badewannenfest zu veranstalten. Es war nach einem dramatischen Zwischenfall im Badezimmer notwendig geworden, daß man der Mutter diese «Prozedur» nicht mehr selber überlassen konnte. Sie hatte sich, nachdem die Tochter ihr das Badewasser eingelassen und alle notwendigen Utensilien dazugelegt hatte, wider alle Verabredungen eingeschlossen. Plötzlich stand sie nackt und naß neben der Wanne und wußte nicht mehr, wie es weitergehen sollte. Sie rief kläglich nach der Tochter, weil sie auch mit dem Schlüssel nicht mehr zurechtkam. Dabei klagte sie über ihr Herz und daß ihr so schlecht sei. Erst als es der Tochter von außen gelang, die verwirrte Mutter zur Tür zu «dirigieren» und ihr wiederholt durch die Tür zuzurufen, in welcher Richtung sie den Schlüssel drehen müsse, geschah das Wunder, daß die Tür sich öffnete und der Mutter konkret geholfen werden konnte.

Von da an wurde der Schlüssel aus der Badezimmertür entfernt, wie vorher schon aus der Toilette. Die Tochter gestaltete nun selbst die Badewannenzeremonie, aber möglichst attraktiv. Danach bekam die Mutter zur Stärkung ein Frühstück mit «Lieblingssachen» ans Bett. Das gab es aber erst, wenn sie «schön gebadet hatte zur Belohnung». Mit solchen kleinen Überlistungen und Ritualen gelang es eine Zeitlang, das hygienisch Notwendige durchzuführen. Die Mutter freute sich jetzt sogar auf die Sonntagsmorgen-«Feier», wie sie es einmal bezeichnete. Als die Mutter dann aber zunehmend inkontinent wurde, d.h. (vor allem nachts) einzunässen oder einzukoten begann, reichte das sonntägliche Badewannenritual natürlich nicht mehr aus. Sie selbst hätte zwar meistens wenig dagegen gehabt, wenn man sie trotzdem bis zum Sonntag in Ruhe gelassen hätte. Aber nun ließen sich «Kämpfe» nicht mehr vermeiden, da die Tochter hierin ganz anderer Meinung war.

Es wurde für alle beschwerlich unter dem gemeinsamen Dach. Tochter und Schwiegersohn wechselten sich öfter mit ihren Handreichungen ab. Wenn es dem einen nicht gelang, M. zu überreden, schaffte es vielleicht der andere im zweiten Anlauf. Aber immer wieder war es ein «Kampf» um das Kaffeetrinken, das gemeinsame Mittagessen, das Ins-Bett-gehen und das Aufstehen. Der Tag- und Nachtrhythmus der Mutter war gänzlich aus dem Takt geraten. Nur selten sah sie noch auf die Uhr – die Kinder hatten den Eindruck, daß sie diese nicht mehr «lesen» konnte.

Die Dyspraxie hatte inzwischen ein solches Ausmaß angenommen, daß die Mutter sich nicht mehr richtig an- und ausziehen konnte. Wenn sie sich dann wenigstens friedlich hätte helfen lassen! Aber oft gab es – in dieser für sie ja auch demütigenden Situation – Proteste: «So 'rum will ich das nicht! Au, du tust mit weh!» usw. Trotzdem war es den Kindern immer noch lieber, wenn die Mutter wartete und sich dann mehr oder minder gegen das Anziehen wehrte, als wenn sie von sich aus an das Unternehmen heranging. Da konnte es geschehen, daß sie nur am Ober- oder Unterkörper notdürftig bekleidet im Haus umherlief. Ja, einmal begegnete die vorwurfsvoll blickende Tochter der Mutter im reinen Eva-Kostüm auf der Treppe. M. verteidigte sich in verletztem Stolz, die Tochter solle «sich nicht so haben». Sie hätte ja wohl genug an bei dieser Hitze! Zum Glück waren gerade keine Fremden im Haus, und es war wirklich ein warmer Tag. Die Tochter wartete daher die Spontanentwicklung ab, und zu ihrer großen Erleichterung sagte die Mutter nach einiger Zeit völlig sachlich: «Hilf mir mal bitte beim Anziehen, so kann ich ja nicht 'rumlaufen.» Das waren natürlich die besten Lösungen, aber leider auch die besonders seltenen. Es gab allerdings auch «gute Tage», an denen M. erstaunlich unauffällig war und sich den «Familiennormen» wieder anpassen konnte.

Für ihre Umgebung immer noch und immer wieder überraschend schwer einzuordnen war M.'s «soziales Verhalten». Das stand im großen Gegensatz zu den oben geschilderten Vorfällen.

Niemand, der sie auf der Straße traf, konnte sich wohl vorstellen, wie die immer noch gut bewegliche und meist auch adrett wirkende 85jährige, die sich im Gespräch nach wie vor freundlich dem Gegenüber zuwandte, im täglichen Ablauf bereits behindert war.

Die Familie erhielt eines Tages Besuch aus Paris. Es waren gute Freunde, die auch die Mutter seit vielen Jahren kannten und gern hatten. Man überlegte, was man den kulinarisch verwöhnten Parisern im heimatlichen provinziellen Rahmen bieten könnte. Auch M. wurde mit eingeplant – ein bißchen bänglich zwar. Aber die andere Alternative, sie allein im Haus zu lassen, war undenkbar. Es würde schon gut gehen, und es ging diesmal über alle Erwartungen gut. M. war wieder einmal «ganz die alte». Es gab keine «Entgleisungen» in dem gepflegten Restaurant. Sie hielt erstaunlich lange durch, denn das Mahl wurde durch mehrere Gänge «zelebriert». M. hörte zu, brachte sich gelegentlich selber mit ein, und die Freunde kamen zu dem Resümee: «Ihr könnt wirklich froh sein, daß Ihr die Mutter noch so bei Euch haben könnt.» Natürlich, in solchen Stunden war es eine Freude, die die Angehörigen um so intensiver zu schätzen wußten, weil sie ahnten, daß die Schattenseiten sich mit Sicherheit wieder in den Vordergrund schieben würden. Und dann zehrte man eine Weile von der Erinnerung – und von der Hoffnung, daß es auch in Zukunft einmal wieder «gute Tage» geben würde.

Erstaunlicherweise nahm M. in dieser Zeit noch regelmäßig an ihrem Lesekreis teil. Jeden Dienstagabend wurde sie pünktlich abgeholt und anschließend wieder nach Hause gebracht. Wie sie die rund zwei Stunden dort durchhielt, das entzog sich der Kenntnis der Familie. Aber irgendwie muß sie es jedesmal geschafft haben, obwohl die Vorbereitungen für diesen Abend von Mal zu Mal enervierender wurden. «M., heute ist Leseabend, ich komme rechtzeitig, damit du gut fertig wirst», so etwa pflegte die Tochter, bevor sie zur Arbeit ging, die Mutter noch einmal zu instruieren. Aber das hätte sie sich genausogut sparen können. Die Mutter hatte es längst wieder vergessen, wenn die Tochter heimkam. Und so pflegte sie fast jedesmal erschrocken auszurufen: «Warum hast du mir das nicht früher gesagt, dann wäre ich jetzt fertig, und du hättest keine Arbeit mit mir!» Diese Hetzerei wurde der Tochter allerdings (fast) nie zu viel, denn so gut wie jedesmal kam die Mutter ausgeglichen und angeregt zurück. Man hatte offensichtlich eine gute Art entwickelt, ihre

Aufmerksamkeits- und Gedächtnislücken zu ignorieren. Gelegentlich soll sie «eingenickt» sein, aber das dürfe einer über 80jährigen ja wohl passieren ... Es wurde taktvoll übergangen, und immer wieder gelang es dem Kreis in bemerkenswerter Weise, M. als anerkanntes Mitglied zu integrieren. Die Sternstunden, in denen die Mutter so etwas erleben konnte, wurden sonst immer seltener.

Kommentar: Hirnorganische Ausfälle oder reaktive Störungen – gibt es Möglichkeiten, um letztere zu mildern?

Es kann nicht genug betont werden, daß die Alzheimer-Demenz kein gleichmäßig fortschreitender «Verdummungsprozeß» ist (wie vielfach angenommen wird), sondern durch (zunächst) partielle Abbauprozesse mit Teilleistungsdefiziten neben (noch relativ) gut erhaltenen Funktionen gekennzeichnet ist. Das «soziale Verständnis» als Beispiel für letztere wurde schon erwähnt.

Kurz (1989) führt zur Frage der reaktiven Überlagerungen folgendes aus: «Die Patienten, die ihre Defizite registrieren, lassen dann solche Verrichtungen (gemeint sind solche mit dyspraktischen Störungen) oft sein, sie ziehen sich zurück. Dies kann den Eindruck erwecken, als läge eine primäre Antriebsstörung vor. In Wirklichkeit handelt es sich aber oftmals um ein Vermeidungsverhalten ... In der Literatur wird immer wieder berichtet über Antriebsverlust, Zuspitzung früherer Persönlichkeitszüge oder ‹Verflachung› der Persönlichkeit. Sicher kommen derartige Veränderungen vor. In vielen Fällen sieht man aber bei genauer Beobachtung, daß die *Grundpersönlichkeit der Kranken erhalten* geblieben ist. Das bestätigen auch viele Angehörige ... Die Ursache für eine Zuspitzung früherer Persönlichkeitszüge ... kann sein, daß der kontrollierende Einfluß der Intelligenz nachläßt.»

«Vermeidungsverhalten», «kontrollierender Einfluß der Intelligenz» – das sind Stichworte, die zeigen, daß hier vielleicht noch Handlungsfreiräume bzw. Beeinflussungsmöglichkeiten bestehen. Das kann sowohl ein negativer Faktor sein, wenn der (die) Kranke durch die Umgebung noch bedrückter wird, was die Behinderung potenzieren kann. Es kann sich aber auch so auswirken, daß eine stimulierende Atmosphäre latente Reserven mobilisiert. In der Tat bewegt man sich hier auf einem äußerst schwankenden Boden. Menschen sind «normalerweise» schon abhängig von Sympathie- und Antipathiebekundungen. Warum sollte das bei Alzheimer-Kranken anders sein? Wer sich eingehender mit ihnen befaßt, merkt bald, daß sie außerordentlich sensibel auf Stimmungen reagieren können.

Das ist ein großes Problem für die Pflegenden. Es kann aber auch eine Chance sein, wenn man sich immer wieder vergewissert, was man vermeiden sollte, weil es die Lage nur verschlimmert, oder was man häufiger tun sollte, um alles erträglicher zu gestalten. Es ist in der Regel erstaunlich – das wird von allen Angehörigen betont – wie sehr eine gehobene Stimmungslage zur Verbesserung nicht nur der Atmosphäre, sondern auch zur Minderung der Leistungsausfälle beitragen kann (wobei offen bleiben muß, welche Mechanismen das im einzelnen bewirken). In diesem Kapitel wurden einige «Beweise» dafür angeführt: Der «Restaurantbesuch» oder die «Lesekreisabende». Ein Gegenbeispiel wurde im vorhergehenden Kapitel mit dem «Besuch bei Barbro» bereits kommentiert.

In diesem Kapitel wurden bewußt noch andere Beispiele, die nicht optimal von seiten der Angehörigen gestaltet worden waren, zitiert: Der Schrecken der Tochter, als sie müde nach Hause kam und die glühende Kochplatte bei der Mutter vorfand, ist verständlich. Die Szene wäre aber sicher erfreulicher ausgegangen, wenn sie sich einen Augenblick zusammengenommen hätte und zunächst auf das Buch, das M. gerade las, eingegangen wäre. Diese hatte ja nicht mit bösem Willen ihren Herd vergessen. Daher fühlte sie sich gekränkt, ja unverstanden und reagierte entsprechend. Ihre Bemerkung «davon ist noch keiner gestorben» ist im übrigen ein charakteristisches Beispiel für eine leichte Wortfindungsstörung*, denn es ist keine adäquate Antwort auf die Situation. Die Mutter hätte darauf früher viel differenzierter und «schlagfertiger» reagiert. Dasselbe läßt sich von der Treppenszene sagen, bei der die Mutter von der Tochter ertappt wurde, als sie nichts an hatte. Auch hier kam es zunächst nur zu einem etwas hilflosen Verteidigungsversuch der sich gedemütigt

* In der Fachliteratur spricht man auch von «floskelhaften Redewendungen».

fühlenden Mutter. Zum Glück war die Tochter hellhörig geworden und nahm sich die nötige Zeit, um die Spontanentwicklung abzuwarten, die dann ja auch «vernünftig» verlief. Als positives Beispiel mit lang anhaltender Wirkung ist hingegen die «Badewannenzeremonie» anzusehen. Dadurch, daß die Mutter Mittelpunkt liebevoller Fürsorge und Aufmerksamkeit wurde, verlor das Badezimmer schnell den Schrecken, den die Mutter zuvor erlebt hatte, als sie sich versehentlich eingeschlossen hatte. Der Tochter gelang es nun sogar mit dem anschließenden Frühstücksritual, einen positiven Verstärker (wie Verhaltenstherapeuten es nennen würden) einzuführen – etwas, das die Mutter sich erstaunlich lange merken konnte. Sie fragte öfter: «Wann badest du mich wieder, ist heute Sonntag?» Nicht selten ist es jedoch trotz aller Einfälle und Mühen unvermeidlich, gefährliche Konfliktsituationen mit solch «harten Maßnahmen» zu «lösen» wie dem Abstellen des elektrischen Stromes am Herd oder dem Abziehen des Schlüssels an der Haustür.

Insgesamt läßt sich sagen, daß es Möglichkeiten der Erleichterung gibt, wenn es gelingt, die Kranken geschickt zu leiten. Das ändert natürlich nichts an der prinzipiell schlechten Prognose, dem unaufhaltsamen weiteren Verfall der geistigen (und später auch der körperlichen) Kräfte. Tragischerweise sind es nicht selten die Allernächsten, die an der «Front» der täglichen Auseinandersetzungen mürbe geworden sind und dann nicht immer die Stimmung verbreiten können (Heiterkeit, Anerkennung und Geduld), welche sich positiv auf die Kranken auszuwirken pflegt. Daher ist dies oft eine Quelle von unnötigen, doch immer wieder auftretenden Schuldgefühlen. Man muß sich fast suggerieren, daß man als einzelner eine derart schwierige Aufgabe nicht allein lösen kann. Andere, deren Kräfte noch unverbraucht sind, können aus einer heilsamen Distanz nicht selten viel besser das «erlösende Wort» oder die «rettende Idee» finden, für die die Angehörigen keine Kraft mehr aufbringen.

(P. Wollschlägers Ausführungen sind dafür ein gutes Beispiel.)

1.5 Beziehungsverwirrungen: Wer ist das Kind und wer die Mutter?

Wieder einmal hatten beide, Mutter und Tochter, «die Nerven verloren» und sich lautstark «bekämpft». Die Tochter war in Eile, und die Mutter wollte nicht aus dem Bett – das Übliche. Sie sahen sich zornig an, und dann sagte die Mutter plötzlich: «Wie kann man sein Kind nur so schlecht behandeln!» Im ersten Moment konnte man sich fragen, auf wen sich dieser doppelsinnige Ausspruch eigentlich bezog. Es konnte ein Selbstvorwurf sein und sich auf die Mutter, die ihre Tochter so «schlecht behandelte», beziehen. Es war aber offenbar umgekehrt gemeint. Das wurde durch den begleitenden Affekt und den vorwurfsvollen Blick der Mutter deutlich. Sie erlebte sich in der Kind-Rolle und delegierte damit die Mutterrolle an ihre Tochter.

Die Tochter war sehr verblüfft, dann mußte sie trotz ihres Zornes lachen, und später dachte sie fast beschämt, wie «richtig» die Mutter die Situation im Grunde erfaßt hatte. So klar war ihr jedenfalls die Rollenvertauschung noch nie bewußt gewesen. Ja, sie hatte unerwartet und ungewollt (wieder) ein Kind bekommen, ein «ungewöhnliches Kind», seltsam widersprüchlich, manchmal sehr hilflos und «lieb», dann wieder unglaublich eigensinnig und unvernünftig. Und sie trug für dieses Kind eine Verantwortung, deren Bürde sie zum ersten Mal beim gemeinsamen Urlaub in Schweden empfunden hatte. Aber es wurde ihr erst jetzt, nach dem Ausspruch der Mutter, ganz klar, daß sie sich nie wieder – wie es über Jahre und Jahrzehnte selbstverständlich war – Rat oder Trost bei der Mutter, die jetzt zum Kind geworden war, holen konnte.

Bisher hatte sie zwei eindeutige Rollen erleben können, die Rolle als Kind ihrer Mutter und umgekehrt die Rolle als Mutter ihrer Kinder, was sie sich immer gewünscht hatte und was sie bejahte. Ihre Mutterrolle gegenüber den Kindern war ein klar definiertes Verhältnis, auch wenn es mit den Jahren partnerschaftlicher wurde und die erwachsen gewordenen Kinder gelegentlich schulterklopfend ihre Mutter über technische und sonstige Neuheiten «belehrten». Es wäre der Tochter – und wohl auch den Kindern – jedoch nie eingefallen, das Rollenverhältnis umgekehrt zu sehen. Nun aber mußte die Tochter eine weitere Mutterrolle übernehmen, auf die sie nicht vorbereitet war, gegen die sie sich innerlich zunächst auch wehrte. Gerade jetzt, wo die Kinder ihren eigenen Weg gefunden hatten, wo eine neue Freiheit ihr das Wahrnehmen anderer Aufgaben zu ermöglichen schien, da spürte sie Fesseln, die sie immer mehr einengten und denen sie sich zum Teil auch kaum gewachsen fühlte. Das war bis zu dem Ausspruch der Mutter, mit dem sie sich als Kind ihrer Tochter definierte, eher als dumpfer Druck empfunden und mit der irrealen Hoffnung, «vielleicht wird alles doch nicht so schlimm», ziemlich weit weggeschoben worden. Dieser «Kinderglaube» trug jetzt nicht mehr – er hatte sie lange genug getäuscht.

Aber die Tochter fand sich – was blieb ihr auch anderes übrig – mit dem neuen Rollenverhältnis ab. Sie versuchte jetzt bewußt, «das Beste daraus zu machen». Und sie erinnerte sich an Situationen mit ihren Kindern, die Ähnlichkeiten mit der jetzigen «Mutterrolle» aufwiesen. Auch damals, als die Kinder klein waren, gab es beispielsweise regelmäßige Badewannen-Feste. Es wurde dabei viel erzählt und gelacht, damit auch das weniger beliebte Haarewaschen und Nägelschneiden ohne Tränen vor sich gehen konnte. Hinterher dufteten alle im neuen Glanz und frischer Wäsche. Es gab «Gute-Nacht-Geschichten» und endete – da konnte der Tag noch so turbulent gewesen sein – fast immer in bukolisch-friedlicher Stimmung. Das fiel der Tochter nun wieder ein. Konnte sie nicht etwas von dieser Atmosphäre in die gegenwärtige Situation hineinnehmen? Wenn schon (wieder) Mutter, dann doch möglichst nach bewährtem Muster. Zu Ihrer Verwunderung erlebte die Tochter tatsächlich, daß sich etwas von dem damaligen «Glanz» einstellte. Es war schön und befriedigend, wenn die «Kind-Mutter» sich mit Behagen den Rükken rubbeln ließ, wenn sie es dankbar genoß, wie die Tochter sie im großen Badelaken abtrocknete, und vor allem das «Frühstück danach»! Damit das frisch bezogene Bett und das Nachthemd nicht gleich wieder beschmutzt wurden, ließ die Mutter es jetzt auch gerne zu, sich von der Tochter füttern zu lassen – etwas, was sonst in dieser Phase noch gegen ihre Würde geschah und meist abgelehnt wurde. Aber zum Sonntagsritual paßte es. Wenn die Zeit es zuließ, saß die Tochter dann noch eine Weile am Bett der Mutter, und sie erzählten sich «etwas von früher», oder die Tochter las kleine anspruchslose Geschichten vor.

Dabei stellte die Tochter zu ihrer Verwunderung, aber auch zu ihrer Erleichterung fest, daß sie ihrer neuen Mutterrolle in dieser Situation nicht nur gewachsen war, sondern daß sie sie auch als befriedigend erleben konnte. Sie erinnerte sich, daß sie dies als Kind einer alleinerziehenden Mutter in umgekehrter Rollenverteilung ähnlich genossen hatte*. Alles wiederholte sich, nur spiegelbildlich mit verkehrten Rollen, und doch: Irgend etwas paßte nicht in die scheinbare Natürlichkeit der neuen Situation. Gerade hatte die Tochter sich daran gewöhnt, wieder ein «Kind» zu haben, da wurde ihr klar, daß die Gleichung nicht aufging, so einfach und gradlinig ging das nicht: Als das Sonntagsritual wieder einmal vollzogen war und die Tochter neben der Mutter am Bett saß, ergriff diese plötzlich die Hand der Tochter und meinte nachdenklich besorgt: «Was ist mit dir, du siehst oft so bedrückt aus?» Die Tochter war auf die mütterliche Frage gar nicht (mehr) vorbereitet. Eben hatte sie das «Füttern» beendet und dankbar genossen, daß die Mutter so «lieb» alles mit sich geschehen ließ – da kam der überhaupt nicht erwartete Umschwung.

Wie konnte die Mutter in all ihrer Verwirrtheit und Hilflosigkeit – immer noch – so genau registrieren, daß ihre Tochter sich Sorgen machte, selbst in diesem Augenblick, in dem die Tochter eigentlich meinte, sie hätte alles «gut im Griff»? Einen Augenblick war sie in Versuchung, der Mutter den Grund ihres Kummers zu nennen. Aber genau das konnte sie nicht: Der Mutter sagen, «ich mache mir so oft Gedanken, wie das mit uns weitergehen wird, ob es so enden wird, wie mit dem Großvater?» Ob die Mutter auch eines Tages in eine Klinik oder ein Heim gegeben werden müsse und ihre letzte gemeinsame Stunde ebenfalls in einer so schrecklichen «Szene» enden würde? Nein, es war unmöglich, mit der Mutter gerade *darüber* zu sprechen. Die Tochter konnte nicht Trost erwarten, wo die Mutter selbst Trost gebraucht hätte. Sie würde im übrigen sowieso alles gleich wieder abwehren und sagen, «wie kommst du denn darauf?» Wieviel Gedanken machte sie sich eigentlich über ihre eigene Zukunft? Es war nicht zu ergründen. Nein, die Tochter wollte die gute

* Da die Mutter berufstätig war, blieb sich die Tochter viel selbst überlassen – ein «Schlüsselkind». Andererseits war die Mutter-Kind-Beziehung insofern intensiver, als sie nicht mit anderen Familienmitgliedern geteilt werden mußte. So erklären sich wohl manche hier geäußerten Wünsche und Vorstellungen der Mutter, die bei einem distanzierteren Verhältnis nicht so deutlich geworden wären.

Atmosphäre des (alten) Vertrautseins durch das «Tabu-Thema» nicht zerstören. So saß sie wortlos neben der Mutter und drückte auch ihr die Hand. Sie ließ sie spüren, daß es ihr gut tat, sich umsorgt zu fühlen. «Man muß ja nicht alles zerreden», flüchtete die Tochter sich in ihr ausweichendes Schweigen und redete sich zugleich ein, daß es wohl am besten so sei.

«Du brauchst auf mich nicht so viel Rücksicht zu nehmen», meinte die Mutter jetzt. Also spürte sie doch, daß die Tochter sich ihretwegen sorgte? «Nein, ich weiß ... wir werden schon mit allem zurechtkommen», antwortete die Tochter betont zuversichtlich und dabei unterdrückte sie die aufkommenden Tränen. Das war fast das Schlimmste, daß die Mutter unversehens wieder so sensibel spüren konnte, was beide «eigentlich» bewegte. Und daß die Tabu-Mauer dazwischen stand, so daß das wesentliche Thema – kaum tauchte es auf – gleich wieder erschreckt beiseite geschoben wurde.

Es war paradox, aber die Tochter wünschte sich manchmal, daß die Mutter nicht mehr so viel registrieren würde. Es wäre einfacher, wenn sie *ganz und gar* zum Kind geworden wäre. Auf diese Ebene hatte sich die Tochter inzwischen eingestellt, daran hatte sie sich gewöhnt. Der Rollenwechsel und die Unberechenbarkeit der dadurch bedingten Gefühle füreinander, immer wieder in die Hilflosigkeit zurückfallen müssen – daran konnte sich die Tochter nicht gewöhnen. Es riß die sich mühsam bildenden Abwehrstrukturen ständig neu auf ... Gerade die eben geschilderte Seite der mütterlichen Einfühlung war in den kurzfristigen Wiederbelebungen so schmerzlich, weil der drohende Abbruch schon spürbar dahinter stand.

Es gab andere Beziehungsanteile, die weniger aufrührend waren. Wenn solche «alten Muster» der Mutter-Tochter-Beziehung jetzt noch einmal auflebten, konnte die Tochter eher lachen, weil sich fast immer eine gewisse Situationskomik darin entdecken ließ. Lange Jahre war es z.B. so gewesen, daß die Tochter häufig krank war. Sie war im übrigen eher schüchtern und verträumt als Kind – manchmal so verträumt, daß sie am hellichten Tag gegen einen Laternenpfahl laufen konnte. Solche Begebenheiten hatten feste Regeln zwischen Mutter und Tochter geprägt. (Oder waren es die eingeschliffenen Regeln und die dazugehörigen Erwartungen, daß sich immer wieder ähnliches konstellierte?) Jedenfalls konnte die aktive, temperamentvolle Mutter das Unbeholfensein des verträumten Kindes nicht immer gut verkraften: «Paß doch auf!» «Sei nicht so schußlig». Oder: «Hab' dich nicht so!» – Das waren relativ häufige Appelle, die wenig nützten, aber das Mutter-Tochter-Verhältnis eine Zeitlang – neben herzlicher Zuneigung – sehr eindeutig gekennzeichnet hatten. Das hatte sich allerdings mit den Jahren ebenso eindeutig verändert. Die Tochter hatte aufgehört, am Tag zu träumen und sich ständig Erkältungen und andere Krankheiten zuzuziehen. So waren die alten «Kinderfragen» der Mutter: «Bist du auch warm genug angezogen?», die jetzt in der Alzheimer-Zeit wieder auftauchten, ebenso kuriose Relikte, wie die oben zitierten Appelle an die bereits zur Großmutter avancierten Tochter (siehe Seite 44: «Hab dich nicht so» bei der Treppenhausszene).

Zu den Beziehungsverwirrungen und dazu passenden *«falschen Tönen»* gehörten aber auch fehlstimmige Ermahnungen, welche die *Tochter* aus ihrer ungewohnten Verantwortungsrolle *an die Mutter* richtete. Sie ertappte sich dabei, daß sie der Mutter «ins Gewissen redete» wie einem Kleinkind, wenn es ihr beispielsweise peinlich war, daß die Mutter «aus der Rolle fiel». Umgekehrt lobte sie sie manchmal übertrieben, wenn die Mutter «brav» war. Dabei spürte die Tochter das Unangemessene dieser Verhaltensweise deutlich, und sie fragte sich immer wieder irritiert, warum sie auf die Entgleisungen der Mutter so reagierte, als ob sie, die Tochter, ihre Mutter nicht gut erzogen hätte. Es war ein Wahn-Sinn, dessen Un-Sinn sie rational einsah und dem sie dennoch immer wieder verfiel: Sie *war* doch *nicht* verantwortlich für Mutters Benehmen, es war doch nicht ihr Kind! Warum konnte sie nicht einfach aussteigen aus diesem verrückten Beziehungsmuster?

Kommentar: Die alten Relationen stimmen nicht mehr und die neuen sind paradox

Es scheint so, als ob der in diesem Kapitel beschriebene Teil der Alzheimer-Tragödie eine der schwierigsten Bewährungsproben für die Angehörigen ist. Das wird in Gesprächen mit den Betroffenen immer wieder deutlich. Ihre Versagensstimmungen, die Schuldgefühle, lauter mehr oder minder irrationale Emotionen –

sie scheinen vor allem in den neuen unstimmig-paradoxen Beziehungsmustern ihre Wurzeln zu haben.

Die ständigen emotionalen Wechselbäder mit der Folge, daß man selten mit der eigenen Reaktion auf der gleichen Wellenlänge landet: Das läßt leicht eine Schon-wieder-alles-falsch-gemacht-Resignation entstehen. Trauer um verlorengegangene Selbstverständlichkeiten sowie Zorn über scheinbare Ungerechtigkeiten (die fast immer auf eigentlich harmlosen Mißverständnissen beruhen), Mitleid für die hilflos gewordenen Kranken – das alles wurde und wird in den folgenden Kapiteln immer wieder neu reflektiert werden. Hier soll es jedoch vor allem um Paradoxien und ihre fraglichen un- oder (doch noch?) möglichen Auflösungen gehen.

Familientherapeuten, die sich in der Regel nicht (oder nur am Rande) mit Alzheimer-Kranken und ihren Angehörigen befassen, können ein Lied davon singen, wie problematisch es sein kann, mit paradoxen Botschaften umzugehen. Bei den Familientherapeuten (Stierlin, 1975) geht es oft um Adoleszente und ihre Familien mit sogenannten Doppelbindungen (double bind). Ein Jugendlicher erfährt etwa auf einer direkten Ebene die Aufforderung, selbständig zu werden. Gleichzeitig spürt er auf einer anderen, indirekten Ebene die ängstliche Erwartung: «Alles, bloß das nicht! Wir brauchen dich als Kind, damit unsere Ehe nicht auseinanderbricht.»

Die typische Alzheimer-Paradoxie wird hier (in Anlehnung an die systemische Bezeichnung Doppel*bindung*) als Doppel*botschaft* deklariert. Sie lautet: «Helft mir, ich verstehe die Welt nicht mehr – nein, nein, ich kann das alles noch allein!» – Gegen derart zwiespältige Signale gibt es in der Familientherapie unterschiedliche Lösungsstrategien, an denen in der Regel alle Familienmitglieder beteiligt werden. Das aber ist bei Dementen nicht möglich. Sie können nicht mehr oder kaum selber dazu beitragen, daß die Verwirrspiele aufhören bzw. nachlassen, denn sie folgen ihren *momentanen* Eingebungen und Stimmungen. Ihre Fähigkeit, sich anderen (Situationen oder Menschen) anzupassen, nimmt im Lauf der Erkrankung ständig ab, denn sie können über das, was um sie her geschieht, nicht oder nur wenig reflektieren. Selbst wenn sie zu einer augenblicklichen Einsicht gelangen würden, vielleicht sogar zu dem Entschluß, etwas zu verändern, dann würde es ihnen und den Angehörigen wenig helfen, weil sie es gleich wieder vergäßen. Ein kontinuierlicher gegenseitiger Abbau von paradoxem Rollenverhalten ist daher bei «Alzheimer-Familien» – im Gegensatz zu Adoleszentenfamilien – nicht zu erwarten.

Eine prinzipielle Auflösung der paradoxen Situation, daß die *Kinder* hier die *Elternrolle übernehmen müssen,* ist nicht möglich, weil die Beziehungen zwischen den Kranken und ihren Angehörigen infolge des hirnorganischen Abbauprozesses immer mehr dahin tendieren, daß letztere für die ersteren *tatsächlich* Verantwortung übernehmen müssen (wenn sie sie nicht an andere delegieren). Trotz dieser eindeutigen Einbahnstraßen-Entwicklung geht der Prozeß der Verantwortungs-Umverteilung aber nicht in einem gleichmäßigen Kontinuum vor sich, sondern – wie eben dargestellt – in *diskontinuierlichen Sprüngen,* Auf- und Ab-, Vorwärts- und Rückwärtsprozessen, die viel Verwirrung und Unruhe (auch in einem negativen Rückkoppelungsprozeß bei den Kranken) verbreiten.

Immer wieder durchbrechen und *stören* die *alten Gewohnheitsmuster* den Aufbau einer *neuen Beziehungsordnung* mit einer klaren Umverteilung von Verantwortung. Potenziert wird diese Sprunghaftigkeit nicht nur durch die Unverständigkeit der Alten, sondern auch durch eine Scheu oder Abwehr der Jungen gegenüber einem solchen Rollenwechsel (das gilt natürlich auch für Ehepartner, wenn der eine von ihnen eine Demenz bekommt). Dabei ist es nicht gleichgültig, wie das Eltern-Kind-Verhältnis sich früher gestaltet hatte. Da die alten Muster in ihrer meist unreflektierten Eingeschliffenheit sehr resistent gegen Veränderungen sind, färben sie die neuen Beziehungsveränderungen während der Alzheimer-Entwicklung kräftig mit ein. Einige Beispiele (Über-Fürsorglichkeit, Unduldsamkeit gegen gewisse Eigenheiten des anderen) sind hier schon erwähnt worden.

Eine besonders problematische – leider nicht seltene – Konstellation liegt dann vor, wenn die Eltern «schon immer» dazu neigten, ihre Kinder zu stark an sich zu binden, weil sie sie beispielsweise zur eigenen Bestätigung brauchten. Es ist höchst unwahrscheinlich, daß die Eltern ausgerechnet dann, wenn ihnen der Boden des – ohnehin schwachen – Selbstvertrauens durch die Krankheit entzogen wird, ihre Kinder freigeben werden. In solchen Fällen erlebt man geradezu beklemmende Situationen wie die, daß altersdemente Eltern (oder Ehepartner) die ihnen Nahestehenden durch teils mitleidheischende, klagende, teils vorwurfsvoll anklagende Anklammerungsbestrebungen außerordentlich okkupieren und quälen können. Meist sind die betroffenen Angehörigen bei solcher Konstellation ebenfalls «schon immer» empfänglich für «Klammerbotschaften» gewesen, so daß sie sich jetzt, unter besonders starken Schuldgefühlen leidend, so «terrorisieren» lassen. War die Beziehungsklammer überwiegend liebevoll getönt, dann ertragen diese Angehörigen oft Unglaubliches in langwieriger Geduld. Waren es aber überwiegend verdeckte oder auch offen-feindliche Klammerbeziehungen, dann können sich diese durch die zusätzlichen Alzheimer-Probleme zu wahrem gegenseitigem Haß steigern. Es kann aber auch das Umgekehrte, eine große, manchmal nur scheinbare, Teilnahmslosigkeit und Distanz durch die Alzheimer-Belastungen zustande kommen. Meistens geschieht dies bei «Kindern», die früh gelernt hatten, sich gegenüber elterlichen Ansprüchen abzugrenzen, welche jetzt auf die intensiven Anforderungen mit besonders starker Abwehr reagieren. Das ergibt dann die von der Umgebung (öfter zu Unrecht) meist scharf kritisierten «undankbaren Kinder, die ihre hilflosen Eltern einfach abschieben».

In all den Fällen, bei denen der notwendige Verantwortungs- und Rollenwechsel zu überstarken Reaktionen führt, kann gar nicht genug Mut dazu gemacht werden, sich Rat und Entlastung zu suchen – sei es in einer (Einzel-)Beratung oder auch in einer Selbsthilfegruppe von Angehörigen, die sich inzwischen in der Bundesrepublik zunehmend organisieren. In der Regel kommt man nicht so leicht ohne die Hilfe von neutralen Dritten wieder aus dem verhängnisvollen Teufelskreis der Beziehungsverwirrungen und ihrer belastenden Folgen heraus. – Durch Rat und/oder das Beispiel von anderen kann es mitunter noch zu erstaunlichen «neuen Mustern» kommen – beispielsweise bei einer zu starken «Tyrannisierung» durch die Kranken. Mit gezieltem und konsequentem «Grenzen-Setzen» und der Bearbeitung von unnötigen und lähmenden Schuldgefühlen läßt sich so manche

«Klammer» doch deutlich lockern. Trotz offenkundiger Aussichtslosigkeit sollte man daher versuchen, sich ein Hoffnungsreservoir offenzuhalten und Entlastungen zu suchen.

1.6 ... und doch nicht den Humor verlieren

Die Melodie einer Alzheimer-Geschichte kann wohl nur in Moll gesetzt werden bis zum – meist still und undramatisch verlaufenden – diminuendo der letzten Tage. So enthielt auch der bisherige Bericht über M. eher die alltäglichen Grautöne des Alzheimer-Schicksales. Es war viel von Hilflosigkeit und Traurigkeit die Rede, aber auch von zornigen Auseinandersetzungen und dem nie ausbleibenden Mit-Leiden. Und doch erlebt man nicht so selten, daß heitere Momente durch das graue Gewölk wie verirrte Sonnenstrahlen brechen können.

So saß eines abends die Familie mit M. im Wohnzimmer. Die Enkel waren auch dabei, sie waren gerade zu Besuch gekommen. Jemand verfiel auf die Idee, man könnte sich doch einen gerade im Fernsehen laufenden «Thriller» ansehen. Alle stimmten zu, und alles hielt einige Zeit später den Atem an, als der Mörder an die Hotelzimmertür seines vor Angst bebenden Opfers klopfte. Da sagte M. laut und ernsthaft: «Herein!» Sie konnte es nicht verstehen, warum auf einmal eine so ungeheure Heiterkeit ausbrach. Sie hatte sich doch völlig korrekt verhalten, als sie einen Menschen, der höflich angeklopft hatte, nicht länger warten lassen wollte, oder? «Könnt ihr mir mal sagen, was es da zu lachen gibt? Warum soll der Herr nicht hereinkommen? Hier ist doch noch Platz für ihn!» (siehe auch Seite 31 Zitat Haupt).

Die Tochter, die neben der Mutter saß, spürte den schmalen Grat am Abgrund des Zurückgestoßenseins, weil die Mutter den Grund der Heiterkeit (wieder einmal) nicht entschlüsseln konnte. Und so legte sie den Arm um die Mutter und sagte: «Ach M., wenn wir dich nicht hätten! Durch dich ist der langweilige Krimi überhaupt erst spannend und witzig geworden. Ich erzähl' dir nachher warum wir das so komisch fanden.» Damit war die Mutter, obwohl sie nach wie vor nicht «im Bilde war», zufrieden. Sie fühlte sich wieder dazuge-

hörig, ja als Verursacherin der fröhlichen Stimmung geradezu im Mittelpunkt ... Und natürlich hatte sie am Ende des Stückes vergessen zu fragen, warum ihre Bemerkung einen solchen Lacherfolg ausgelöst hatte. Das war für sie auch nicht mehr wichtig, wichtiger war sicher, daß die lockere Stimmung den ganzen Abend anhielt und ihr genau so guttat wie den anderen.
Zwei Tage später erzielte sie beim Abendbrot einen ähnlichen Lacherfolg. Der Familienvater berichtete von einem (anderen) «Krimi», in dem jemand vergiftet worden sei. M. saß – wie so manches Mal in dieser Zeit – geistesabwesend dabei, gab sich dann aber einen unerwarteten Ruck und sagte freundlich zu ihrem Schwiegersohn: «Ach ja ... und du kamst nicht dafür in Betracht?» Sie hatte anfänglich kaum hingehört und wollte jetzt offensichtlich ihre Unaufmerksamkeit korrigieren und dem Schwiegersohn etwas besonders «Nettes» sagen, es paßte nur nicht so richtig. Und wieder registrierte sie verwirrt, daß man eine gar nicht komisch gemeinte Bemerkung mit einem für sie unangemessenen Lachen quittierte. Aber sie hatte zum Teil schon «gelernt», damit besser umzugehen. So verteidigte sie sich diesmal nicht, sondern stimmte nach kurzer Irritation in das Lachen ein. «Ihr könnt ja dankbar sein, daß ich euch so gut unterhalte», meinte sie dann. Das wurde uneingeschränkt bejaht. Waren solche Geschichten vor allem durch unfreiwillige Situationskomik charakterisiert, so gab es viele Anmerkungen von M., die sie zum Teil wohl auch selber humorvoll gemeint hatte. Es gab andererseits Aussprüche, die mehr durch ihren «skurrilen» Stil Anlaß zum Schmunzeln gaben.

Zu der ersten Gattung gehörte sicher ein Gespräch, das sie mit den Enkeln, die sie besucht hatten, führte. Sie war an dem Tag recht aufgeräumt und erzählte viel. Schließlich klagte sie über ihren Kummer, daß sie solche Schwierigkeiten hätte, Personen richtig einzuordnen. So auch Frau X., die sie «neulich unerwartet getroffen hatte. Und da wußte ich doch einfach nicht mehr, wer das war ... Und dann hatte sie auch noch so eine Mütze aufgehabt, die ihr gar nicht stand, und nicht mal daran habe ich sie erkannt!» Ein anderes Mal war Familientag und viel Besuch da. Ein sehr belesener Bruder des Schwiegersohnes berichtete u.a., daß die alten Römer sich mit Urin die Zähne geputzt hätten. Das könne man sogar bei ... *nach*lesen, wurde die entsetzte M., die das nicht glauben wollte, belehrt. «I-gitt, nein, dann lies es mir lieber *vor!*» konterte M. – fast so präsent, wie «in alten Zeiten», in denen sie solche Wortspiele relativ häufig einsetzte.

Ihre «skurrile Ausdrucksweise», mit der sie momentane Wortausfälle zu überbrücken pflegte, war anderer Art, erheiterte die Familie aber nicht weniger. Die Tochter ging mit der Mutter eines Tages spazieren, «quer über die Dörfer», wie sie das nannten. Sie gingen flott auf dem Hinweg, weil sie kräftigen Rückenwind hatten. Auf dem Rückweg erwies sich die steife Brise hingegen als ungemütlich, zumal es ziemlich kalt war. Die Mutter wollte ihrem Verdruß über den Gegenwind Luft machen, fand aber offensichtlich nicht das geeignete Wort. Da klagte sie: «Wie häßlich ist es doch, daß der Wind immer zwei Seiten hat ...« Gegen Ende des Spazierganges verweilte sie länger bei einer kleinen Schafherde, die sie auch schon auf dem Hinweg interessiert betrachtet hatte und dachte anscheinend über deren Verwandtschaftsverhältnisse nach. «Wo ist denn das kleine Schwarze, das Pudelige, geblieben? Da ist ein Größeres, das könnte ja seine Tante sein – oder seine Mutter? Einen Vater erkenne ich nicht.» Die Tochter wollte gern wissen, woran sie den Vater erkennen würde. «Ach, die sehen immer so – – so herrschaftlich aus.»

Völlig aus dem Rahmen fallend waren dagegen spontane «Sprüche», die sich offenbar als reine Klangassoziationen einstellten, Reime oder ähnliches, die sie irgendwann gehört haben mußte, die aber eigentlich nicht in ihr Repertoire paßten. So verblüffte sie die Familie eines Tages, als beim Abendbrot jemand um den Appenzeller (Käse) bat, mit dem Zusatz: «Mein Vater war ein Appenzeller, der fraß den Käse mit dem Teller!» Nie hätte sie früher als Tochter einer gut bürgerlichen, «weißlackierten Kinderstube» (wie sie es zu nennen pflegte) einen derart deftigen Spruch von sich gegeben. Wenn sie jetzt die Lacher auf ihrer Seite hatte, dann weniger wegen des nicht gerade geistreichen Liedes, sondern weil und wie – ausgerechnet – sie es sagte.

Manchmal erntete sie gerade dann einen Lacherfolg, wenn sie einen Witz nicht verstand und ihn stattdessen absolut ernsthaft kommentierte. Der Schwiegersohn hatte auf der Rückseite eines abgerissenen Kalenderblattes einmal einen (ziemlich albernen) Witz entdeckt, den er ihr scherzend vorlas in der irrigen Hoffnung, sie damit aufmuntern zu können: «Zwei Tierärzte operieren einen Elefanten. Als sie den Bauch zugenäht haben, stellen sie fest: ‹Die Instrumente sind alle da, aber irgend etwas fehlt… Wo ist denn Schwester Erna?!›» M. verzog keine Miene, sondern erklärte todernst: «Das stimmt gar nicht!» Zum Glück gelang es, sie dann doch zum Lachen zu bringen, weil sie ihrerseits durch die Heiterkeit der Tochter und des Schwiegersohnes angesteckt wurde und die Szene mit der zwiespältigen Bemerkung abschloß: «*Ihr* seid aber auch zu komisch!»

M. hatte ihr Leben lang gern gelacht, manchmal auch über sich selbst. Das ging zwar nicht immer, es gab Situationen, in denen sie «empfindlich» reagierte und den Humor verlor. Aber mitunter konnte sie sich selbst treffend karikieren. Während der Alzheimer-Entwicklung schien diese Fähigkeit verlorengegangen zu sein. Es gehört ja auch ein gewisses Über-den-Dingen-Stehen dazu, und wann konnte sie das noch erleben? Doch eines Abends entwickelte sie diese – von der Tochter schon abgeschriebene – Fähigkeit noch einmal. Die Tochter hatte zwei Kolleginnen eingeladen. M. erklärte zunächst, sie sei müde, und so wurde sie – ehe der Besuch kam – in aller Eile ins Bett gebracht.

Während das Gespräch der Tochter mit ihren Gästen sich immer mehr im wirren Gestrüpp von Öko-Problemen verlor, tat sich plötzlich die Tür auf und herein kam M. Liebenswürdig-selbstverständlich und «ganz Dame» ging sie auf die Besucherinnen zu, begrüßte sie und stellte sich als «diejenige, die hier immer für Ordnung sorgt», vor, obwohl sie bemerkenswert «unordentlich» gekleidet war. Um die Haare hatte sie ein Geschirrtuch geknotet, dann kam eine verkehrt angezogene Bluse, bei der die meisten Knöpfe noch offen waren. Darunter sah man einen merkwürdig kurzen Unterrock, den sie irgendwie hoch am Hals befestigt hatte. Strümpfe hatte M. offenbar nicht gefunden, dafür zwei verschiedene Schuhe. Darüber hatte sie eine alte, bunt bekleckerte Küchenschürze gebunden, und in der Hand trug sie ein Gefäß, in dem ein aufgeschlagenes Ei hin- und herschwappte. Während die Tochter nach Fassung rang, erklärte die Mutter, sie wolle «für morgen einen Kuchen backen». Sie brauche aber noch ein paar Eier und Zucker. Man möge ihr bitte verzeihen, daß sie «in diesem Aufzug» hereingekommen sei (also wußte sie, was sie tat?!). «Aber wißt ihr, Kinder, in meinem Alter muß man nicht mehr kleinlich sein, und wir sind ja hier auch unter uns (Frauen)».

Die Tochter erforschte verstohlen die Mienen ihrer Besucherinnen und stellte erleichtert fest, daß diese auf die unerwartete Abwechslung mit fröhlich-gespannter Erwartung reagierten. Die Mutter fragte teilnehmend, worüber man sich denn gerade unterhalten habe. Als sie erfuhr, daß es um das Thema Umwelt gegangen sei, setzte sie sich in den nächsten Stuhl, schloß demonstrativ die Augen und erklärte: «Warum macht ihr euch eigentlich so viel Gedanken? Wenn ich was sehe, was ich nicht sehen will, schließe ich immer die Augen, und dann sehe ich nur meine eigenen Bilder. Ändern könnt ihr sowieso nichts!» Danach öffnete sie die Augen wieder, genoß die lachende Zustimmung der Besucherinnen und bat die Tochter um zwei Eier und ein halbes Pfund Zucker. Sie müsse jetzt den Kuchen backen, sonst würde sie nicht mehr fertig. «Entschuldigen Sie mich bitte», sagte sie abschließend zu den Gästen und zu ihrer Tochter: «Ich hoffe, du hast das Gewünschte vorrätig.» Dann schritt sie würdevoll mit ihrer Schüssel in die Küche. Die Tochter gab ihr – überwältigt von dem hoheitsvollen Auftritt – «das Gewünschte», obwohl sie die dumpfe Ahnung nicht loswerden konnte, daß sie am anderen Morgen einen Großputz bei der Mutter machen müßte.

Unwillkürlich fiel ihr jetzt Giraudouxs Theaterstück «Die Irre von Chaillot» ein. Sie hatte es (übrigens mit der Mutter zusammen) vor vielen, vielen Jahren gesehen. Die Faszination dieses Stückes wurde wieder lebendig: Wie es der «irren», alten Dame gelang, ein (politisches) Macht- und Ohnmachtspiel zu entlarven und ad absurdum zu führen, wie sie und die halbe Unterwelt von Paris aus ihrer unterpriviligierten Rolle ausstiegen und die Relationen einfach umkippten. Bettler, Kloakenreiniger, Lumpensammler und die unnachahmlich souveräne «Irre» – sie waren es schließlich, die die Spielregeln bestimmten und die Mächtigen entmachteten.

Hatte nicht M., die altersverwirrte Kranke, hier einen ähnlichen Rollenwechsel «inszeniert»? Zunächst sah es so aus, als ob sich betroffene Peinlichkeit ob der unpassenden Situation einstellen könnte. Und dann erlagen die Zuschauer zunehmend dem Zauber des unerwarteten Rollenwechsels: Die «Normalen» waren hier zu hilflosen «Opfern» eines hoffnungslosen Themas geworden, über das sich die Mutter mit einer «phantastischen Lebensphilosophie» hinwegsetzen konnte. Bürgerliche Zwänge und andere «Kleinlichkeiten», schob sie beiseite. Die blitzenden Augen zeigten der Tochter im übrigen deutlich, daß ihre Mutter diese Rolle bewußt genoß. Ihre «hanseatische Lebensart», wie die Mutter ihren etwas ungewöhnlichen Lebensstil manchmal zu nennen pflegte – das feierte in der karikierenden Überzogenheit fröhliche Wiederauferstehung. Auch dies war möglich.

Kommentar: Humor als «Psycho-Therapeutikum»?

Lachen ist eines der heilsamsten, aber auch der heikelsten «Heilmittel» in einer Alzheimer-Krankengeschichte. Tragik und Komik liegen oft so eng beieinander, daß man die Worte zum Begriff des Tragikomischen zusammenfügen kann. Lachen kann nicht nur entkrampfen, lösen, es kann auch verletzen und jemanden ausschließen. Es kann also positive, aber auch negative Wirkungen entfalten; sein stimulierender oder paralysierender Einfluß auf Alzheimer-Kranke sollte daher von Zeit zu Zeit reflektiert werden.

Die Schwedin Maj Fant, auf deren Buch «Mama seiner Mama werden» in der Einleitung schon hingewiesen wurde, widmet dem Humor und seinen verschiedenen Möglichkeiten des Lachens allein drei Kapitel: «Ohne Humor geht nichts», «Lachen ist eine andere Art von Weinen» und «Ein gutes Lachen verlängert das Leben» – so kann man die Titel – etwas frei – übersetzen. Dazu führt sie u.a. aus:

«Ohne Galgenhumor wäre es unmöglich, das Zusammenleben mit Mama zu gestalten. Gott sei Dank hat sie ihre gute Laune zum größten Teil behalten. Meine Angst ist, daß sie allmählich weder mich noch andere Familienmitglieder erkennen wird und daß sie ihren Sinn für Humor verlieren könnte ... Aber noch kann sie gut über eine lustige Geschichte lachen, besonders, wenn sie sie selbst erzählt. Zusammen lachen ist eine Befreiung, und wenn es wahr ist, daß ein gutes Lachen das Leben verlängert, so hat sie noch etliche Jahre vor sich. Vielleicht ist es ihre im Grunde positive Lebenseinstellung, die dazu beiträgt, daß sie immer noch lebt? Trotzdem, es geht abwärts, das ist ganz klar. Manchmal denke ich, daß die Verschlimmerung sehr schnell geht, manchmal ist sie erstaunlich gut dran.»

«Es ist wichtig, daß man Demenz-Kranke nicht unter Druck setzt. Sie sind oft sehr empfindlich gegenüber Stimmungen. Schlechte Laune und Unlust bewirken, daß sie sich noch schlechter fühlen, noch minderwertiger und mehr ‹zur Last fallend›. Ein schlimmer Kreislauf. Da muß man sich immer wieder klarmachen, daß, selbst wenn ein Mensch in seinen geistigen Funktionen und in seinem Gedächtnis gestört ist, seine Empfindungen und Empfindlichkeiten unverändert weiter bestehen. Er will genauso wie wir geliebt und geschätzt werden. Er will seine Würde behalten und wissen, daß er noch etwas geben kann, daß er gebraucht wird ... Und doch geschieht es in meinem Bekanntenkreis, wo es viele ‹mittelalte Kinder› mit alten Eltern gibt, daß wir uns über die verschiedenen wahren Geschichten mit ihren Verrücktheiten unterhalten – ungefähr wie früher mit ‹bösen Schwiegermutter-Geschichten› – nur daß unsere ‹Eltern-Geschichten› noch ‹tragikomischer› sind ... Manchmal braucht man es, daß man über etwas scherzen kann, was einem so schwerfällt mitzuerleben: Wie ein geliebter Mensch geistig und emotional verfällt. Da kann Galgenhumor eine Waffe sein, ein Selbstschutz und Überlebensmechanismus.»

Mit solchem Galgenhumor berichtet Maj Fant von vielen «tragikomischen» Mißverständnissen und Begebenheiten, die sie mit ihrer Mutter erlebt hat. Es ist ein gewisses Wagnis, neben allgemeinen Betrachtungen über das Lachen, Humor und Stimmungen solche Geschichten in einem Buch zu publizieren. Nicht nur die Alzheimer-Kranken und ihre Angehörigen, sondern auch die Leser haben eine unterschiedliche Toleranzschwelle für Dinge, über die man «gut lachen kann», oder solche, die eher als «peinlich» empfunden werden. Maj Fant ist das letztgenannte Risiko eingegangen, weil sie nichts «Menschliches» verschweigen, sondern so viele Verständnisbrücken wie möglich zwischen den Kranken und ihrer Umgebung bauen wollte.

In diesem Sinne wurde auch im hier zu kommentierenden Kapitel der «Galgenhumor» nicht ausgespart. Es wurden im übrigen Beispiele ausgewählt, die *verschiedene Seiten des Lachens* bzw. Humors charakterisieren und Situationen wiedergeben, die manchmal auch an der Grenze der Verletzlichkeit und Isolation verliefen. Vielleicht kann eine Analyse dieser unterschiedlichen Situationen dazu führen, daß man sensibler die Schwelle zwischen Lachen und Weinen aufzuspüren vermag.

Die erste Geschichte mit dem «Thriller» ist ein charakteristisches Beispiel für die «Alzheimer-Tragikomik». M. war ein «Opfer» der von Haupt (siehe Seite 31) geschilderten «kognitiven Wahrnehmungsstörungen»,* deretwegen sie die Darstellung im Fernsehen nicht von der sie umgebenden Realsituation unterscheiden konnte. Aus ihrer Sicht war es nur «logisch», auf das höfliche Klopfen genauso höflich «Herein» zu sagen und die «Paralogik» der Lachenden befremdlich zu finden. Längst nicht immer, aber in dieser Situation wenigstens, hatte die Tochter das richtige Gespür gehabt, wie man die Mutter aus der Verwirrung und Isolation holen könne, indem sie ihr eine *positive* Rolle in der Lachszene zuwies. (Es kann höchst irritierend und isolierend auch für Nicht-Alzheimer-Betroffene sein, in einer Gruppe als einziger Mensch den Grund eines allgemeinen Gelächters nicht zu verstehen und daher nicht mitlachen zu können.) Durch ihre «geistige Behinderung» geraten Alzheimer-Kranke natürlich besonders häufig in diese Situation. Da gibt es eigentlich nur zwei Reaktions-Alternativen: Sich immer mehr zurückzuziehen, möglichst wenig zu sagen, um die Quote der Mißverständnisse zu reduzieren. Oder den Versuch einer Anpassung an die neue Situation zu unternehmen.

Das zweite hier aufgeführte Beispiel zeigt, wie M. durch ihr Mitmachen, bzw. Mit-Lachen versuchte, «das Beste daraus zu machen»: «Ihr könnt dankbar sein, daß ich euch so gut unterhalte!» Das wurde eine Zeitlang (fast) zur stehenden Redensart bei ihr. Selbst wenn sie die Ursache der Heiterkeit nicht mehr verstand, so «verstand» sie es, deren entspannende Wirkung zu genießen und sich über ihren Anteil daran zu freuen. Eine solche Annäherung wird wahrscheinlich dort am schnellsten und leichtesten gelingen, wo man früher oft auf derselben Wellenlänge lachen konnte und sich gut verstand. Es ist allerdings auch Geduld und liebevolles Entgegenkommen von seiten der Angehörigen

* Durch den Ausfall kognitiver Funktionen, die eine Korrektur des (wie auch immer gearteten) «Unpassenden» vornehmen, kommen dann auch Sprüche wie die vom «Appenzeller Vater» zustande.

nötig, um die Kranken möglichst wenig dem Gefühl auszusetzen, daß sie wieder einmal «nicht mithalten konnten», daß man sie nicht ernstnehmen kann. Wie sagt Maj Fant?: «Der Alzheimer-Demente will genauso wie wir geliebt und geschätzt werden.»

M. hatte glücklicherweise ein ziemlich großes Reservoir von Selbstbehauptung, so daß es ihr an besonders «guten Tagen» sogar gelang, die Rollen zu tauschen. Das fing an, wenn sie etwa zu den Lachenden sagte, daß *diese* «zu komisch» (also eigentlich nicht ernstzunehmen) seien. Das gelang ihr in fast vollendeter Weise in der zuletzt geschilderten Szene, die man auch «Küchenszene im Wohnzimmer» nennen könnte. Dazu müßte vielleicht noch eine kleine Erklärung abgegeben werden. Sicher war dieser «Auftritt» nicht geplant, sondern er entwickelte sich gewissermaßen in einer Steigerung aus einem positiven Rückkoppelungsvorgang heraus. Zunächst dürfte die Mutter nur den spontanen Entschluß gefaßt haben, einen Kuchen zu backen. Aber sie merkte offenbar bald, daß die nötigen Zutaten fehlten. So ging sie zur Tochter, um sich dort das Fehlende zu holen. Als sie die Besucherinnen sah, war an ihrer ersten Reaktion deutlich zu merken, daß sie diese längst vergessen hatte. Sie war sichtlich überrascht, hatte sich aber unglaublich schnell gefangen und überspielte ihren unpassenden «Aufzug» in der geschilderten Weise. Mit der ihr eigenen Sensibilität für Atmosphärisches hatte sie ebenso schnell erfaßt, daß die Gäste sie mit Wohlwollen und Vergnügen wahrnahmen. Das steigerte ihren «Spaß an der Sache» und vice versa (selbst die Tochter mußte inzwischen lachen und vergaß ihren anfänglichen Schrecken). Solche Möglichkeiten für gemeinsames «gutes Lachen» (wie Maj Fant es formuliert), gehören allerdings eher zu den seltenen «Sternstunden» des Alzheimer-Leidens. Umso mehr sollte man die sich bietenden Gelegenheiten wahrnehmen.

1.7 Zusammenfassung

Im ersten Abschnitt, der zugleich das erste Stadium der Alzheimer-Demenz beinhaltet, wurden zunächst die – meist noch unspezifischen – Vorboten besprochen. Diese Entwicklung, für die es geradezu «typisch» zu sein scheint, daß man sie noch gar nicht als Vorläufer einer Krankheit einordnet, ist in der Tat in ihren Anfängen sehr uncharakteristisch, vor allem, wenn es sich um hochbetagte Menschen handelt. Gedächtnis- und Orientierungsprobleme, die zum Teil auch mit dem Nachlassen von Fähigkeiten der Sinnesorgane (Augen, Ohren) und des Bewegungsapparates zusammenhängen, sind praktisch als «Normalerscheinungen» für den alternden Menschen «vorprogrammiert». Inzwischen ist allerdings durch viele Publikationen über die Altersdemenz (auch in der populärwissenschaftlichen Literatur) eine gewisse Hellhörigkeit geweckt worden, so daß – umgekehrt – auch die Möglichkeit besteht, daß Alzheimer-Symptome dort vermutet werden, wo sie nicht als solche verifiziert werden können.

Leider ist gerade im ersten Stadium die klinische Diagnostik (obwohl sie zunehmend verfeinert wird) nicht treffsicher und mit ziemlichem Aufwand verbunden. Man ist daher nach wie vor in erster Linie auf die objektive Verlaufsbeobachtung angewiesen, und dazu braucht man – da die Kranken nicht mehr dazu in der Lage sind – detaillierte Angaben des nächsten Beziehungsfeldes (Angehörige, Berufskollegen, Nachbarn, Freunde). So schält sich erst allmählich aus dem *anfänglichen Verdacht* die *zunehmende Wahrscheinlichkeit* heraus, daß es sich um eine Altersdemenz, meist vom Alzheimer-Typ, handeln könne.)

Das Nebeneinander von unspezifischen und «verdächtigen» Erscheinungen ist im ersten Abschnitt ebenso Thema, wie die sich zwangsläufig ergebenden Verständigungsschwierigkeiten und Beziehungsverwirrungen zwischen den Kranken und ihren Angehörigen. Die daraus resultierenden Probleme im Kommunikationsablauf, die zum Teil unnötig die häusliche Situation belasten, werden ebenso an Beispielen geschildert, wie mögliche Entlastungen von gegenseitigen Mißverständnissen und allfälligen Schuldzuweisungen.

Wenn hier von erstem, zweitem, usw. Stadium gesprochen wird, so ist dies immer eine «Grob-Einteilung». Einige der hier schon geschilderten Symptome könnte man auch dem zweiten Abschnitt subsumieren. Bei dem anfänglich sehr stark wechselnden Verhalten der Kranken, mit Tagen, an denen (scheinbar) nichts mehr geht, und den sogenannten «guten Tagen» lassen sich – wenn man einen chronologischen Bericht abgibt – solche Überschneidungen der unterschiedlichen Schweregrade nicht vermeiden. Da sie aber gleichfalls «typisch» sind, ist hier bewußt darauf verzichtet worden, die Klassifikationen nachträglich zu «sortieren», womit man eine künstliche Verfälschung der Chronologie vornehmen müßte.

Zweites Stadium

2.1 Die Angst vor der drohenden Heimeinweisung

An fast alles, was bisher im Zusammenleben mit der Mutter beschwerlich und bedrückend war, hatte sich die Tochter immer wieder gewöhnen können. Auch ihr Mann half so gut er konnte bei der Beaufsichtigung und Betreuung der Schwiegermutter. Aber die Kraft- und Zeit-Reserven wurden bei beiden immer mehr aufgezehrt, weil die Intensität der Überwachung langsam, aber stetig wuchs und beide durch ihre Berufstätigkeit nur begrenzten Freiraum hatten.

Was die Situation zunehmend problematischer werden ließ, war die nächtliche Unruhe von M. Schon seit einiger Zeit «geisterte» sie hin und wieder durch das Haus; das hatte sich aber bisher in Grenzen gehalten. Sie fand in der Regel auch von allein den Weg in ihr Schlafzimmer zurück, so daß die Mitbewohner, wenn sie überhaupt von der nächtlichen Unruhe erwachten, meistens bald weiterschlafen konnten. Die Mutter dehnte ihre Nachtwanderungen jedoch immer weiter und länger aus, und so landete sie jetzt schon mal im Schlafzimmer der «Kinder». Während der Schwiegersohn sich dadurch relativ wenig stören ließ, war die Tochter sofort hellwach, zumal sich die Mutter in der Regel auch mit irgendwelchen Anliegen an sie wandte. Die Tochter pflegte dann – mehr oder weniger geduldig – die Mutter in ihr Bett zurückzubringen, sie gegebenenfalls auch wieder auszuziehen. Aber damit war die nächtliche Störung keineswegs beendet. Schon während die Tochter auf die Mutter einredete, sie möge jetzt bitte bis zum Morgen ruhig sein, auch wenn sie nicht schlafen könne, gab es häufig Protest: Es sei doch hellichter Tag und sie sei überhaupt nicht müde. Wieso sie denn jetzt gerade schlafen solle, sie müsse doch dies oder jenes erledigen usw.

So konnte es geschehen, daß die Tochter drei- bis viermal in einer Nacht geweckt wurde, und das ging an ihre letzten Reserven. Von

Mal zu Mal wurde sie ärgerlicher, ja manchmal geriet sie geradezu «außer sich». Da konnte ihr der Verstand noch so eindringlich sagen, daß die Mutter für die Ruhestörungen nicht verantwortlich gemacht werden könne. Die «Nerven» rebellierten schließlich gegen solchen Streß. Immer wieder versuchte die Tochter zwar alles mögliche, um die Mutter zur nächtlichen Ordnung zu bringen, schrieb große Zettel mit gut leserlichen Druckbuchstaben und roten Warnmarkierungen wie «jetzt nicht stören!» oder «es ist Nacht!» u.ä. Manchmal schien das die Mutter beeindruckt zu haben. Es gab jedenfalls auch ruhige Nächte zwischendurch. Dann wieder half einfach nichts. Die Mutter folgte ihren eigenen, absolut nicht zu ergründenden Rhythmen und «Gesetzen». Versuche, sich durch Abschließen vor nächtlichen Besuchen zu schützen, wurden bald wieder aufgegeben, weil M. die unerwartete Aussperrung energisch (oder verzweifelt) zu überwinden versuchte. Sie klopfte, rief usw. und störte damit die Nachtruhe noch mehr.

Immer schwieriger gestaltete sich dadurch auch die Ernährung. Da die Mutter nach besonders intensiven «Geisternächten» sehr müde zu sein pflegte, schlief sie am nächsten Tag entsprechend lange und tief. Für die Einnahme irgendwelcher Mahlzeiten hatte sie natürlich dann gar keinen «Sinn». «Jetzt, in der Nacht? Was denkst du dir denn?» konnte sie empört ausrufen, wenn man sie womöglich auch noch weckte. Und dann, wenn man sie vielleicht gar füttern wollte, kniff sie eigensinnig den Mund zu und öffnete ihn allenfalls, um ihrem Unmut Luft zu machen.

Was sich noch schlimmer als das Nicht- bzw. Wenig-Essen gestaltete, war das Problem der Flüssigkeitszufuhr. Die Mutter entwickelte fast einen Widerwillen gegen diese «Prozedur» (dann schon lieber waschen). Sie versicherte glaubhaft, sie könne nicht (mehr) trinken, sie bekäme nichts runter, sie brauche auch nichts. Dabei war zu sehen, daß sie in dieser Zeit deutlich abnahm. Sie war nie dick gewesen, hatte also auch nicht viel Reserven. Überdies hatte sie einen niedrigen Blutdruck und bekam häufiger Schwächeanfälle. Jeder, der jetzt in ihr Zimmer kam, hatte daher mehr oder minder «strenge Anweisung», M. so gut und so viel wie möglich Trinkbares anzubieten. Es stand auch immer etwas bereit, Tee, Säfte usw. Aber meistens wurden die Getränke abends in kaum reduzierter Menge wieder weggekippt.

Auch die hygienischen Verhältnisse wurden immer beschwerlicher. Das Einzige, was fast immer noch funktionierte, war das geliebte Sonntagsbad. Haarewaschen, (Fuß-)Nägelschneiden waren hingegen eher gefürchtete «Prozeduren». Zum Glück hatte die Mutter eine geduldige Friseuse und eine verständnisvolle Fußpflegerin, die beide geschickt mit ihr umgehen konnten. Nur die Termine, die dort vereinbart wurden, konnte sich M. beim besten Willen nicht mehr merken, auch wenn Zettelnotizen solche wichtigen Daten anmahnten. Die Tochter mußte also diese Verabredungen vorbereiten (z.B. die Mutter «ausgehfertig» machen). Aber wehe, wenn sie sie dann (wieder einmal) aus dem Schlaf holte – siehe oben ... Mancher Termin mußte wieder abgesagt und umbestellt werden. Es war immer eine Zitterpartie, ob es denn diesmal klappen würde. Und dann konnte es noch passieren, daß M. unterwegs vergaß, was sie eigentlich vorhatte und sich verlief; d.h. es mußte sie eigentlich immer jemand begleiten.

Da sie ständig nach irgendwelchen Dingen suchte und ohne jegliches System ihre Schränke durchwühlte, herrschte dort chronische Unordnung. Die Unordnung störte sie – abgesehen davon, daß sie dadurch noch mehr suchen mußte – allerdings wenig. In der Folgezeit entwickelten sich die Schränke mitunter zu etwas unangenehm riechenden «Müllgruben», da die Mutter manchmal nicht mehr genießbare Essensreste statt im Kühlschrank im Wäscheschrank deponierte. Desgleichen unterschied sie schmutzige und saubere Wäsche nicht mehr genau. Man hätte daher häufig ihre «Deponien» durchsuchen und ordnen müssen. Nur wann und wie (z.B. bei Protest) sollte das geschehen?

Der Tochter wuchsen die Probleme über den Kopf. Sie war in ihrem Beruf sehr eingespannt und konnte nicht nebenbei täglich, ja fast stündlich «Bewacherin», Pflegerin, Unterhalterin und Putzfrau für die kranke Mutter sein. Es kam die bittere Stunde, in der sie und ihr Mann besorgt überlegten, wie das weitergehen könne.

«Heimeinweisung» – diese Lösung lag wie ein drohender Abgrund vor ihnen. Es war doch unmöglich, die Mutter dort hinzugeben, oder? Immer wieder gab es ja noch «gute Tage», an denen es relativ «pflegeleicht» zuging und sich die Mutter auch kritisch und einigermaßen klar über sich und die Welt Gedanken machte. Daß *sie nicht* in ein Heim wollte, war bei ihrem großen Unabhängigkeitsbedürfnis klar, da brauchte man gar nicht zu fragen. Sie zog diese «Lösung» offensichtlich auch nicht für sich in Betracht. Stattdessen sprach sie relativ viel darüber, daß sie nicht so alt werden wolle und wie es wohl «danach», «in der anderen Welt» aussehen würde. Sie wünschte sich «so einzuschlafen, wie L.» – eine sehr geliebte Cousine von ihr, deren «leichter Tod» (sie war sozusagen im Schlaf für immer eingeschlafen) M. schon immer als ersehntes «Vorbild» galt.

Die Tochter und der Schwiegersohn hielten in dieser Zeit einen ähnlich leichten Tod der Mutter für durchaus denkbar. Ihre Schwächeanfälle (auch bei der Cousine war ähnliches vorausgegangen) schienen schon eine Vorbereitung dafür zu sein ... Wie konnte man sie – wenn ihr Ende vielleicht bald bevorstand – dann noch einer Umsiedlung in ein Pflegeheim aussetzen? Man würde sich später bittere Vorwürfe machen. Schuldgefühle, daß sie überhaupt an eine solche Lösung dachte, waren jetzt schon ständige Begleiter der Tochter (der dann auch wieder die Verlegung des Großvaters in eine Pflegeeinrichtung einfiel). Ihre Phantasien kreisten sogar gelegentlich darum, was «die Leute wohl sagen würden». Eigentlich war ihr das sonst nicht sehr wichtig. Aber in diesem Fall, wo sie überdies wußte, daß sich niemand vorstellen konnte, *wie* schwierig die Situation war, konnte man sich leicht ausdenken, was andere über die Heimeinweisung denken würden ...

Nein, das kam nicht in Frage. Aber was dann? Das Problem der Angehörigen von Altersdementen – heute ein relativ verbreitetes Diskussionsthema – war damals noch gar nicht «publik». Es gab niemanden, der einen hätte beraten können, keine Selbsthilfegruppe o.ä., in der man mit anderen seine Not hätte teilen können. Aber es gab – welch ein glücklicher Zufall! – eine ganz neue, private Einrichtung, die sich «freie Altenhilfe» nannte. Junge Menschen hatten den Notstand offenbar damals schon erkannt und boten stundenweise Betreuungen zur Entlastung der Angehörigen an.

Das war zunächst eine große Erleichterung. Die Tochter hatte nun eine Vertreterin, vor allem dann, wenn sie wegen ihrer Berufstätigkeit nicht im Haus sein konnte. Die Helferin sollte all das übernehmen, was die Tochter nicht mehr leisten konnte, z.B. auf die Einnahme des Essens und Trinkens achten, «Hygiene», Aufräumen, möglichst auch Spaziergänge mit M. unternehmen, bei Regen vielleicht Geschichten vorlesen – Dinge, zu denen die Tochter überhaupt nicht mehr kam, weil sie alle freie Zeit in die absoluten Notwendigkeiten investieren mußte. Die freundliche Helferin hatte keine Sorge, daß sie mit M. nicht zurechtkommen würde. Aber das erwies sich doch als schwieriger. Die Mutter konnte (und wollte?) sich nicht einfach umstellen. Sie verlangte immer wieder nach der Tochter, schickte dann ihre Helferin weg, oder sie weigerte sich, irgendwelche Hilfe anzunehmen, Tee zu trinken usw. Es gab jedoch auch weiterhin «gute Tage» – Tage, an denen sie «lieb» und aufgeschlossen war. Dann nahm sie auch die neue Hilfe dankbar an.

Das Schreckgespenst Heimeinweisung konnte jedenfalls vorerst gebannt werden. Trotzdem – manchmal wünschte sich die Tochter, daß die Mutter von einem sanften Tod, wie sie es sich ja selber wünschte, erlöst werden möge – zumindesten dann, wenn eine andere, die Heim-Lösung, unumgänglich sein würde. Maj Fant berichtet in ihrem Buch von ähnlichen Wünschen. «Ist es nicht schlimm», so fragt sie, «daß man in eine so verzweifelte Lage kommen kann, seiner Mutter lieber den Tod herbeizuwünschen?»

Kommentar: Das Tabu-Thema Altenheim und die Schuldgefühle

Im ersten Abschnitt ging es vorwiegend um die Frage: Wie kann man die Krankheit einordnen, besser verstehen, und wie kann man vor allem besser mit ihnen, den *Kranken,* umgehen. Spätestens jetzt wird aber auch die Frage wichtig: Was geht in den *Angehörigen* vor sich, und wie können sie diese Aufgabe bewältigen? Es ist eigenartig, aber hier überlappen sich noch einmal die Mutter-Kind-Rollen in einem spiegelbildlichen Bezugssystem, dem zugleich große gesellschaftliche Relevanz zukommt.

Ein Kind wegzugeben (sei es in eine Adoptiv- oder Pflegefamilie, ein Heim oder dergleichen), das ist allemal mit großen Schuldgefühlen (sofern sie nicht verdrängt werden) verbunden, und es wird von der Gesellschaft nach wie vor «geächtet». Bei den «sozial Schwachen» toleriert man es noch am ehesten, weil sich hier eine Notlage auch in der Regel am deutlichsten abzeichnet. Die umgekehrte Situation, daß ein «Kind» seine Mutter (Vater) weggibt («abschiebt») scheint sich in der gesellschaftlichen Wertung (und zugleich auch vor der eigenen Gewissensinstanz) kaum von der vorhergenannten Situation zu unterscheiden. Hilflose Wesen (und das ist ein altersdementer Mensch ja gleichermaßen) müssen (unter Umständen bis zur Selbstaufgabe) umsorgt werden. Die Hauptverantwortung wird dabei nach wie vor den Müttern, bzw. Töchtern auferlegt. Wenn ein Vater sein Kind oder ein Sohn seine Eltern jemand anderem zur Betreuung überläßt, dann ist das weitaus weniger «schlimm».

Spricht man mit weiblichen Alzheimer-Angehörigen, so nimmt die *Schuldfrage* bei den (Schwieger-)Töchtern/Ehefrauen einen *großen Raum* ein, und es wird immer wieder deutlich, wie wenig der Verstand dabei zu sagen hat, wie stark vielmehr Emotionen und manchmal geradezu irrationale Vorstellungen eine Rolle spielen. Viele der Frauen, die ihre Eltern pflegen, sagen, daß sie selber solche Opfer von ihren Kindern nie annehmen möchten, d.h. für sich selbst würden sie ohne weiteres die Heimlösung akzeptieren, aber sie bekommen es nicht fertig, das ihren Eltern «zuzumuten». Auch M.'s Tochter konnte ihre emotionalen Widerstände und Vor-Urteile eigentlich erst überwinden, als sie der konkreten Situation gegenüberstand und täglich deren Vor- und – allerdings auch – manche ihrer Nachteile hinnehmen *mußte*. Die hier wiedergegebene ausführliche Schilderung der Alltagsbelastungen kann ein Gradmesser sein, um aufzuzeigen, wie hoch der Belastungspegel gehen kann, ohne die «Schuld-Barriere» zum Wanken zu bringen.

Natürlich gibt es neben der «Schuld», nicht genug getan zu haben, auch andere Erwägungen, welche eine Heimeinweisung so lange zu blockieren vermögen. Man fragt sich z.B., ob die ohnehin schon entwurzelt wirkenden Kranken eine derart einschneidende Umstellung überhaupt noch verkraften können. Auf das weit verbreitete Vorurteil, daß darauf meistens ein baldiger Tod folgen würde, wird in einem späteren Kapitel noch eingegangen. Es spielte aber sicher bei M.'s Tochter, die überdies durch den Großvater nur diese eine, negative Vor-Erfahrung hatte, eine Rolle. Sie konnte sich darüber hinaus – gerade auch bei M. – einfach nicht vorstellen, wie sich die eigenständige und eigenwillige Mutter arrangieren würde, Tag für Tag mit verwirrten unbekannten Menschen «eingesperrt» zu sein, sich von fremden

Händen waschen (und baden – wo blieb dann die «Sonntagsfeier») zu lassen, kein eigenes Zimmer, keinen «Auslauf» mehr zu haben – sich ständig fremden Anordnungen unterzuordnen? Das fürchtete die Tochter besonders, weil es reichlich Konfliktstoff geben könnte. Die Mutter hatte nie ein Hehl aus ihren Neigungen und Abneigungen gemacht, und sie schreckte vor Auseinandersetzungen nicht zurück – im Gegenteil, das gehörte gleichsam zu ihrem «hanseatischen Stolz». Und das würde wohl kaum in eine Heimatmosphäre passen, wo allgemein gültige Ordnungen das Alltagsleben bestimmten, also Individualisten eher stören müßten. Die Tochter fürchtete, daß die Mutter dadurch «anecken» und damit zur Reizquelle einer gespannten Atmosphäre werden könnte – etwas, was ihren Zustand (wie sich immer wieder gezeigt hatte) eindeutig negativ beeinflußte. Das Heim, davon war die Tochter in dieser Zeit restlos überzeugt, würde alles nur noch verschlimmern, aber keine Lösung darstellen.

Diese Einstellung ist auch bei anderen Alzheimer-Angehörigen nach wie vor sehr verbreitet ... Es fällt auf, daß sie über das Problem fast nur aus ihrer Sicht urteilen bzw. es vor-verurteilen. Daß das Heim aber nicht nur eine «Katastrophe» für die Kranken sein muß, sondern auch eindeutige Vorteile gegenüber der ambulanten Betreuung aufweisen kann, wird noch häufiger in den nächsten Kapiteln besprochen werden. Es wird daher immer ein sorgfältiges Abwägen notwendig sein müssen, welche Entscheidung die *relativ* bessere (bzw. schlechtere) sein könnte.

M. und ihre Angehörigen hatten Glück, daß seinerzeit gerade eine private Initiative gegründet wurde und sie sich nicht gleich zu einem Radikalentschluß durchringen mußten. Mit «radikal» ist hier nicht nur die Einweisung ins Heim gemeint, sondern eben auch das Umgekehrte: Keinerlei Entlastung in einer Situation völliger Überforderung zu finden, so daß der (die) Pflegende *alles andere* (z.B. den Beruf) *aufgeben* muß.* Heute ist die Situation vielenorts durch Selbsthilfegruppen oder andere Einrichtungen ver-

* Neuerdings gibt es auch Zwischenlösungen, z.B. Tagesheime. Die Kranken werden dort nur am Tag betreut, bleiben aber nachts (oft auch an den Wochenenden) zu Hause. Man kann sie auch für eine begrenzte Zeitspanne (Urlaub) in ein Heim geben.

bessert, die eine Entscheidungs-Mithilfe leisten können. Natürlich kann sich die/der einzelne auch an andere Personen oder Institutionen (Ärzte, Kirchen, Sozialarbeiter oder ambulante Dienste von psychiatrischen Einrichtungen) wenden, um die unterschiedlichen lokalen Gegebenheiten möglichst sachlich und sorgfältig bedenken und überprüfen zu können. Denn: Es kommt nicht nur darauf an, was für den Kranken gut (besser) sein könnte sondern auch, wie den Angehörigen am besten zu helfen ist!

2.2 Wie lange noch? Heute ging es doch so gut!

Etwa ein halbes Jahr konnte M.'s Familie aufatmen. Manchmal recht, manchmal auch schlecht funktionierte die Entlastung durch die Helferin, deren stundenmäßiger Einsatz allerdings mit der Zeit erhöht werden mußte. Die Nächte waren nach wie vor das größte Problem. Die Tochter rettete sich aber – wenn es zu schlimm wurde – in die untere Etage und schlief hier in einem Zimmer, das von der Mutter erstaunlicherweise nicht «heimgesucht» wurde. Da sie – wie viele Alzheimer-Kranke – öfter hinfiel, scheute sie sich anscheinend nachts vor Alleingängen auf der Treppe.

In dieser Phase, in der die Mutter überdies nach einem Fall auf ihre Hüfte wegen der Schmerzen stärker gehbehindert war, wurde die Tochter jedoch – was die Sicherheit vor einer «Heimsuchung» anbetraf – eines anderen belehrt. Sie schlief wieder einmal unten, sich diesmal – eben wegen der Gehbehinderung der Mutter – besonders sicher fühlend. Da erwachte sie von leisen Tür- und schleichenden Gehgeräuschen draußen im Flur. Sie hörte noch einmal genau hin. Kein Zweifel: Es bewegte sich jemand «auf leisen Sohlen». Die Tochter war so sicher, daß es die Mutter nicht sein könne, daß ihr nur die Alternative «Einbrecher» einfiel. Die anderen Hausbewohner schliefen oben. So war sie also dem unerwünschten Eindringling in der unteren Etage allein ausgesetzt. Sie hörte deutlich, wie die Tür zum Nachbarzimmer geöffnet wurde – als nächstes wäre die Tür zu ihrem Zimmer dran gewesen. Etwas Zeit hatte sie noch, so verständigte sie telefonisch kurz die Polizei. Dann saß sie neben dem Bett und beobachtete, wie die Türklinke ihres Zimmers langsam heruntergedrückt wurde. Es bestand eine fatale Ähnlichkeit mit dem TV-Thriller, bei dem M. seinerzeit den Eindringling so freundlich «herein» gebeten hatte! Darauf wollte die Tochter es aber nicht ankommen lassen, und so rief sie dem Einbrecher mit dem letzten Mut durch die noch geschlossene Tür zu, er solle sich umgehend davonmachen, die Polizei sei schon unterwegs. Tatsächlich, die Klinke wurde losgelassen und ging wieder hoch. Von draußen hörte die Tochter dann ein halb ängstliches, halb erleichtertes «Ach, Kind, bist du hier? Ich such' dich schon so lange!» Es war M., die allen Vorstellungen zum Trotz nun doch das bisher respektierte Zimmer entdeckt hatte.* So bröckelten nach und nach alle Refugien ab ... Die Lage spitzte sich wieder zu.

Als neue Verschlimmerung tauchte jetzt auch die fast ständige Inkontinenz der Mutter auf. Die Tochter hatte es einige Male miterlebt, daß die Mutter plötzlich zur Toilette wollte und sich so schnell es ging auf den Weg machte. Aber sie konnte die Blase offensichtlich kaum noch beherrschen, zumal es auf der Toilette eine kleine Ewigkeit dauerte, bis sich die Mutter ausgezogen (manchmal auch nicht) auf den dafür vorgesehenen «Ort» gesetzt hatte. Das Malheur war dann in der Regel schon geschehen, was M. sichtlich peinlich war. Es gab also fast ständig nasse Unter- und auch Bettwäsche – ein Zustand, der auf längere Sicht nicht ohne Folgen für die betreffenden Hautpartien bleiben konnte. Noch waren keine Wundstellen zu sehen, aber die Krankheit wuchs sich doch immer eindeutiger zu einem «schweren Pflegefall» aus.

Leider war die Mutter nicht dazu zu bewegen, irgendwelche Vorlagen oder eine Gummiunterlage im Bett zu dulden. Sie sei doch «kein Baby» sagte sie und versuchte, die Angelegenheit zu bagatellisieren. Wenn sie «nach frischer Tat» doch einmal bereit war, eine Vorlage zu tragen, dann konnte man mehr oder minder sicher sein, daß sie das unerwünschte «Bekleidungsstück» inzwischen irgendwo abgelegt hatte. So war das Problem vorerst nicht zu lösen. Die Tochter wandte sich an die zuständige Gemeindeschwester, die jetzt regelmäßig morgens bei der Mutter hereinsah, um sich dieser Sache, sowie dem der sich verschlimmernden Stuhlgangprobleme anzu-

* Die (wieder «abbestellten») Polizisten waren sehr verständnisvoll ...

nehmen. Aber auch hier scheiterten die Pflegemaßnahmen nicht selten an der Uneinsichtigkeit der Mutter, die meistens Ausreden hatte. Sie habe sich schon gewaschen, Stuhlgang gehabt usw.

Es kam wieder zu stärkeren Auseinandersetzungen mit der Tochter. Wenn sie die Mutter offensichtlich in einem Zustand vorfand, der einer Reinigungsmaßnahme bedurfte, dann wurde die Tochter energisch und – wenn es sein mußte – sogar «handgreiflich». Da gab es einmal folgendes Zwiegespräch. Mutter: «Wo ist meine Tochter, ich möchte mich beschweren!» Tochter: «Aber M., ich bin doch hier.» M.: «Du wirst mir immer unsympathischer!» Auch das mußte geschluckt werden, die Tochter ließ sich jedoch keineswegs abbringen, die jeweilige Prozedur so gut es ging, zu vollenden. Natürlich «vergifteten» solche Auseinandersetzungen zeitweilig das Klima, obwohl die gespannte Stimmung nie allzu lange anhielt und der Tochter öfter etwas einfiel, um die Mutter wieder zu versöhnen.

Dennoch: Die Lage wurde prekär und man mußte sich fragen, wie lange das hier noch bewältigt werden konnte, bzw. ob M. nicht doch in ein Heim gehen mußte. Trotz allem wurde das schon längst Notwendige wieder und wieder hinausgeschoben. «Gerade heute ging es doch so gut!» Wie oft erwies sich diese eigentlich erfreuliche Erleichterung zugleich auch als Sperre gegen die Einweisung. Einen Menschen, der zeitweise noch klar war und zum Teil noch selbständig etwas unternahm, konnte man doch nicht «einsperren» ...

Die Tochter hatte mit den Helferinnen (da sie oft bei der Übergabe nicht dabei war) ein Büchlein angelegt, wo jeder seine Notizen zur Information für den anderen eintrug. Durchblättert man heute – aus der Distanz einiger Jahre – diese Anmerkungen, dann ist man immer noch betroffen über die Dokumentation, vor allem auch über den ständigen Wechsel des Zustandes der Mutter, der klare Entscheidungen in der Tat sehr schwierig machte. Einige Auszüge mögen das verdeutlichen.

Tochter: Gestern Stimmung sehr wechselnd, zeitweise ganz verwirrt: Die Russen wären in unserem Garten. Später glaubte sie, sie sei ganz woanders. Abends plötzlich wieder klar. Auch heute morgen früh aufgestanden, selber Frühstück gemacht(!), zur Stadt gegangen. Anschließend schwindlig geworden, hingefallen, aber nicht nennenswert verletzt. Sieht jedoch elend aus. Kein

Mittagessen, keine Mittagsruhe. Will einen Trauerbrief schreiben wegen eines verstorbenen Bekannten.

Einen Tag später: Heute sehr matt, kann nicht aus dem Bett, habe sie gefüttert. Schwieriger Versuch: Wasserlassen in eine Bettschüssel ... Die steht jetzt unterm Bett, falls sie wieder «muß». Ich glaube nicht, daß sie heute abend zum Lesekreis gehen kann.

Pflegerin (vom selben Tag): Es sah erst so aus, als ob sie nicht aus dem Bett käme. Um 5 Uhr stand sie dann plötzlich auf. Ich mußte ihr beim Anziehen helfen. Obwohl sie (doch!) beim Gehen Schmerzen hatte, ließ sie sich nicht vom Spazierengehen abbringen. Eine halbe Std. waren wir draußen.

Tochter: Der Lesekreis hat dann doch geklappt. Sie kam angeregt zurück ...

Einige Wochen später:

Tochter: Heute «mittel-munter». Frühstück ging, mittags dafür gar nicht gegessen oder getrunken. Fand eben noch ein nasses Hemd unterm Bett. Bitte neu beziehen.

Pflegerin: Sie lag die ganze Zeit im Bett, ich konnte nichts machen.

Einige Wochen später:

Tochter: Heute nacht um ½ drei wollte sie in Hut und Mantel (unten drunter nur ein Nachthemd) zu einer Veranstaltung. Auch morgens schon früh Frühstück (5.00). Insgesamt recht unruhig, kaum geschlafen.

Pflegerin: Heute ist sie total unruhig, geistert die ganze Zeit im Haus herum. Meinte zu mir, es wäre viel zu nähen, rief mich dann aus einer hinteren Ecke. Wunderte sich, wenn ich nicht hörte. Unterhielt sich mit mir über große Entfernungen. Als sie eine Zeitlang verschwunden war, suchte ich sie. Fand sie in der Küche, wo sie den Schrank mit Fächern von Mehl, Zucker usw. halb ausgeräumt hatte. Dann sollte ich die Küche aufräumen. Sie hatte offensichtlich vergessen, daß sie es ausgeräumt hatte. Weiterhin wollte sie dauernd telefonieren, daß sie etwas später käme zu einer Veranstaltung. Dann suchte sie nach einer Leiter, die nach oben führe, weil dort noch ein Dachboden vorhanden sein müsse*, sie höre öfter Stimmen. Sie ist beunruhigt, wenn ich gehe, obwohl sie vorher noch wollte, daß ich pünktlich Schluß mache. Ist völlig widersprüchlich in allem. Zu guter Letzt hat sie von hier unten die Kissen nach oben getragen.

Tochter: Gestern, als ich heimkam, war sie nackt. Lief im Dunkeln in ihrem Zimmer herum. Mit Mühe haben wir dann Anziehen und ein paar Abendbrothäppchen bewältigt. So kam sie doch noch pünktlich zu der Veranstaltung**. War danach sehr zufrieden. Heute wieder völlig passiv, kein Mittagessen, liegt im Bett. Alles ist naß. Stößt mich mit den Füßen weg, als ich ihr Bett in Ordnung bringen will ...

Kommentar: Alzheimer-Demenz zweites Stadium – Grenze der ambulanten Belastbarkeit?

Wenn dieses Büchlein einen Sinn haben soll, dann vor allem den, daß es Verständnis wecken möchte für die Kranken, aber auch für die ungeheure Zwiespältigkeit der Angehörigen von Altersdementen. Außenstehende können oft nicht begreifen, warum «sie nicht längst den Opa in ein Heim gegeben haben» oder umgekehrt «wie konnten sie nur die alte Dame in so eine Einrichtung geben!»

Diese Probleme ergeben sich vor allem im zweiten Stadium des Morbus Alzheimer, weil hier die Schwere der Defizite, aber auch das Wechselhafte der Krankheit besonders eklatant hervortreten. Wenn schon die Angehörigen, die doch ständig mit den Kranken zusammen sind, immer wieder ihre eigenen Entschlüsse umwerfen, weil «es heute doch so gut ging», oder umgekehrt, «weil es jetzt wirklich nicht mehr weitergeht», dann pflegen Außenstehende, die ja in der Regel nur Momentaufnahmen erleben, die Situation erst recht zu über- oder zu unterschätzen. «Schuld» an dem Hin und Her sind nach Meinung der Außenstehenden fast immer die Angehörigen, die «sich nicht genug bemüht haben» oder «es nicht fertigkriegen, endlich ein Machtwort zu sprechen».

* Es gab keinen Boden (Flachdachhaus).

** Sie wurde abgeholt und gebracht, habe dort fast nur «vor sich hingeschlafen».

Solches – zwar verständliche – Unverständnis der weiteren Umgebung ist natürlich eine zusätzliche Belastung für die Familienmitglieder, die ohnehin ständig das Gefühl haben, alles falsch zu machen. Wenn man es schon so definieren will, daß etwas «falsch gemacht» wird, etwa das lange Hinauszögern des Entschlusses einer stationären (evtl. teilstationären) Einweisung, dann sollten einige Aspekte tatsächlich überlegt werden: Vor allem die in der Regel unzureichenden Pflegemöglichkeiten in den «eigenen vier Wänden». Natürlich ist es für verwirrte Menschen wichtig und beruhigend, wenn sie so lange wie möglich in der vertrauten Umgebung bleiben können. Man sollte aber hier eine ganz sachliche Gegenrechnung aufmachen – eine Bilanz, die nur selten vor der letzten Entscheidung gezogen wird.

Es war z.B. von der zeitweiligen «Vergiftung des Klimas» die Rede zwischen den Menschen, die sich in der gemeinsamen Not doch möglichst beistehen und entlasten sollten. Gerade letzteres bleibt aber bei der großen Belastung der Hauspflege oft eine Illusion. (M.'s Tochter spürte beispielsweise genau, daß sie nach schlaflosen Nächten gereizt war und der Mutter daher nicht immer «gerecht werden» konnte.) Das ständige Einnässen ist in den auf solche Zwischenfälle meist nicht eingerichteten Zimmern eine sehr lästige Angelegenheit. (Teppichböden! Das Bett steht an der Wand, läßt sich also nur von einer Seite aus bedienen.) Hat man evtl. gerade den Teppichboden oder die Matratze einigermaßen gereinigt, oft noch nicht einmal getrocknet, dann ist das manchmal nur kurze Zeit später erneute Einnässen oder gar Einkoten eine harte «Nervenprobe». An einem Ort, der auf solche Ereignisse eingerichtet ist, wo man «Pfützen» schnell wegwischen kann, ist es hingegen viel weniger gravierend, wenn das nächste Mißgeschick auf dem Fuß folgt. Außerdem werden die Kranken vor Wundliegen in einer darauf spezialisierten pflegerischen Einrichtung in der Regel besser geschützt sein, als in einer Umgebung, wo die (unter Umständen berufstätigen) Angehörigen manchmal über Stunden nicht da sind und die Kranken daher nicht umkleiden oder umbetten können. (Auch bei M. war trotz der Helferinnen keine Rund-um-die-Uhr-Betreuung möglich). Im Pflegeheim ist hingegen bei den schweren Pflegefällen auch eine Nachtwache für Notfälle so gut wie immer die Regel.

Die nicht nur bei M. sich einstellende Kalamität mit dem Nicht-trinken-wollen ist ein sehr häufiges Problem bei Altersdementen. Auch hierbei muß erwogen werden, ob die dadurch bedingten Folgeerscheinungen einer Exsikkose (Wasserentzug) des Körpers nicht in einem Heim besser behandelt werden können, und ob man nicht geradezu etwas versäumt, wenn man diese wichtigen Dinge allzu lange «schleifen läßt».

Nicht selten machen Angehörige die Erfahrung, daß die Kranken sich einer fremden Autorität ganz anders «fügen», so daß alles viel reibungsloser abläuft. Die «Klimavergiftung» bleibt dann aus, und man kann nach der Einweisung – weil die täglichen Reibereien wegfallen – wieder viel ungetrübter und entspannter miteinander umgehen. M.'s Tochter ertappte sich immer häufiger dabei, daß sie den Gang zur Mutter – gerade auch nach den Spannungen einer Auseinandersetzung – unwillkürlich hinauszögerte ... Denn wer weiß, was sie nun wieder vorfinden würde? «Ich warte lieber noch etwas, muß sowieso erst noch dies oder das erledigen» – solche Rationalisierungen einer Vermeidungsstrategie mündeten letztlich dahin, daß M. sich relativ viel selbst überlassen blieb, sich sicher auch öfter verlassen fühlte. (Auch die Helferin konnte ja nur stundenweise einspringen.) Im Heim kann so etwas natürlich auch passieren. Aber allein durch die Mitbewohner ist in der Regel mehr Abwechslung gegeben. Die Kranken sind in einen gemeinsamen Tagesablauf eingebettet, zu Hause hingegen oft die Außenseiter.

Was die anderen Kranken auf der Station anbetrifft, so ist ein weiterer wichtiger Faktor nicht zu übersehen: Sind Altersdemente im häuslich-familiären Rahmen in der Regel «das letzte Glied», weil sie so vieles nicht mehr begreifen, nicht mithalten können, so erleben sie sich im Heim in einer Sozietät von Gleichbetroffenen oder gar solchen, denen es noch schlechter geht – das kann eine Erleichterung sein. Der häufige Einwand: «Wie schrecklich, unter all diesen verwirrten Elendsgestalten soll er (sie) nun den Lebensabend verbringen!» – diese Befürchtung kann aus der letztgenannten Perspektive durchaus in Frage gestellt werden.

In Gesprächen mit Angehörigen, die vor der Frage der Einweisung noch zurückschrecken, können die oben genannten positiven Aspekte der Heimbetreuung das «Abschiebungsschuldgefühl» sehr hilfreich mildern, vor allem, wenn die umgekehrte Frage explizit gestellt wird, ob man nicht geradezu etwas versäume, wenn man die pflegerischen Möglichkeiten eines Heimes zu lange vor sich herschieben würde. Die Kranken können sich – auch das muß dabei bedacht werden – natürlich um so besser umstellen, je mehr Reserven sie noch besitzen.

2.3 Die Kapitulation: Das Pflegeheim – der vorletzte Abschied

Die Tochter hatte sich nach einem akuten Anfall von Verzweiflung zur Besichtigung eines Pflegeheimes angesagt. Dieses Heim war das einzige, was ihrer Meinung nach in Frage kam, weil es wegen der räumlichen Nähe die Möglichkeit häufiger Besuche garantieren konnte. Der erste Eindruck war neben einigen erwarteten «Dazugehörigkeiten» (bereits vor der Eingangstür saßen alte Menschen im Rollstuhl, zum Teil verwirrt vor sich hinredend) sonst eher positiv. Erleichtert stellte die Tochter fest, daß es keine sterile Krankenhausatmosphäre war, sondern daß im Treppenhaus und auf den Stationen geschmackvolle Bilder hingen, hübsche, selbstgebastelte Dinge zu sehen waren, daß es sehr viele Pflanzen gab und sogar Vögel, die munter in Käfigen herumhüpften und ihre Lieder sangen. Offenbar war man bemüht, das Heim so «anheimelnd» wie möglich zu gestalten. Gleich neben dem Eingang war eine gemütlich eingerichtete Cafeteria, und auf den jeweiligen Stationen gab es irgendwelche Nischen und kleine Aufenthaltsräume, in die man sich bei Bedarf zurückziehen konnte.

Die Schwestern und andere Pflegekräfte waren freundlich und hilfsbereit. Man nahm sich Zeit für das erste Gespräch mit der Tochter und zeigte ihr die Einzelheiten der Station: Ein fabelhaftes Bad mit einer Wanne, in die auch die körperlich Behinderten durch ein raffiniertes hydraulisches Gerät hinein- und herausgehoben werden konnten. Die Fußböden waren praktisch zu reinigen und sahen trotzdem nicht unfreundlich aus. Die Betten hatten natürlich Krankenhausbetten-Charakter, aber sie waren mit freundlicher Karobettwäsche bezogen. Die Tochter sah ein, daß behagliche, dafür aber höchst unpraktische Betten, wie das der Mutter, hier fehl am Platz gewesen wären. Genau das war ja einer der Gründe, weshalb die Mutter hier untergebracht werden sollte, daß sie «gepflegt» werden konnte. Es gab einen großen Balkon am Ende des Flures, auf dem die Kranken im Sommer auch draußen sitzen konnten. Außerdem verfügte fast jedes der Krankenzimmer noch über einen eigenen Balkon mit rankenden Grüngewächsen oder Blumenkästen. Der Blick aus den Fenstern wies in die hügelig ländliche Weite einer schönen und abwechslungsreichen Landschaft. «Man könnte es hier doch aushalten», stellte die Tochter innerlich erleichtert fest.

Aber dann kam der «Rückschlag». Auf die Frage, in welchem Zimmer die Mutter beispielsweise untergebracht werden könnte, erhielt die Tochter die ausweichende Auskunft, daß vorerst nur Zweibettzimmer in Frage kämen. Die wenigen Einbettzimmer der Station waren den Heimbewohnern vorbehalten, die noch weitgehend klar waren (z.B. keine geistige, sondern eine Körperbehinderung hatten), denen man es nicht zumuten konnte, Tag und Nacht mit einem verwirrten Menschen auf engem Raum zusammenzuwohnen. Und zu den letzteren, den Verwirrten, Unruhigen würde M. doch wohl gehören? Das konnte die Tochter nicht leugnen. Aber sie wußte andererseits zu genau, daß die Mutter an ihren «guten Tagen» immer wieder erstaunlich klar registrieren konnte, was um sie her geschah. Insofern meinte die Tochter, daß für die Mutter eigentlich auch nur ein Einzelzimmer denkbar sei.

Auf die konkrete Nachfrage, wo M. denn nun wirklich eine Bleibe finden könnte, wurde die Tochter in ein Doppelzimmer geführt, in dem die künftige Wohn-Gefährtin gerade nicht anwesend war. Später sah sie die Tochter auf dem Flur sitzen: Eine alte – offenbar vollends verwirrte – Frau, die monoton immer dasselbe vor sich hinsagte, was sie mit stereotypen Körperbewegungen begleitete. Man konnte sie zwar kurzfristig ansprechen, aber sie verfiel sofort wieder in ihren eintönigen, unverständlichen Singsang, der obendrein ziemlich laut und «aufdringlich» war. Und mit ihr sollte M. von morgens bis abends und nachts in einem Zimmer zusammenwohnen?

Der Schock war tief. Sie wolle sich das doch erst noch einmal überlegen, sagte die Tochter. Die Stationsschwester hatte dafür Verständnis, sagte aber, es könne unter Umständen Wochen dauern, bis wieder ein Bett frei würde, und mit wem die Mutter dann zusammenliegen würde, das könne man heute noch gar nicht sagen. Ob sie sich dann wieder melden sollten, fragte die Stationsschwester. Denn wenn die Mutter jetzt nicht aufgenommen werden könne, müsse man eine andere Heimanwärterin berücksichtigen – es gab eine längere Warteliste. Die Tochter bat, daß man sie auf jeden Fall benachrichtigen möge. Sie hegte die verzweifelte Hoffnung, daß es vielleicht doch ein Einzelzimmer oder wenn, dann zumindest eins mit einer ansprechbaren Bett-Nachbarin geben könnte. Trotz aller Befürchtungen: Aber *diese Realität* hatte sie sich nicht vorgestellt! Und so wurde die stationäre Einweisung noch einmal «auf Eis gelegt».

Es war das erste Mal, daß die Tochter beim Nachhausekommen dankbar war, niemandem zu begegnen, so daß sie ihre hoffnungslose Verzweiflung in einem stillen Winkel ausklingen lassen konnte. Es folgten Tage, an denen sie meinte, schlimmer könnte es gar nicht mehr werden. Nicht selten schlief sie vor Erschöpfung für kurze Momente bei ihrer Arbeit ein. Der Mensch, bei dem sie sich früher so gut hätte «aussprechen» können, gerade dieser Mensch konnte am allerwenigsten davon erfahren. Es hätte die Mutter nicht nur schockiert, was die Tochter da so konkret plante, sondern es hätte sie auch sehr bedrückt, daß es ihretwegen so weit kommen mußte. Ein Gespräch darüber hätte die Situation jedoch nicht entspannen, sondern allenfalls zusätzlich belasten können – so vermutete die Tochter jedenfalls. Und da war sie eher erleichtert, daß die Mutter, wenn auch einiges, so doch längst nicht mehr alles erfassen konnte.

Eines Tages (dann doch unerwartet bald) meldete sich die Stationsschwester und sagte, dasselbe Bett sei wieder freigeworden. Inzwischen war der Verzweiflugsgrad so gestiegen, daß die Tochter zusagte. Sie konnte nicht mehr weiter, es war ihr alles recht, wenn es nur eine Entlastung geben würde. Sie war sich klar, daß dies die letzte Wohnstätte für die Mutter sein würde. Es würde ein Abschied, der nicht – wie bei einem Klinikaufenthalt – von der Hoffnung begleitet sein könnte, daß es eine Rückkehr, eine Besserung gäbe, sondern nur durch den Tod beendet werden könnte. Wochen, Monate, Jahre? Wie lange der allerletzte Abschied noch auf sich warten lassen würde – das war nicht abzusehen. Daß die Mutter noch über vier Jahre im Heim zubringen müßte, das hätte damals allerdings keiner aus der Familie für möglich gehalten.

Es blieb in den drei Tagen bis zur Aufnahme kaum Zeit, über all das nachzudenken, denn für diesen letzten Umzug mußte noch viel vorbereitet werden, u.a. das Einnähen von Namensschildern in die Wäsche. Die Kleidung und einige persönliche Dinge mußten sortiert werden. Einige Bilder konnten ausgesucht werden, damit die Mutter wenigstens etwas Vertrautes um sich hätte. Das Wichtigste jedoch, der Mutter zu sagen, was ihr bevorstand, das schob die Tochter (was sonst nicht ihre Art war) wie einen riesigen Stein vor sich her. War die Mutter gerade relativ zufrieden oder gar fröhlich, dann wollte die Tochter ihr nicht die Stimmung verderben. Aber sie brachte es auch nicht fertig, die Mutter einzuweihen, wenn diese eher bedrückt war – das würde sie ja noch trauriger machen. Wie würde sie überhaupt reagieren? Die Tochter wagte es nicht einmal, sich das auszumalen.

Inzwischen gab es dann keine Möglichkeit mehr, über den optimalen Zeitpunkt der Aufklärung zu grübeln. Der Tag der Einweisung war gekommen. Drei Stunden vorher setzte sich die Tochter zur Mutter ans Bett und sagte ihr das Unumgängliche. Die Mutter spürte offenbar, wie schwer dies der Tochter fiel, und so geschah etwas, womit die Tochter überhaupt nicht gerechnet hatte. Zunächst wurde M. ganz still und ernst (sie war bis dahin eher unruhig gewesen). Jetzt vergingen Minuten – «eine Ewigkeit» – wie es der Tochter schien, ohne daß ein Wort fiel. Dann sagte die Mutter völlig gefaßt: «Was sein muß, muß sein! Dann laß uns vernünftig sein und Koffer packen.» Ohne Zweifel war es für sie ein Schock gewesen, so unmittelbar mit dieser Tatsache konfrontiert zu werden. Es wirkte sich aber fast wie eine «Schocktherapie» aus, denn für den Rest des Tages gab sich die Mutter ungewöhnlich besonnen und gefaßt. Sie versuchte, mit der Tochter zu überlegen, was sie «dort» wohl brauchen könnte und was man evtl. noch besorgen müsse. Natürlich kamen auch jetzt kleine Verwirrtheiten vor. Die Tochter suchte z.B. für die Mutter ein paar Bettsocken (denn *diese* hatte jetzt oft kalte Füße in ihrem allgemein-reduzierten Zustand). Es fand sich aber nur eine der beiden Socken. «Wo kann denn nur die zweite sein?» fragte die Tochter laut vor sich hin. Was sie denn suche, wollte M. wissen. Dann meinte sie: «Wozu suchst du eigentlich *zwei Bett*socken? Ich habe doch nur *ein Bett!*» Schließlich fand sich das zweite Exemplar an unvermuteter Stelle, und die Sachen waren endgültig zusammengepackt.

M. sah sich mit einem unbeschreiblichen Blick noch einmal in ihrem Zimmer um. Wußte oder ahnte sie, daß es keine Rückkehr mehr geben würde? Sie ließ sich äußerlich wenig anmerken. Keine Frage, kein Vorwurf wurde an die Tochter gerichtet. Sie nahm die Einweisung offensichtlich als unabänderliches Schicksal auf sich. Ob ihr in diesem Augenblick die Unterbringung wieder einfiel, die sie vor rund 40 Jahren mit dem Vater hatte durchführen müssen? Ob sie deshalb keinen Vorwurf an die Tochter richtete, weil sie deren Lage aus ihrer eigenen damaligen Betroffenheit ahnen konnte? Mit einer Mischung von Bewegtheit und Bewunderung nahm die Tochter die Haltung der Mutter wahr, wobei ihr wiederum die schmerzlich-paradoxe Überlegung kam, ob es nicht einfacher wäre, wenn die Mutter die Tragweite dieses Schrittes nicht mehr so realistisch hätte wahrnehmen können.

Aber davon konnte keine Rede sein. Im Gegenteil: Als die Tochter mit der Mutter das Heim betrat, war die Mutter absolut Herr, bzw. «Frau der Lage». Diesmal kam ihr der «hanseatische Stolz» unwillkürlich zu Hilfe. Es gab keine Szene, keine Peinlichkeit. Die Tochter unterdrückte mühsam die Tränen, der Mutter merkte man nichts an, obwohl ihr Verhalten eindeutig dokumentierte, daß sie die Situation adäquat erfaßt hatte. Sie begrüßte die Schwestern freundlich und stellte sich mit ihrem Namen vor. Es hätte nur noch gefehlt, daß sie der gar nicht so gefaßten Tochter einen aufmunternden Stups gegeben und – wie in früheren Zeiten – gesagt hätte: «Nun komm' schon, hab' dich mal nicht so!» – Ihr knappes Resümee: «Was sein muß, muß sein» ... Es hätte nicht treffender ausgedrückt werden können.

Kommentar: Das Ende einer Hoffnung, und wie man damit umgehen kann

Die Erkenntnis, daß man eine(n) altersdemente(n) Angehörige(n) in ein Heim geben muß, daß man nicht (mehr) in der Lage ist, sie (ihn) zu versorgen und zu pflegen, ist für die Angehörigen sehr bitter. Es ist ja nicht nur ein Eingeständnis eigener Hilflosigkeit und (scheinbarer) Selbstsucht, da man schließlich mehr an sich als an die kranken Mütter (Väter, Ehepartner) denkt und das eigene

«Überleben» sichert. Es rührt zugleich auch an grundsätzliche Fragen der Endlichkeit des Daseins, an das Problem der Würde im Alter und Vereinsamungsängste. Es berührt aber auch die Frage nach unerfüllten Hoffnungen und Wünschen, die jetzt «begraben werden müssen». Schließlich projiziert man in dieser Lage ähnliche Vorstellungen in die eigene Zukunft. Könnte es einem gleichfalls widerfahren, daß man eines Tages hilflos abhängig von fremden Menschen wird und sein eigenes Leben nicht mehr gestalten kann?

Auch drängt sich wohl immer die «Angst vor bösen Zungen» auf, an das, was die anderen denken könnten, und schließlich natürlich das ganz konkrete Problem, wie man die Heimeinweisung den Kranken möglichst schonend beibringen kann. Es ist ein ungemein vielschichtiger und zwiespältiger Komplex, aus dem dann letztlich diese einzige noch mögliche Lösung erwächst. So ist es nicht verwunderlich, daß man immer und immer wieder beobachten kann, wie hoch die Schwelle vor der Heimeinweisung liegt und wie lange der endgültige Schritt darüber aufgeschoben wird. Regelmäßig folgt auf die Periode der Illusion, das Unmögliche vermeiden zu können, die Desillusionierungsphase mit zum Teil recht unterschiedlichen Reaktionen. Es gibt Angehörige, die es bis zum Schluß nicht fertigbekommen, die Kranken über die Verlegung in ein Heim aufzuklären. Irgendeiner aus der Familie (oder Nachbarschaft, Freundeskreis usw.) muß aber die «Übergabe» regeln. Oft schützen sich die Betreffenden vor Selbstvorwürfen und Schuldgefühlen, indem sie sich einreden: «Oma (Opa) bekommt das sowieso nicht mit, und wenn, dann vergißt sie (er) es ja doch gleich wieder. Wenn wir das vorher ankündigen, regen wir sie (ihn) bloß unnötig auf.»

Bei dieser Einstellung wird die Übergabe in der Regel ähnlich rasch und wortarm erfolgen. Etwa so: «Ja, Mutter (Vater), Schwester XY wird sich nun um dich kümmern. Der mußt du jetzt sagen, was du brauchst. Das ist für dich so das Beste ...» Andere Angehörige versuchen, es immer wieder zu erklären und sich zu rechtfertigen, ob denn die Mutter (der Vater, Ehegatte) nicht auch meine, daß es ihm (ihr) bei regelmäßiger Betreuung und Pflege viel besser als daheim gehen würde. Da kann es passieren, daß die Kranken jeden Tag (je nach Stimmung) andere Antworten geben, sich gar wehren und böse werden, so daß ihre Angehörigen noch mehr verunsichert sind, als sie es ohnehin waren.

In M.'s Fall kam die Aufklärung reichlich spät, so daß es sicher ein Schock für die Mutter war, sich so unmittelbar mit dieser Realität konfrontiert zu sehen, denn das «Tabuthema» war vorher nie angeschnitten worden. Danach erwies sich der Schock als erstaunlich hilfreich, weil er ungeahnte Reserven der Mutter mobilisiert hatte. Sie konnte sich – gerade weil es ein relativ kurzer Zeitraum war – enorm zusammenreißen und damit den Schritt über die Schwelle in einer Haltung tun, die ihre Würde unangetastet ließ – etwas, was ihr mit Sicherheit sehr wichtig war.

Es wird nicht selten von Angehörigen berichtet, daß Alzheimer-Kranke gelegentlich derart «geistesgegenwärtig» auf eine unerwartete Herausforderung reagieren können. Eine lange Zeit des Bangens oder Hoffens («muß ich nun weg oder nicht?») kann die Kranken hingegen unnötig zermürben und die letzte Entscheidung dann doch nicht beeinflussen. Es gibt ja in diesem Zustand keine gemeinsame Absprache, die auch von den Kranken «vernünftig» diskutiert und abgewogen werden kann. Es wird vielmehr immer eine *Entscheidung der Angehörigen* sein müssen, die sich in aller Regel *gegen* die Wünsche und Vorstellungen der *Kranken* richtet. Da scheint es tatsächlich unter Umständen sinnvoller, das Unumgängliche nicht als «tägliches Schreckgespenst» heraufzubeschwören (oder gar damit zu «drohen», wenn die Kranken sich nicht «fügen» wollen). Es ist vermutlich die gnädigere Lösung, die unvermeidliche Wahrheit erst dann preiszugeben, wenn der konkrete Vollzug kurz bevorsteht.

Viele Angehörige trösten die Kranken mit der Aussicht auf baldigen Besuch. Manche unterlassen das in der Meinung, daß die Kranken auch dies – wie vieles andere – gleich wieder vergessen würden. «Man kann ihnen ja nichts mehr sagen ... 5 Minuten später ist alles wieder weg und sie wissen nichts mehr», damit beruhigt man sich dann. Es besteht aber ein Unterschied zwischen dem Gedächtnis für aktuelle Fakten, Zahlen usw. und dem Wahrnehmen von Stimmungen und sozialen Veränderungen. Diese zwei Seiten sollten tunlichst nicht verwechselt werden. Man kann den Kranken damit großen Kummer und natürlich auch erhebliche Irritationen zufügen, wenn man sie so abrupt verpflanzt und eine anschließende *Beziehungskontinuität* durch Besuche *nicht* zugleich *in Aussicht stellt* als einzige – und im Grunde unerläßliche – Möglichkeit, die harte Realität wenigstens etwas zu mildern. Die Umstellung von der häuslichen in die Heimatmosphäre hängt zwar nicht nur davon ab, wieviel Hoffnung die Kranken durch Besuchsaussichten mitbekommen, sondern sie hat natürlich auch etwas mit dem Naturell der Kranken zu tun. Handelt es sich um Menschen mit einer ursprünglich hohen Vigilanz und einer positiven Lebenseinstellung, bei welcher Schicksals«schläge» eher eine Stärkung der Persönlichkeit nach sich ziehen konnten, dann pflegt auch die Umstellung in die oben geschilderte Situation eher in einer sich selbst noch nicht aufgebenden Weise zu geschehen.

Trifft das Alzheimer-Schicksal aber auf wenig vitale, bereits vom Schicksal gebeugte Menschen, dann wird dieser «letzte Schlag» eher mit stummem Rückzug, mit einem hoffnungslosen (oder auch anklagenden) Resümee («Nun bin ich wirklich verlassen!») beantwortet werden. Tiefe Resignation, vielleicht auch Bitterkeit, nicht selten Depressionen können die Folge sein, wenn es nicht gelingt, neue Ressourcen (evtl. durch das Pflegepersonal) zu wecken. Öfter tritt – wenn letzteres nicht der Fall ist – eine sich gegenseitig verstärkende Spirale der Trostlosigkeit ein. Die Kranken haben schließlich keine Erwartungen mehr. Ihre hoffnungslose Schicksalsergebenheit teilt sich natürlich auch den Angehörigen mit. Diese resignieren vor der Eintönigkeit und Tristesse, in der dann ein solches Leben verläuft, ebenfalls, und die Besuche werden noch seltener. So kommt schließlich das zustande, was wohl zum Vorurteil «Endstation Altenheim» mit all seinen Klischees beigetragen hat.

Es ist ein Anliegen dieses Buches, zu zeigen, daß es nicht zu einer derartigen Trostlosigkeit kommen *muß*. Auch im Heim gibt es immer noch mehr oder minder bescheidene Möglichkeiten, den grauen Alltag aufzuhellen. «Galgenhumor» in nicht abwertender Weise zuzulassen, und den Kranken durch verbale, zunehmend aber auch nicht verbale Botschaften mitzuteilen, daß man sie und eine lange Schicksalsgemeinschaft nicht vergessen hat. Es wurde schon angedeutet, daß sich jetzt sogar die Chance ergeben kann, die Beziehung, die nicht mehr von täglichen Auseinandersetzungen belastet wird, wieder entspannter, intensiver zu gestalten.

2.4 Die Heim-Umstellung – Besuche und Versuche, Brücken zu finden

Die Heimunterbringung bedeutete eine große Umstellung für alle, zum Teil mit ganz unerwarteten neuen Erfahrungen. Hatte die Tochter am Einweisungstag – angesichts der erstaunlichen Haltung der Mutter – fast Bedenken bekommen, ob man sie dort überhaupt als «ernsten Pflegefall» ansehen würde, so änderte sich das sehr rasch. M. konnte natürlich den hohen Anpassungs-Spannungsbogen gar nicht länger durchhalten. Sie mußte sich überdies von heute auf morgen unglaublich umstellen: Nichts war mehr am alten Platz in der völlig fremden Umgebung, die vielen neuen Menschen, die Bettnachbarin, das frühe Aufstehen, Waschen usw. ... Aber auch gemeinsame Mahlzeiten, die nicht mehr nach ihren Bedürfnissen verliefen, sondern vom «Heimrhythmus diktiert wurden» – all dies machte M. äußerst unruhig. Und das nicht nur am Tage, sondern auch nachts.

Es kam, wie es die Tochter schon befürchtet hatte: M. «störte» – zeitweise sogar erheblich. Und sie «fügte» sich häufig nicht. Vor allem bei den morgendlichen Waschprozeduren muß sie sich wohl mit allen Kräften gewehrt haben (von empörten Beschimpfungen bis zum Kratzen und Kneifen des Pflegepersonals setzte sie ihre Gegenmaßnahmen ein). Zwischenzeitlich – sie vergaß diese Szenen natürlich wieder – konnte sie allerdings auch ihre zugewandten und liebenswerten Seiten entfalten. So gab es, was die Tochter nur allzu gut verstand, unterschiedliche und zwiespältige Reaktionen bei denen, die jetzt mit M. zu tun hatten.

Eine Zeitlang war die Unruhe der Mutter so erheblich, daß man schon befürchtete, sie auf längere Sicht dort nicht halten zu können. Sie hätte dann in eine gerontopsychiatrische Einrichtung verlegt werden müssen. Die Tochter war über diese mögliche Aussicht (siehe P. Wollschlägers Bericht) zutiefst beunruhigt. Sie wußte, wie wenig Persönliches dort noch möglich ist, und wie selten sie dann die Mutter hätte besuchen können, da eine solche Einrichtung weit vom Wohnort entfernt war. Vom «Nicht-ernst-nehmen» des Zustandes konnte also keine Rede sein. M. wurde von Anfang an als «schwerer Pflegefall» eingestuft, selbst wenn sie auch jetzt noch kurzfristig «fast normal» wirken konnte.

Was die Tochter am problematischsten fand, was auch die Mutter immer wieder beklagte, war die Tatsache, daß sie kein Einzelzimmer hatte. Aber da gab es keinerlei Chancen. Die Schwestern hatten zwar bald ein Einsehen, daß M. zu der auf Seite 84 geschilderten Bettnachbarin nicht «paßte». So wurde sie wenigstens in ein anderes Zweibettzimmer verlegt. Dies erwies sich indes als bedeutende Verbesserung. M. hatte einen «Fensterplatz» in diesem Zimmer bekommen, den sie gleich als ihren Bereich okkupierte, da er sich neben ihrem Bett befand. Dort konnte sie an einem Tisch sitzen, auf dem zum Teil ihre persönlichen Dinge lagen. Auch an der Wand über dem Tisch hingen einige kleine Bilder von ihr. Von dort aus konnte sie draußen den Eingang des Heimes beobachten, wo meistens «etwas los war». Das erwies sich zur Überraschung der Tochter als erstaunlich positiv, denn M. wurde durch die Geschehnisse dort unterhalten und von manchen Mißlichkeiten ihres neuen Daseins abgelenkt. Sie machte sich mit der ihr eigenen Phantasie alle möglichen – zum Teil natürlich auch kuriosen – Gedanken, die sie ihrer neuen Bettnachbarin, aber auch der Tochter, mitteilte. Das war etwas, was sie daheim – und das ging der Tochter jetzt erst auf – offenbar vermißt hatte. Dort hatte sie sicher öfter Langeweile gehabt (zumal sie nicht oder kaum noch lesen konnte), da sie aus ihrem Fenster nur «ins Grüne» sehen konnte. Hier gab es dagegen Menschen, die ein- und ausgingen.

So freute sich M. nicht nur «über eine dicke Amsel in ihrem schwarzen Sonntagskleid», wie sie es der Tochter mitteilte. Sie sah auch z.B. einen Mann im Rollstuhl, der liebevoll von seiner Frau umhergefahren wurde und meinte: «Sieh mal, das ist doch ein ganz alter Kinderwunsch von mir, einmal so schön spazierengefahren zu werden!» Am liebsten hätte sie den Wunsch gleich umgesetzt und die Tochter gebeten, sie gleichfalls in einem Rollstuhl umherzufahren. (Als sie später wirklich kaum noch gehen konnte, war sie davon freilich gar nicht mehr so angetan ...) Es war offenkundig, daß der «Fensterplatz» ihr nicht nur Vertrautheit wegen der hier vorhandenen eigenen Erinnerungsstücke vermittelte, sondern auch Anregung und Behagen. Sie fühlte sich nicht mehr so fremd. Andererseits fand sie dort ein Refugium, wenn sie sich von dem «Stationsbetrieb» einmal zurückziehen wollte. Dann sah sie nicht nach draußen, sondern schloß die Augen und hing eigenen Tagträumen, offenbar auch visueller Art, nach. Die Tochter ertappte sie bei einem Besuch einmal dabei, wie sie lächelnd mit geschlossenen Augen auf ihrem Platz saß und sich gar nicht stören ließ. Auf die Frage, warum sie die Augen nicht aufmache, entgegnete M.: «Komisch, aber mit ‹zuen› Augen sehe ich oft viel besser» (siehe auch Seite 61).

Es war für die Tochter sehr erleichternd, wenn sie spürte, daß die Mutter sich zunehmend in der neuen Umgebung zu Hause fühlte. Umgekehrt war sie beunruhigt, wenn sie Spannungen spürte und merkte, daß die Mutter sich mit der Heimordnung, mit den Schwestern oder mit ihrer Zimmergefährtin nicht arrangieren konnte und dann auch manchmal fragte: «Wie lange muß ich eigentlich noch hierbleiben?» Was sollte die Tochter darauf antworten? Sie versuchte es mit vagen Tröstungen: «Wenn es dir wieder besser geht» ... o.ä. Zum Glück hinterfragte die Mutter diese Antworten nicht, sondern gab sich damit zufrieden.

Sie hatte sich nach einigen Tagen anscheinend ihre eigene «Deutung» der neuen Situation zurechtgelegt und sprach nun davon, daß sie in einem «Sanatorium» sei. Das implizierte freilich die Vorstellung einer Besserung und damit auch einer Rückkehr in die eigenen vier Wände. Seltsamer- und glücklicherweise drängte M. die Tochter aber nicht wegen einer Entlassung, obwohl es Tage gab, an denen sie offenkundig litt (meistens hatte sie dann irgendeine Auseinandersetzung gehabt). Übrigens duzte sie jetzt alle Menschen auf der Station – etwas, was eigentlich nicht zu ihrem «hanseatischen Stil» paßte. Die Tochter konnte es sich nicht recht erklären, und auch die Mutter gab auf eine entsprechende Frage keine klare Antwort. Sie redete nur noch ganz wenige Bekannte, die sie besuchten (also aus der früheren Welt stammten) mit «Sie» an, sofern es sich nicht um «Duzfreunde» handelte. Dazu muß bemerkt werden, daß sich einige verwirrte Heimbewohner gleichfalls mit «Du» ansprachen. Das Pflegepersonal hingegen hielt sich konsequent an höflich-freundliche Umgangsformen. Nie hörte die Tochter, daß die Kranken «geduzt» oder mit «Oma» und dergleichen angeredet wurden, wie es manchmal bei verwirrten alten Menschen getan wird. Von daher konnte M. ihre neue Umgangsart also nicht haben. (Vielleicht war es eine unbewußte Übersetzung ihrer neuen Kommunikationsebene, die des «entmündigten Menschen», eines «Kindes»?)

Insgesamt schien es für M. jedoch selbstverständlich zu werden, daß sie nun hierher gehörte. Mit ihrem Unternehmungsdrang, den man ihr immer noch anmerkte, ruhte sie nicht, das neue Reich häufiger und ausgedehnter zu besichtigen. Sie verlief sich ständig, war aber durch ihr Umherwandern schon so bekannt, daß sie immer wieder von den anderen Mitarbeitern des Hauses auf ihre Station zurückgebracht werden konnte. Nicht einmal vor der Waschküche im Keller machte sie halt. Sie berichtete anschließend der Tochter, daß sie dort bei «den netten Mädchen zugesehen hätte, was die da machen» und «daß die gelacht haben, als ich wissen wollte, ob dort auch die Schuhe gereinigt werden».

Die Konflikte auf der Station schienen nachzulassen. Man wußte jetzt, wie man am besten mit M. umgehen konnte. Man tolerierte ihre mitunter recht impulsive Art und fing das meistens mit Humor auf. Eine Reibungsfläche blieb allerdings über lange Zeit bestehen: M. machte bei ihren Entdeckungsreisen nicht an der Haustür halt und so verlief sie sich häufig in der ihr (bis dahin) noch unbekannten Umgebung. Natürlich konnten die Schwestern ihre «Aufsichtspflicht» nicht gänzlich vernachlässigen, und so wurde dann immer jemand hinter ihr hergeschickt, um sie wieder «einzufangen». Die Tochter wunderte sich, mit welcher Geduld dieses Problem angegangen wurde. Es war ihr schon manchmal peinlich, daß das voll ausgelastete Pflegepersonal so viel Arbeit mit M. hatte. M. hingegen erlebte es offenbar anders und war gar nicht begeistert, wenn sie mit sanfter Gewalt wieder zurückbeordert wurde.

Eines Tages fanden die Schwestern auf ihrem Nachttisch ein Stück Pappe, auf welches sie anscheinend «ins Unreine» einen Brief an eine Nichte entworfen hatte. Das muß an einem ungewöhnlich «guten Tag» gewesen sein, denn normalerweise konnte man ihre Kritzeleien kaum noch entziffern. Die Sätze waren sonst meist abgebrochen und ergaben keinen Sinn. Diesmal aber war unverkennbar mit ihrer Handschrift klar und fast ohne Fehler folgendes aufgeschrieben worden: «... Nur mit dem Freiherumlaufen sind sind die «Schwestern» reichlich ängstlich u. das erschwert manches u. dabei ist es schön hier, u. ich sehne mich nach freiem Auslauf!» *(Abb.1)*. Die Schwestern lasen es mit Betroffenheit. Die Tochter war nahe daran, die Mutter wieder nach Hause zu nehmen ... «Ich sehne mich nach freiem Auslauf» – das war doch ihr gutes Recht! Auch der übrige Brief an die Nichte war so überlegt, so einfühlend geschrieben, daß die Tochter wieder einmal erschüttert war, wieviel die Mutter immer noch «mitbekam», wie sensibel sie Situationen erfassen konnte – und doch mußte sie hier «eingesperrt» leben?

Einige Zeit später entdeckte die Tochter zwei andere Dokumente *(Abb.2)*. Es waren zwei abgerissene Kalenderblätter, welche die Mutter nebeneinander auf ihren Tisch am Fenster gelegt hatte. Die Daten stimmten wie üblich mit der Realität nicht überein. Meistens war die Mutter schon etliche Tage voraus, weil sie die Kalenderblätter mehrfach am Tag abriß. (Es war einer von den vergeblichen Versuchen ihrer Angehörigen, sie in das normale Zeit- und Tagesgeschehen einzubinden. Der Schwiegersohn war eines Tages auf die Idee gekommen, ihr den Kalender zu schenken. Aber was nützte es, wenn M. mehrere Male am Tag vergaß, daß sie das Blatt des heuti-

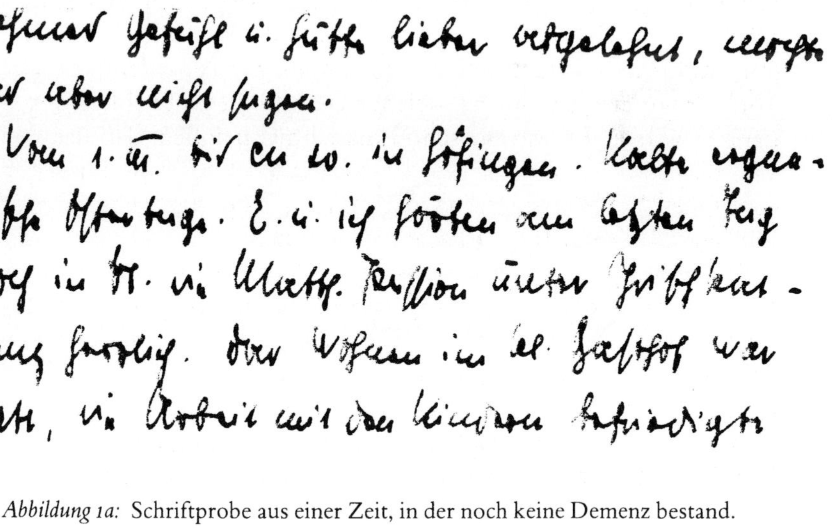

Abbildung 1a: Schriftprobe aus einer Zeit, in der noch keine Demenz bestand.

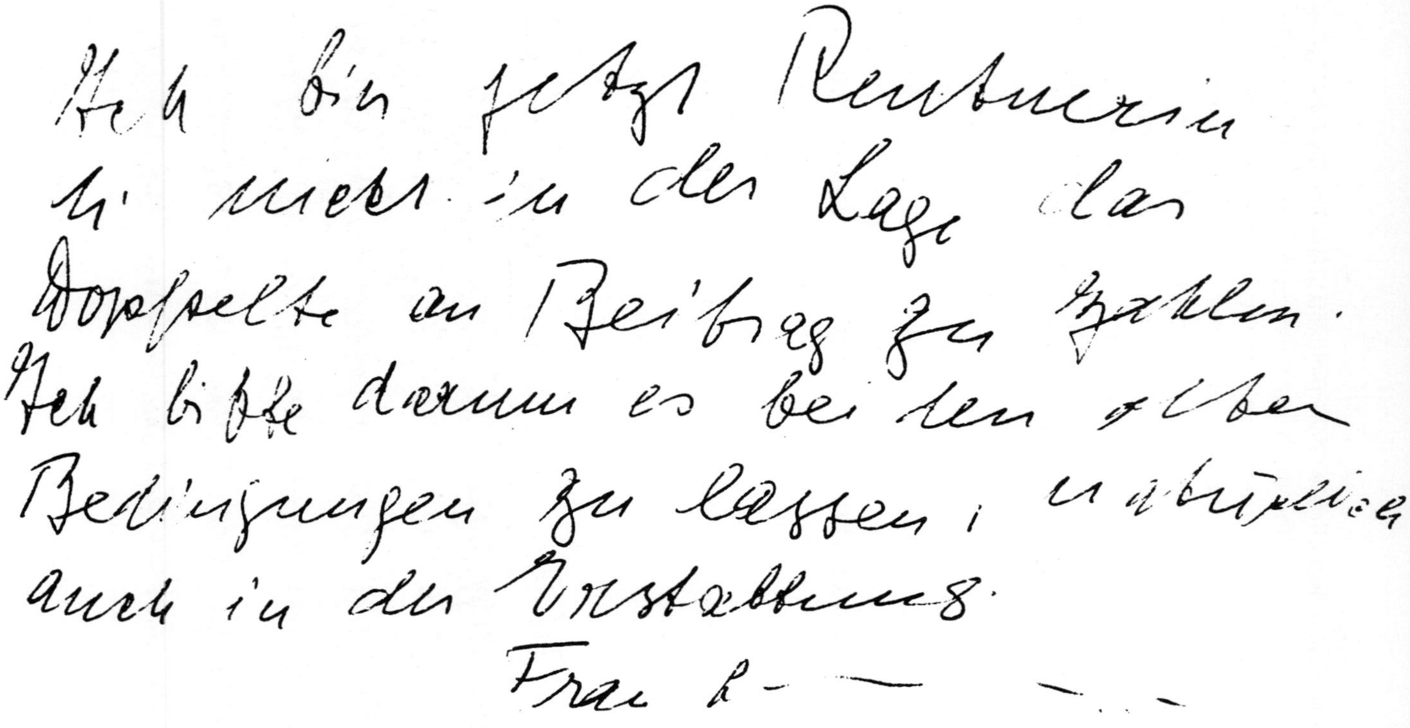
Ich bin jetzt Rentnerin
u. nicht in der Lage das
Doppelte an Beitrag zu zahlen.
Ich bitte darum es bei den alten
Bedingungen zu lassen, u. [illegible]
auch in der [illegible].
Frau R[illegible]

Abbildung 1b: Briefentwurf 2 Jahre vor der Heimeinweisung (beginnende Demenz). Das Schriftbild ist hier besonders groß, manchmal etwas «ausfahrend». Sonst noch weitgehend ungestört.

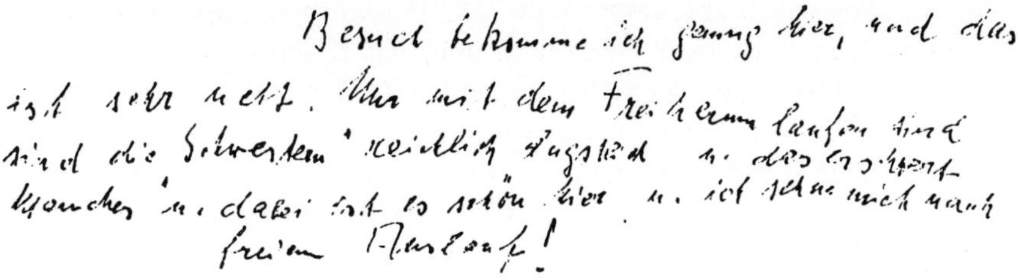

Besuch bekomme ich genug hier, und das ist sehr nett. Nur mit dem frei herum laufen sind die Schwestern ziemlich dagegen u. das [illegible] manches u. dabei ist es schön hier u. ich sehne mich nach freiem Auslauf!

Abbildung 1c: Briefentwurf kurz nach der Heimeinweisung (siehe Seite 94, 95). Die Schrift ist auffallend klein, vor allem am Ende der Wörter (als ob es gelegentlich «hakt»). Die Zeilen sind «krumm», teilweise auch «ataktisch». Der Inhalt ist aber sehr realistisch.

Abbildung 2: Ein hoffnungsloser Versuch, die Zeit zu ordnen (siehe Seite 95).

gen Tages schon abgerissen hatte?) Offensichtlich hatte sie sich an diesem Tag besondere Gedanken über das Kalendarium gemacht und nun vergeblich versucht, die beiden Zahlen einander zuzuordnen. Sie hatte die Reihenfolge 18 und 19 umgekehrt und kam damit nicht mehr zurecht. Welch eine Diskrepanz zu dem Briefentwurf! Wie «chaotisch» mußte es zeitweise in der Mutter aussehen, so fragte sich die Tochter. Aber es beruhigte sie zumindest im Hinblick auf die Heimsituation. Ein so desorientierter Mensch konnte sich wirklich nicht mehr allein versorgen ...

Die Tochter spürte, daß sie bei den durch die speziellen Leistungsausfälle bedingten Diskrepanzen im Verhalten der Mutter einen wichtigen Part der Integration, einer Ver-Mittlerin übernehmen müßte. Sie versuchte, den Schwestern durch Berichte aus dem früheren Leben Einblicke in die Interessen der Mutter, in ihre ursprüngliche Wesens- und Lebensart zu geben, um Verständnis zu wecken für die «wechselnden Launen». M. hatte als ausgebildete Jugendleiterin jahrelang Kinderheime geleitet und später Unterricht an einer sozial-pädagogischen Fachschule erteilt. So schien es einsehbar, daß ein ausgesprochen selbständiger Mensch mehr Probleme haben könnte, sich dem subalternen Einerlei des Heimlebens anzupassen, als wenn jemand sein Leben lang in unselbständiger Position darauf bereits «trainiert» war.

Umgekehrt versuchte die Tochter der Mutter verständlich zu machen, daß ihre Eigenmächtigkeiten den überlasteten Schwestern viel zu schaffen machten. Sie versuchte, M. zu vermitteln, daß es keine «Schikanen» waren, wenn man sie dem allgemeinen Tagesablauf einfügen wollte, daß sie regelmäßige Mahlzeiten, Hygiene usw. brauchte, daß ihr Weglaufen Ängste auslöste, es könne ihr etwas passieren. Manchmal äußerte die Mutter tatsächlich, daß sie schon daran gedacht hätte, einfach vor ein Auto zu laufen. Das Leben habe doch keinen Sinn mehr ...

Für solche Gespräche hatte die Tochter jetzt eher Zeit, weil sie sich nicht mehr um das leibliche Wohl der Mutter zu kümmern brauchte. Diese blühte übrigens geradezu auf! Nachdem sie sich dareingeschickt hatte, die Mahlzeiten mit den anderen regelmäßig einzunehmen, wurde sie zusehends runder. Überhaupt sah sie jetzt viel gepflegter aus. Die Tochter führte sie manchmal vor einen Spiegel und lobte ihr gutes Aussehen. So wurden die Waschprozeduren und andere Unbequemlichkeiten wieder mehr Selbstverständlichkeiten. M.'s Protestaktionen milderten sich.

Kleine Relikte aus dem «Sonntagsbadewannenfest» hatte die Tochter (im Einvernehmen mit den Schwestern) noch beibehalten, um der Mutter das liebgewordene Ritual nicht ganz zu nehmen. Da M. fast jedes Wochenende für einige Stunden nach Hause geholt wurde, gab es – nach dem Abendbrot beispielsweise – eine Miniaturreinigungszeremonie. Die klebenden Speisereste an den Händen wurden in warmem Wasser «weggebadet» und anschließend die Fingernägel unter Geschichtenerzählen auf die notwendige Kürze gebracht. Da konnten beide mit umgekehrten Rollen wieder «Mutter-Kind-spielen», und die Schwestern waren froh, daß sie von dieser zeitraubenden Kleinarbeit entbunden waren.

So versuchte nicht nur die Mutter, sondern auch die Tochter, sich den Gegebenheiten anzupassen und die Chancen der neuen Situation zu nutzen. Die Tochter bemühte sich, der Mutter Brücken in der neuen Umgebung zu bauen, zugleich aber auch die Brücken zu ihrer vertrauten früheren Welt nicht abzubrechen. Sie selbst war dankbar für die Befreiung von einer zu großen Last, konstatierte allerdings zeitweise, daß die «Gummifäden», die sie an das Schicksal der Mutter banden, keinesfalls abgerissen waren. Es brauchte nur etwas nicht gut zu laufen im Heim, schon fühlte sich die Tochter wieder angespannt, schon standen die Verantwortungsschuhe für ihr letztes «Kind» bereit, und sie mußte aufpassen, daß sie sich nicht (wieder) zu tief in diesen Schuhen verlor.

Kommentar: Verantwortung abgeben, was bedeutet das?

Mace und Rabins (1988) betonen zu Recht in ihrem Buch «Der 36-Stunden-Tag», «daß der Umzug in ein Pflegeheim nicht das Ende einer engen Familienbindung bedeuten muß». Sie weisen auf die nicht selten auftretenden Zwiespältigkeiten hin, daß die Angehörigen zwar enorm entlastet sein können, daß sie andererseits (zum Teil aus Schuldgefühlen) durchaus ein «gemischtes Gefühl aus Erleichterung und Trauer» durchleben können. Oft würden Familien erzählen, «wie verloren sie sich in den ersten Tagen vorkamen. Ohne die ständige Anforderung, sich um den Kranken zu kümmern, wissen sie im Augenblick nicht, was sie mit sich tun sollen».

Es klingt fast paradox, daß der Wegfall einer so schweren Bürde keineswegs nur mit Erleichterung aufgenommen wird. Die plötzliche Entbehrung sowohl des kranken Familienmitgliedes, als auch einer verantwortungsvollen Aufgabe, kann ein Gefühl der Leere hinterlassen, das mühsam wieder aufgefüllt werden muß. Eine so ernste Aufgabe wie die Pflege eines Kranken verleiht den Pflegenden – selbst wenn sie überfordert sind – ein positives Gefühl des Gebrauchtwerdens, mitunter bis zur Unentbehrlichkeit. Wenn Menschen sonst wenig Anforderungen in dieser Hinsicht haben, dann fehlt ihnen in der Tat etwas Wesentliches, wenn sie sehr plötzlich von einer solchen Tätigkeit entbunden werden. Die Umstellung ist sicher für diejenigen einfacher, die noch mit anderen «Herausforderungen» bedacht sind, zumal sie es durch die Mehrfachbelastungen besonders schwer hatten.

So ging es auch der Tochter. Es überwog daher ganz eindeutig die Erleichterung über die Entlastung. Ihr fehlte das Sich-kümmern-müssen eigentlich wenig. Sie konnte es dankbar annehmen, daß dafür jetzt andere zuständig waren. Trotzdem lag das unbestimmte «Schweregefühl», das sie seit der Erkrankung der Mutter kannte, weiter auf ihr. Das hatte etwas zu tun mit den «Muttergefühlen», die sich inzwischen entwickelt hatten. An manchen Tagen nagten daher wieder Zweifel, ob es wirklich richtig gewesen war, die Mutter ins Heim zu geben (beispielsweise als der Brief mit dem Wunsch nach «freiem Auslauf» auftauchte). Die Tochter kannte die Mutter schließlich mit all ihren Eigenheiten und Bedürfnissen wie niemand sonst, und so registrierte sie auch genau, wenn es die Mutter irritierte, wie beispielsweise ihre Bettnachbarin unentwegt durcheinanderredete. Hätte sie nicht doch energischer um ein Einzelzimmer kämpfen sollen? Dieses Gefühl, zu wenig getan zu haben, war jetzt das eigentlich Belastende geworden. Und dann die ständige Zeitknappheit! Die Mutter freute sich «wie ein Kind», wenn die Tochter zu Besuch kam. Aber wie oft war sie dann enttäuscht. «Was, du mußt schon wieder gehen? Aber morgen kommst du doch wieder?» Und dann stand sie auf dem kleinen Balkon vor ihrem Zimmer oder am «Fensterplatz» und winkte, bis sie die Tochter kaum noch sehen konnte. Das empfand die Tochter immer als «herzzerreißend». Sie erlebte die Mutter dann tatsächlich wie ein hilfloses Kind, das man eigentlich nicht verlassen sollte.

Andererseits wußte sie sehr genau, daß sie einer Rückkehr der Mutter mit allen Belastungen überhaupt nicht mehr gewachsen wäre. Es gab folglich keine andere Lösung. Sie mußte froh sein – und sie war es auch – daß sich vieles so gut gelöst hatte. Es hätte schlimmer werden können. Die Mutter hätte sich ganz anders zur Wehr setzen und ihr ständig Vorwürfe machen können. Die Familie der Tochter unterstützte sie und half, so gut es ging. Die Tochter wußte von anderen Alzheimer-Angehörigen, daß es dabei große Auseinandersetzungen geben konnte.

Das Heim mit seinen Helfern erwies sich – trotz mangelnder Einbettzimmer – als unerwartet freundlich. Die Teilung der gemeinsamen Verantwortung verlief nahezu optimal. Es gab keine «Rivalität», wer denn nun die «bessere Mutter» für M. sein würde. Neidlos konnte die Tochter anerkennen, daß es der Mutter körperlich – bei der Regelmäßigkeit des Tagesablaufs – von Mal zu Mal besser ging. Aber auch seelisch war, trotz mancher Heimwehäußerungen der Mutter, manches besser im Heim (die Abwechslung am Fensterplatz z.B.). Umgekehrt überließen die Schwestern das Feld der Tochter gern, wenn es um kleine Gewohnheiten (Nägelschneiden und Geschichtenerzählen) ging, an denen die Mutter noch hing. Die Stationsschwester hatte zudem ein gutes Gespür, wann die ihr Anvertrauten unter Heimweh litten. So nahm sie manchmal auch M. einfach zum Telefon mit und wählte die Nummer der Tochter. Meist genügten dann einige beruhigende Worte, und M. war wieder zufrieden.

Manche Angehörigen können es sich mit der Koordination oder der Teilung von Verantwortung recht schwer machen, wie umgekehrt natürlich auch manche Schwestern. Es gibt Angehörige, die «überall ihre Nase 'reinstecken», was von den Pflegenden als Mißtrauen oder Kontrolle ge- bzw. mißdeutet werden kann. Umgekehrt werden sicher auch diejenigen, die sich kaum oder nicht um ihre kranken Angehörigen kümmern, nicht gerade freundlich angesehen. Und noch schlimmer ist es, wenn letzere schließlich doch einmal erscheinen und nichts Besseres zu tun haben, als zu nörgeln.

Eigentlich sieht es so einfach aus, und doch ist das *gemeinsame Verantwortungsfeld* höchst sensibel und störanfällig. Es muß von beiden Seiten verständnisvoll «gepflegt» werden, denn wer am meisten leidet, wenn es nicht «gedeiht», das sind die Kranken, die solche Spannungen unweigerlich mitbekommen. Gerade das aber erschwert ihnen das Einleben, und so kann sich ein verhängnisvoller Kreislauf gegenseitiger Mißverständnisse ergeben, der keine Entlastung, sondern neue Belastungen bringt. Die Frage stellt sich natürlich: Wie ist es möglich, daß gerade der tragende Brückenpfeiler der gemeinsamen Verantwortung so brüchig sein oder werden kann, wo doch jeder weiß, daß ein beidseitiges Interesse an seiner Stabilität eigentlich unumgänglich ist?

Es kann für Angehörige sehr schmerzlich sein, wenn sie sich monate-, unter Umständen jahrelang die größte Mühe mit dem Pflegling gegeben haben und nun am Ende ihrer Kräfte angelangt sind. Das schon zitierte Gefühl der «Unentbehrlichkeit» hat ihnen meist die ungeheuren Kräfte, das Durchhalten, überhaupt erst ermöglicht. (Was wäre, wenn ich nicht wäre!) Da kann es bitter sein zu merken, daß andere doch mehr Möglichkeiten haben, daß die Kranken gar eine besondere «Anhänglichkeit« an eine der «Neuen» entwickeln oder daß sie im Heim zufriedener wirken. Bei den ohnehin erschöpften Angehörigen kann das zu einem krisenhaften Zusammenbrechen des Selbstwerterlebens führen: Eine Aufgabe, in die man so viel investiert hat, die an den Rand der eigenen Existenz führte, soll nun nichts (mehr) «wert» sein? Sie soll sich vielleicht sogar, wenn es den Kranken im neuen Umfeld besser geht, negativ ausgewirkt haben? Da kann es ein verzweifeltes Ringen geben – etwa: «Mutter (Vater), sag doch, bei mir hattest du es viel besser, nicht?» Die neuen Pflegenden spüren solche «Abwerbungen», Rivalitäten oder auch Eifersucht in der Regel, und das kann Gegenreaktionen auslösen. Jetzt sind sie es, die «beweisen» müssen, wie gut sie mit den Kranken umzugehen wissen. Sie müssen doch (auch) ihr Berufsethos verteidigen und Klischees entgegentreten («Die schlimmen Zustände in den Altenpflegeheimen»!) ...

Der Autorin sind solche «Zerreißproben» bekannt, deshalb widmet sie diesem Thema ein ganzes Kapitel. – Vielleicht sollte man durch *vorherige* Gespräche zu klären versuchen, ob in dem zu wählenden Heim derartige Zerreißproben möglich sein könnten? Das ist dann eher unwahrscheinlich, wenn man gefragt wird, was sich bisher für den (die) Kranke(n) positiv ausgewirkt hat, wenn empfohlen wird, Dinge, an denen er(sie) hängt, mitzubringen, wenn Besuche willkommen sind, d.h. wenn insgesamt der Eindruck entsteht, daß «die alte Welt» erhalten bleiben kann, zumindest so lange, bis die Umstellung auf das Neue geglückt ist. Das Pflegepersonal müßte sich entsprechend in die Situation der Angehörigen einfühlen, um vertraute Dinge (auch wenn es lästig sein kann) aus der alten Umgebung nicht nur für die Kranken zur *langsamen* Umgewöhnung zu tolerieren, sondern um den Angehörigen zu zeigen, daß man sie als Bindeglied weiterhin brauchen wird.

Zu einem späteren Zeitpunkt kann es im «gemeinsamen Feld» erneute Spannungen geben, wenn die Angehörigen meinen, daß man sich auf der Station zu wenig Zeit für die Kranken nehme. (Man vergißt leicht, daß man selbst für die Pflege *nur eines Kranken* immer wieder Abstand brauchte.) Weakland und Herr (1988) berichten von einem (unnötigen) Spannungsfeld zwischen Heim und Familienangehörigen: Ein Sohn hatte seiner Mutter gegenüber Schuldgefühle, weil er so wenig für sie tun konnte. Er gab diesen «Druck» an das Personal weiter (man solle sich mehr kümmern). Das löste Widerstand aus. Der Sohn spürte das, wurde noch hilfloser, forderte noch mehr usw. Ärger also auf beiden Seiten. Jeder versuchte, dem anderen zu beweisen, daß er recht hatte. Und darüber verlor man das eigentliche Problem der Mutter aus den Augen, daß sie nämlich viel zuviel Medikamente bekam und davon verwirrt wurde.

Glücklicherweise gab es eine Beraterin, die mit neuen Regeln die festgefahrene Situation entzerren konnte: Der Sohn wurde gebeten, ein bestimmtes Verhalten der Mutter zu beobachten und dafür zu sorgen, daß diese immer die Brille und die Zahnprothese bei sich hatte. Seine Schuldgefühle liessen nach als er etwas für die Mutter tun konnte, und er entwickelte mehr Verständnis für die Pflegenden. Die Lage entspannte sich, so daß sich schließlich beide «Parteien» verbünden konnten, um herauszufinden, warum die Mutter eigentlich so verwirrt war.

Solche neutralen Berater(innen) gibt es hierzulande selten. Da wird man sich vorerst mehr an die allgemeine Kurzregel halten müssen: Sich bei der «Pflege des *gemeinsamen Verantwortungsfeldes*» wenn irgend möglich *gegenseitig anzuerkennen und zu ergänzen.*

2.5 Eine alte Puppe, Stofftiere, neue Tisch- und Bettnachbarn: Das Heim wird ein «Zuhause»

Beim Zusammenpacken der Sachen für das Heim hatte M. kategorisch erklärt: «Kathrinchen kommt auch mit!» Kathrinchen war eine Stoffpuppe, die sie – mit mehreren anderen – vor vielen Jahren selber angefertigt hatte. Das waren weiche Puppen zum «Knuddeln», die sie an Kinder verschenkte. Jedes dieser Puppenkinder war mit viel Liebe und «Herz» angefertigt worden, und M. ließ sie immer eine Weile bei sich in einer Couchecke sitzen, bis sie sich von ihnen trennen konnte. Nur Kathrinchen, die erste der Puppen, wurde nie verschenkt. Sie hatte immer schon einen besonderen Platz eingenommen. Irgend etwas in ihrem Gesichtsausdruck rührte M., und so bekam sie es nicht fertig, Kathrinchen abzugeben.

Daß sie jetzt in das Heim mitkommen «mußte», überraschte die Tochter nicht. Sie bemerkte im übrigen bald, daß Puppen und/oder Stofftiere (die dort in der Beschäftigungstherapie angefertigt wurden) auch andere Stationsbetten bevölkerten. Offenbar spürten die Schwestern, daß diese Zärtlichkeit weckenden Wesen eine wichtige Funktion hatten. M. hatte Kathrinchen entweder auf dem Tisch in ihrer Fensternische sitzen, manchmal lag es in ihrem Bett oder auf dem Nachttisch. Oft geschah es in der ersten Zeit der Umstellung, daß M. das Puppenkind in den Arm nahm und etwa erklärte: «Kathrinchen geht es gut», oder auch: «Sie fühlt sich leider gar nicht wohl.» Es war für die Tochter nicht schwer zu eruieren, daß M. damit – also über die Puppe – ihre *eigene* Stimmung ausdrückte, und so ging die Tochter in der Regel darauf ein. Sie tröstete Kathrinchen, wenn es nötig war oder sie freute sich, wenn es Kathrinchen gut zu gehen schien. Später nahm sich die Tochter auch das Puppenkind selber vor – etwa bei dem immer noch schmerzlichen Abschiednehmen von der Mutter. Sie legte die Puppe dann in den Arm der Mutter und ermahnte Kathrinchen, gut auf M. aufzupassen. Sie konnte umgekehrt auch M. beauftragen, sich um das Puppenkind zu kümmern bzw. es zu trösten, wenn es traurig wäre. Es spielte kaum eine Rolle, an wen die Tochter die Botschaften richtete, ob an die Puppe oder an die Mutter, wichtig war nur, daß ein «Dialog» zwischen beiden zustande kam. Das hatte (fast) immer eine beruhigende Wirkung für M., und natürlich indirekt dann auch für die Tochter, wenn sie sah, daß die Mutter zufrieden war.

In der Beschäftigungstherapie des Heimes wurden gleichfalls Puppen, aber auch alle möglichen Stofftiere angefertigt. M. ging dort gern hin und unterhielt sich mit der Betreuerin oder den Heimbewohnern. Eines Tages hatte sie ein Schweinchen entdeckt, ein weiches Stofftier mit Knopfaugen, Hängeohren und in rosa Wolle «gekleidet». Das erwarb sie bei einem Basar, und es gesellte sich nun zu Kathrinchen. Später kaufte sie noch andere Tiere dazu, aber keines erhielt die Bedeutung des Schweinchens. Der Tochter schien es so, als ob Kathrinchen inzwischen die (gute) «alte Welt» repräsentierte, während das Schweinchen stellvertretend die Aspekte der «neuen Welt» darstellte. Beide erfüllten anscheinend wichtige Überbrükkungsfunktionen bei der Integration in das Heimleben. Manchmal traf die Tochter M. mit Kathrinchen im Arm auf dem Fensterplatz an, bei anderen Gelegenheiten hatte sie das Schweinchen auf dem Schoß, das für sie nun gleichfalls die Sprecherfunktion übernahm: «Es hat noch nichts gegessen, weil es ihm nicht gut geht.» Oder: «Es friert.» Oder auch: «Jetzt ist es satt und zufrieden.» So konnte die Mutter der Tochter über das Stofftier von den eigenen momentanen Befindlichkeiten berichten. Wenn «es» etwa fror, nahm die Tochter es daher in den Arm und wärmte es. So spielten sich symbolische Zuwendungen ab, die eine wohltuende Wirkung auszuüben schienen. Manchmal mußte das Schweinchen aber auch für die Abfuhr von Aggressionen oder Schuldgefühlen (wenn M. z.B. Auseindersetzungen gehabt hatte) herhalten. «Heute ist nichts mit ihm los, es ist richtig ungezogen», bekam die Tochter dann etwa zu hören. Und so sagte sie: «Pfui, Schweinchen, wie kannst du nur!» Meist pflegte die Mutter dann zu lachen und sich zu entspannen.

Dieses Ventil war also eine gute Möglichkeit der Entlastung, denn eine direkte Aussprache über das Vorgefallene fand kaum noch statt. Die Mutter hatte die Einzelheiten der vorausgegangenen Auseinandersetzungen entweder schon vergessen oder sie konnte sie nicht mehr in einer abstrahierenden Form vorbringen. So mußte sich die Tochter auf Mutmaßungen bezüglich der Konflikte, die im Heim auftauchten, beschränken. Auseinandersetzungen waren immer dann anzunehmen, wenn die Mutter verstimmt oder gereizt war. Manchmal sagte sie auch, daß sie diese oder jene Person (mit der sie sich sonst durchaus gut verstehen konnte) nicht leiden möge oder gar «abscheulich» fände. Eine detailliertere Rekonstruktion des Konfliktes war jedoch nicht möglich.

Das bekam die Tochter nur gelegentlich «live» mit, wenn sie zufällig in der Nähe war. Eines Tages traf sie M. in sichtlicher Erregung, ja Empörung an. «Die wollen mich aus meinem Zimmer 'rausekeln», sagte M. In diesem Fall half keine Vermittlung durch Kathrinchen oder das Schweinchen. Die Mutter konnte sich gar nicht beruhigen. Natürlich konnte die Tochter sich keinen Vers darauf machen. Auf die Frage, wer sie denn 'rausekeln wolle, erfuhr sie, daß «ein alter Mann mit spitzer Nase und seiner Freundin» sie aus ihrem Bett vertrieben hätten, «weil die da schlafen wollten. Stell dir das mal vor!» Die Tochter glaubte zunächst, daß es eine von den mütterlichen Halluzinationen oder etwas Ähnliches gewesen sein müßte, bis sie von den Schwestern über den Vorfall Näheres erfuhr. M. hatte sich versehentlich zum Mittagsschlaf in das Bett eines Heimbewohners gelegt. (Es war das benachbarte Zimmer, was sie nicht bemerkt hatte.) Als der alte Herr sein Bett besetzt fand, war seine Empörung groß und er holte sich eine der Schwestern («die Freundin», wie M. meinte) zur Verstärkung, um M. aus dem Bett zu weisen. Diese war wohl schon kurz eingenickt und darum besonders verwirrt. Auf jeden Fall war sie mit nichts davon zu überzeugen, daß sie im falschen Bett gelandet war. So mußte sie mit mehr oder minder sanftem Nachdruck in ihr richtiges Bett befördert werden. Aber eingesehen hatte sie das augenscheinlich immer noch nicht, als die Tochter sie besuchen kam.

Solche «Ereignisse» füllten jetzt ihre Tage. Dazu gehörten natürlich auch Konflikte in der neuen Sozietät mit der Zimmernachbarin oder in der größeren mit den Tischnachbarn beim gemeinsamen Essen. Im Gegensatz zu der vorherigen Bettnachbarin, mit der keine Gespräche möglich waren, hatte die Mutter jetzt eine alte Dame in ihrem Zimmer, deren Gesprächsbereitschaft mindestens ebenso groß wie die eigene war. Auch die neue Nachbarin war meistens verwirrt, und da ergab sich dann allerlei, was man unter der Rubrik Situationskomik oder auch «Tragikomik» einordnen könnte.

Zunächst fanden die beiden kontaktbereiten alten Damen offensichtlich Gefallen aneinander. Sie waren sehr zuvorkommend. M. begann sogar, da die Zimmergefährtin sie «siezte» ebenfalls die Unterhaltung mit der Sie-Anrede. Das war meist ein reges Aneinandervorbeireden, was beide wenig zu stören schien. Kamen sie jedoch auf frühere Zeiten zu sprechen, so gab es manchmal noch einen sinnvollen Austausch über alte Begebenheiten – beispielsweise aus «Kaisers Zeiten». Beide hatten diese Zeit ja als junge Mädchen erlebt. Da die neue Nachbarin, Frau A., einen ähnlichen Expansionsdrang wie M. hatte und gleichfalls noch «gut zu Fuß» war, sah man sie in der ersten Zeit nicht selten bei gemeinsamen Entdeckungsspaziergängen. Die Schwestern mußten dann beide «einfangen», was eine Zeitlang eine gewisse Solidargemeinschaft prägte. (Wir lassen uns doch hier nicht gefangenhalten!)

Einmal kam die Tochter gerade dazu, als sich beide in Mäntel, Hüte usw. kleideten. M. war so engagiert, daß sie der Tochter fast keine Beachtung schenkte. «Ich muß mit Frau A. jetzt nach S. fahren. Wir wollen eine Radtour dahin machen und ihre Eltern besuchen», erklärte M. der verdutzten Tochter. Was halfen da Aufklärungsversuche der inzwischen alarmierten Schwester, daß die Eltern von Frau A. schon lange nicht mehr lebten, daß der erwähnte Ort rund 300 km weit entfernt sei und daß das Heim leider auch keine Fahrräder zur Verfügung stellen könne ... Beide waren entrüstet, daß man ihnen das «kleine Vergnügen» nicht gönnen wollte, wo sich doch Frau A.'s Eltern schon auf den Besuch gefreut hätten!* Mit dem Verreisen ritten sie offenkundig dasselbe Steckenpferd. Einmal kam Besuch zu M., den sie Frau A. vorstellte. Auf die Frage, wie lange sie denn schon zusammen wären, entgegnete Frau A., sie sei sogar schon zweimal mit M. verreist gewesen. Nach einer kurzen Pause wurde sie vorsichtiger und fragte: «Oder nur einmal?» M. darauf: «Oder keinmal?»

* Solche Bedürfnisse, «nach Hause» zu gehen (fahren), d.h. zu den Eltern, treten häufig bei Altersverwirrten auf, die sich in der neuen Umgebung nicht «zu Hause» fühlen.

Ein Dialog, den man geradezu als «typisches Alzheimer-Gespräch» apostrophieren könnte, wurde von derselben Besucherin einige Tage später registriert. Frau A, sagte zu M., daß sie (M.) eine «echte Doppelgängerin» habe, mit der sie vorhin noch gesprochen hätte. Darauf M.: «Das ist ja interessant! Und Sie haben eine Doppelgängerin, die hat sogar dieselben Kleider an.» Beide zweifelten nicht im geringsten an ihrer Doppelgänger-Version. Aber leider hielt diese Übereinstimmung nicht allzulange an. Das enge Aufeinander-angewiesen-sein in einem Zimmer ließ gewisse Gereiztheiten aufkommen. Es entwickelten sich auch über die Schwestern kleine Rivalitäten (wer bevorzugt wen?), und natürlich kam es durch die jeweiligen Verwirrtheiten zunehmend zu Mißverständnissen. M. duzte Frau A. inzwischen, wie die anderen Heimbewohner auch. Der Reiz des Neuen wich einem nervenzehrenden Kleinkrieg (sie beschuldigten sich gegenseitig, daß die eine der anderen die Brille, die Zahnprothese o.ä. weggenommen hätte – was in der Tat gelegentlich vorkam).

Eines Tages war M. geradezu außer sich, weil Frau A. ihr gesagt hatte, sie habe «das Sanatorium hier aufgekauft und M. würde als erste eine Kündigung erhalten». «Die kann mich doch nicht auf die Straße setzen, wo soll ich denn hin?» war M.'s entsetzte Reaktion. Das war für die Tochter zum ersten Mal ein Signal dafür, daß die Mutter inzwischen im Heim Wurzeln geschlagen haben mußte. In der ersten Zeit hätte sie sicher mit dem Gegen-Vorschlag reagiert, daß die Tochter sie nun wieder nach Hause nehmen müsse. Aber das Zuhause war offensichtlich jetzt im Heim – trotz aller Konflikte, trotz der immer noch anhaltenden traurigen Abschiedszenen, wenn die Tochter wieder weggehen mußte.

Die Schwestern bekamen natürlich die Spannungen zwischen den beiden Zimmergefährtinnen mit, und so hatten sie zunächst eine gewisse Trennung vorgenommen, indem sie eine «spanische Wand» zwischen die Betten stellten. M. war sehr erleichtert. Sie hatte ihren Fensterplatz behalten und empfand ihre Ecke nun «fast wie ein Einzelzimmer». Aber Frau A. war mit dieser Lösung nicht einverstanden. Sie hatte ja auch den schlechteren Teil bekommen. So wurde sie eines Tages in ein anderes Zimmer verlegt, und M. bekam wieder eine neue Nachbarin.

Ehe Frau A. umzog, geschah etwas, was die Tochter doch recht bewegt hatte. M. war eines Nachts in ihrem Zimmer so unglücklich gestürzt, daß sie nicht wieder auf die Beine kam. Frau A. wachte offenbar von dem Sturz auf und bemerkte M. in ihrer hilflosen Lage. Es gelang ihr nicht nur, das Licht anzumachen (was oft ein Problem war), sondern sie legte die Bettdecke über M. und versuchte schließlich die Nachtwache aufzusuchen. Umsichtiger hätte auch ein nicht verwirrter Mensch kaum handeln können. Zum ersten Mal leuchtete der Tochter jetzt das Argument der Schwestern *für* ein *Zweibettzimmer* ein. Wie es M. ergangen wäre, wenn sie stundenlang hilflos in einem Einbettzimmer gelegen hätte, mochte sie sich lieber nicht ausmalen.

Hatte bereits die kleine Zimmersozietät ihre Bewährungsproben entfaltet, so war das noch überzeugender in der größeren Gruppe beim gemeinsamen Essen. Die Tochter konnte es kaum fassen, wie einfach das jetzt war. Daheim hatte es ständig Streit gegeben, weil M. immer ihren eigenen Takt durchsetzen wollte, und hier war es ohne nennenswerten Aufwand in wenigen Tagen so weit, daß sie widerspruchslos (abgesehen von einigen Ausnahmefällen) mit den anderen zu den gedeckten Tischen ging und ihr Essen zu sich nahm. Während sie daheim eher wenig gegessen hatte, entwickelte sie hier einen für ihre Verhältnisse gesunden Appetit.

Natürlich gab es – wie auch bei den anderen Verwirrten – ebenfalls kleine Streitigkeiten. Manchmal legte M. etwas, was sie nicht mochte, auf den Nachbarteller oder sie nahm sich umgekehrt von einem anderen Teller eine kleine Leckerei, wenn es ihr besonders gut schmeckte. Abends entwickelten sich aber auch in der Eßrunde gelegentlich kleine Solidargemeinschaften, was die Tochter einmal zufällig entdeckte, als sie der Mutter beim Abendbrot Gesellschaft leistete. Zum Essen wurden an die Heimbewohner Medikamente in kleinen Schälchen verteilt. M. ging dabei immer «leer aus» und fühlte sich anscheinend benachteiligt – worüber sie sich gelegentlich auch beklagte. Da sah die Tochter, wie die Tischnachbarin zur Rechten M. mit einem Augenzwinkern ihre Pillen, die sie wohl nicht mochte, zuschob ... Gerade konnte die Tochter noch verhindern, daß M. sich ein Medikament einverleibte, das die Nachbarin dringend benötigte, was M. vermutlich jedoch nicht bekommen wäre.

Ein anderes Mal versuchte sich M., beim Kaffeetrinken Rat aus der gemeinsamen Runde zu holen. Die Tochter wollte wissen, wer sie vorher besucht hätte, und M. besann sich vergeblich auf den Namen. Da tippte sie einem Herrn am Nachbartisch auf den Rücken und fragte formvollendet (diesmal wieder mit «Sie»): «Darf ich bei Ihnen mal eine kleine Anleihe machen? Können Sie mir den Namen der Dame sagen, die mich vorhin besucht hat?» – Einer weniger geschätzten Tischnachbarin erteilte sie unmittelbar darauf den Rat: «Sei du mal vorsichtig mit dem Kaffee und schlürf' nicht so! Ich guck' immer vorher, ob da auch keine Fliege drin ist.»

Mit solchen Belehrungen oder auch kritischen Anmerkungen zog sie sich öfter Ärger zu. Die hohe Schule der Diplomatie war nie ihr bevorzugtes Medium der Verständigung. Sie war schon immer für «direkte Ansprachen», wie sie es nannte. Das spitzte sich jetzt mit den nachlassenden Kontrollmöglichkeiten eher noch zu. So konnte sie lautstark bemerken, daß sie sich oft «wie auf einem Kostümball vorkäme» (ohne an ihre eigenen «Kostümierungen» zu denken). Oder sie sah kritisch auf die Beine von Hausbewohnern, die gerade vor ihr hergingen und befand: «Alles, was hier unten 'rausguckt, ist krumm!» Die Tochter war manchmal betroffen über die direkte Art der Mutter, weil sie spürte, daß die Mutter damit unnötige neue Spannungen schuf, unter denen sie nachher litt. Aber verhindern konnte sie es nicht. Jeder Versuch, die Mutter zu «belehren», kam meist schon gar nicht richtig an und war natürlich im entscheidenden Augenblick auch längst vergessen.

Inzwischen hatte die Mutter sich mit dem Status einer Heimbewohnerin aber offenbar schon so identifiziert, daß sie Besuchern gern «Führungen» anbot. Sie spielte dann selbst die Rolle einer hier Beschäftigten und versuchte, den Besuchern alles Mögliche zu erklären. Einmal wurde auch die Tochter durch die Beschäftigungstherapie «geführt». Die Mutter deklarierte sich als Lehrerin (offensichtlich tauchten alte Relikte auf aus ihrer Zeit als sie Kunstunterricht gegeben hatte), und so stellte sie der Tochter die einzelnen «Schülerinnen» vor, die sie dann auch lobte und deren selbstgebastelte Dinge sie mit Kommentaren versah. Die Stimmung war heiter. Diejenigen, die hier noch basteln konnten, waren in der Regel nicht oder wenig verwirrt, sie hatten Spaß an den zum Teil originellen Erklärungen der Mutter und spielten das Spiel mit. Plötzlich entdeckte die Mutter vor der Tür eine gebrechliche Frau mit einem Gehwagen und erklärte: «Und diese alte Oma hier, die nehmen wir als Dummenlehrerin, die müssen ja auch Unterricht haben!» Das traf natürlich einen empfindlichen Nerv der Heimbewohnerinnen, die sich mit dem «Komplex», dumm oder verrückt zu sein, «behaftet» fühlten. Es entstand augenblicklich eisige Stille bzw. peinliches Schweigen. Seismographisch wie immer hatte die Mutter den Stimmungsumschwung registriert, ohne sich ganz klar zu sein, daß sie ihn selbst verursacht hatte. «Komm, wir gehen wieder, hier ist doch nichts los», sagte sie zu der Tochter und kehrte der Szene den Rücken. Die Tochter war sich nicht sicher, ob die Mutter es noch wahrnahm, daß eine Heimbewohnerin hinter ihr herrief: «Und du bist die Allerdümmste von hier!» Sie litt vermutlich in diesem Augenblick mehr als die Mutter – auch wenn sie einen gewissen «Galgenhumor» verspürte.

Kommentar: Die Bedeutung von «Übergangsobjekten» – Altersdemente und ihre Kommunikations-Möglichkeiten

Wenn die sprachlich-abstrakten Kommunikationsmöglichkeiten versiegen, wird der «Homo ludens», der spielende Mensch, wieder lebendig – das scheint jedenfalls bei vielen Altersdementen möglich zu sein. P. Wollschläger hat seine diesbezüglichen Beobachtungen in einem größeren Kreis von Altersdementen im Anhang dieses Buches mitgeteilt. Unabhängig davon wurden die gleichen Erfahrungen mit der altersdementen Mutter gemacht.

Das sogenannte Übergangsobjekt der Kleinkinder, das inzwischen auch vielen Nicht-Fachleuten ein Begriff ist, scheint bei alten, verwirrten Menschen, die in mancherlei Hinsicht wieder «Kinder» werden, eine ähnliche Rolle «spielen» zu können. Eltern von Kleinkindern wissen im allgemeinen, wie wichtig die «Schmuse»-Tiere, -Decken usw. für ihre Kinder sind, und sie achten sorgfältig darauf, daß die kleinen «Heiligtümer» unversehrt bleiben und möglichst überall zur Stelle sind (z.B. auf Reisen). Nicht wenige Eltern haben erfahren, welche Panik und Verlassenheitsgefühle das Vermissen eines Teddys beispielsweise auslösen kann und umgekehrt, wie schnell sich ein unruhiges Kind wieder beruhigen läßt, wenn man ihm das geliebte Etwas in den Arm drückt.

Für die Tochter war M.'s Verhalten daher von Anfang an verständlich. Es paßte zu der wieder kindhaft gewordenen Hilf- und Orientierungslosigkeit, daß die Mutter in dem vertrauten Kathrinchen Halt und Beruhigung fand, und daß die Puppe eine Brücke zu der verlorenen «alten Welt» darstellte. Überraschenderweise brauchte die Mutter wohl ein Übergangsobjekt auch aus der «neuen Welt» – das Schweinchen. Während Kathrinchen mehr das Heim-Weh repräsentierte (das, was M. im Heim verlorengegangen war, wenn sie sich dort nicht zu Hause fühlte), schien das Schweinchen mehr für die neuen, momentanen Konflikte (Ärger mit anderen Heimbewohnern u.ä.), aber auch für Dinge, die ihr dort Freude machen konnten, zu stehen. Es muß natürlich eine Hypothese bleiben, aber es ist vielleicht kein Zufall, daß das Schweinchen auch die «bösen» Seiten repräsentierte (Gefühle nach unerfreulichen Streitereien z.B.) – das arme Schwein, das ja auch im Volksmund für alles mögliche Negative herhalten muß. Kathrinchen hingegen verkörperte nur die «lieben» oder die hilflos-leidenden Seiten. Mit einfachen Worten und spielerischen Ausdruckmöglichkeiten ließen sich so bei M. emotionale Erregungen durch den Dialog mit den «Übergangsobjekten» mildern. Wie die alte Dame in P. Wollschlägers Bericht noch genau differenzieren konnte, wo «Puppendialoge» möglich waren (nämlich nicht in einem öffentlichen Café), so machte auch M. von dieser Möglichkeit nur da Gebrauch, wo sie intuitiv spürte, daß das Gegenüber die spielerische Ausdrucksweise (nicht minder intuitiv) ernst nahm. Es hätte sie mit Sicherheit verletzt, wenn jemand ihre Puppengespräche «lächerlich gemacht» hätte. Wo sie eine solche Gefahr witterte, ließ sie sich nicht auf das Spiel ein. Die Tochter war einmal Zeugin eines Gespächs mit einer Besucherin, aus deren Äußerungen man eine gewisse Abwertung solcher «Kindereien» vermuten konnte. Da sagte M.: «Ach*, das habe ich hier nur so, weil meine Tochter es möchte ...», was ja *auch* stimmte, denn die Tochter schätzte die *«psychohygienischen Entlastungsfunktionen» dieser Objekte.*

* M. zeigte dabei auf die Puppe und das Schweinchen.

Aber natürlich konnten die «Übergangsobjekte» nicht die einzigen Konfliktlösungsmöglichkeiten sein. So mußte man auch auf das hoffen, was Altersdementen mehr oder minder immer zu eigen ist, das Vergessen. Oft hatte M. Auseinandersetzungen (etwa vom Vortag) tatsächlich wieder vergessen, wenn die Tochter sie besuchte. Während die Schwestern der Tochter noch von dem einen oder anderen scheinbar aktuellen Konflikt berichteten, saß M. schon wieder friedlich am Fensterplatz und entgegenete auf die Frage, wie es ihr gehe: «Warum soll es mir schlecht gehen?» Die Tochter wurde – wie oben geschildert – gelegentlich aber auch direkte Zeugin von aktuellen und realistischen Begebenheiten oder Auseinandersetzungen, die sich zwischen M. und anderen Verwirrten abspielten. Da offenbarten sich zum Teil überraschende Kommunikationsabläufe, mit denen die Tochter nicht gerechnet hatte.

So war sie erstaunt, ja betroffen, wie stark die Mutter darauf reagierte, als der alte Herr des Nachbarzimmers sie aus seinem Bett verwies. Es ging der Tochter auf, über wie wenig Eigenes die Mutter hier tatsächlich noch verfügte. Das Bett war neben dem Fensterplatz das einzig persönliche Refugium. Hier konnte M. noch eine gewisse Zugehörigkeit wahrnehmen. Die unsanfte Vertreibung aus dem Schein-Paradies des Nachbarzimmers mußte sie geradezu in Panik versetzen, nicht einmal das schien man ihr zu gönnen. Noch empfindlicher reagierte M. auf die vermeintliche «Kündigung» von Frau A. Wie leicht sie jetzt zu verwirren und zu entwurzeln war, auch das nahm die Tochter wahr. Welch eine Veränderung der einst so selbstsicheren und energischen Mutter hatte sich in wenigen Jahren vollzogen!

Eher erheitert hörte die Tochter hingegen dem Gespräch der beiden alten Damen aus der «Kaiserzeit» zu. Dabei wurde ihr aber auch klar, wie einsam die Mutter insofern schon seit Jahren gewesen sein mußte, als sie keinerlei Gesprächsaustausch mit Gleichaltrigen mehr hatte. Diese waren entweder gestorben oder sie lebten so weit weg, daß Besuche (bei dem hohen Alter und seinen Beschwerlichkeiten) auch von seiten der anderen nicht mehr möglich waren. Mit der zunehmenden Verwirrtheit hörte die Mutter, bis dahin eifrige Briefschreiberin, auf zu schreiben. So kamen Antwortbriefe gleichfalls nur noch selten an.

Hier hatte M. nun unerwartet bei Frau A. die Möglichkeit gefunden, sich über die alten Zeiten zu unterhalten. Die Tochter merkte, wie beide geradezu aufblühten durch die Erinnerungen. Die Kaiserzeit, der Erste Weltkrieg und die zwanziger Jahre – das waren Themen, die die Jüngeren, mit denen die Mutter nur noch Gespräche austauschen konnte, ja lediglich aus Geschichtsbüchern kannten. Sie hörten sich zwar M.'s Erzählungen, vor allem aus den zwanziger Jahren, gern an, aber sie konnten aus eigener Anschauung nichts dazu beitragen. So fehlte der Mutter wohl eine gewisse Unmittelbarkeit, die sie zeitweise mit ihrer Bettnachbarin verband.

Aus dieser gemeinsamen Zeit-Verbundenheit war wahrscheinlich auch die vorübergehende Solidargemeinschaft der beiden Heiminsassinnen zu erklären. Sie kamen der Tochter fast wie zwei Teenager vor, als sie ihre gemeinsame Radtour planten und den «Aufseherinnen» auch danach noch manchmal mit leisem Triumph entwischten. Es schien jedenfalls so, als hätte die Mutter zusammen mit der neuen Schicksalsgefährtin an ihren Ausflügen richtigen Spaß*, während sie vorher nur mehr oder minder unglücklich mit dem «freien Auslauf» einen letzten Rest von Selbständigkeit zu retten versuchte. Daß eine Art von fast spitzbübischer Überlistung in diesem Alter und unter solchen Bedingungen noch möglich war, registrierte die Tochter überrascht bei der Übergabe der «Pillen» von M.'s Tischnachbarin. Beide waren sich – wie Kinder – natürlich über die Konsequenzen nicht im klaren. Sie genossen aber sichtlich das stillschweigende Einverständnis, etwas gegen die (vernünftigen) Regeln des Heimbetriebs unternommen zu haben. Auch dies kann wohl als Mini-Rebellion gegen ihre sonstige totale Abhängigkeit gedeutet werden.

Was die Tochter am meisten verwunderte, war jedoch die (fast) problemlose Einordnung der Mutter in die Abfolge der täglichen Mahlzeiten. Hier schien die Gemeinschaft einen großen «pädagogischen» Einfluß zu haben. Da sich alle zur gleichen Zeit einfanden, konnte sich M. trotz aller Autonomiebestrebungen diesem milden Zugzwang nicht entziehen. Die Zunahme ihres Appetits sah die Tochter gleichfalls als Erfolg der Gemeinschaft

* Wenn schon «Kind», dann auch richtig ...!

an. Es schien ihr so, als ob (wie in einem Geschwisterkreis) eine Art von «Futterneid» seine Wirkung entfaltete: Wenn alle etwas bekamen, wollte M. nicht zurückstehen (das Beispiel mit den Pillen mag dafür ein Beleg sein).

Viele vage Pauschalurteile, die sich nicht nur die Tochter gemacht hatte, die vielmehr recht verbreitet sein dürften, mußten in diesen Wochen der Adaptierung an das Heimleben revidiert werden. So registrierte die Tochter auch, daß sich in dieser Gemeinschaft von verwirrten Menschen, denen man subtilere Wahrnehmungen zum Teil kaum noch zutraute, eine gewisse hierarchische Struktur organisiert hatte. Es war nicht Zufall, schon gar nicht gleichgültig wo, neben wem man saß (falls die Schwestern nicht diese Ordnung bestimmten; aber auch dabei schienen unwillkürliche Rangordnungen eine Rolle zu spielen). Aus der Fülle der Äußerungen, die die Tochter bei ihren Besuchen mitbekam, sind hier nur wenige charakteristische Beispiele ausgewählt worden. So etwa die sehr unterschiedliche Art der Kontaktaufnahme von M. mit dem «Herrn vom Nachbartisch», den sie «siezte» und um eine Auskunft bat, im Gegensatz zu der fast herablassenden Art zu der neben ihr sitzenden Heiminsassin, deren «Schlürfen» M. monierte und der sie obendrein mit der «Fliege» noch den Kaffee vergällte. Natürlich fanden diese Kontakte auf einem anderen «Niveau» als früher statt. Aber es waren die gleichen sozialen Abstufungen und Kommunikationsmuster, wie sie in einer beliebigen «normalen» Gruppe hätten stattfinden können.

Auf die adäquate Hilfsreaktion von Frau A., der sonst so verwirrten Bettnachbarin von M., wurde schon hingewiesen. Obwohl zu dem Zeitpunkt zwischen den beiden Zimmergefährtinnen bereits starke Spannungen herrschten, konnte sich Frau A. sofort auf die Realsituation umstellen und der hilflos am Boden liegenden M. die Hilfe zuteil werden lassen, derer sie in diesem Zustand bedurfte. Nach M.'s späteren Aussagen muß sich Frau A. wohl zunächst noch mit direkten Aufforderungen an M. gewandt haben (was ja auch sinnvoll war), bis sie erkannte, daß hier effektivere Hilfe notwendig war.

Daneben ließen sich natürlich auch «typische» kognitive Fehleinschätzungen erkennen, die «normalerweise» nicht vorzukommen pflegen: Der von Frau A. eingebrachte «Doppelgänger-Irrtum» wurde von M. sofort übernommen und noch überzeugender ausgeschmückt. Insofern mußte auch bei ihr eine ähnliche Fehlwahrnehmungsbereitschaft prädisponiert sein. Tatsächlich erlebten M.'s Tochter und Schwiegersohn es zunehmend häufiger, daß M. die ihr wohlvertrauten Details des gemeinsamen Hauses (in dem sie vorher gewohnt hatte) bekannt schienen. Aber sie schien sich mit dem vorher Vertrauten nicht mehr identifizieren zu können. Fast jedes Mal, wenn sie zum Wochenende zu Besuch kam, rief sie erstaunt aus: «Wie merkwürdig, das ist ja *fast dasselbe Haus,* wo ihr (sie sagte nicht ‹wir!›) früher wohntet ...» Selbst wenn sie in ihr altes Zimmer geführt wurde, konstatierte sie nur die überraschende Ähnlichkeit. So gut wie nie kam das Wort «mein» (ehemaliges) Zimmer ... über ihre Lippen, obwohl die Einrichtung des Zimmers nicht verändert worden war. Diese eigentümlichen «Entfremdungen» scheinen bei Altersdementen sehr oft vorzukommen. Man hört das auch von anderen Angehörigen.

Mit einem letzten Kommentar soll noch M.'s «Ausrutscher» bei der «Führung» in der Beschäftigungstherapie gestreift werden. Es fällt sicher nicht schwer sich vorzustellen, warum M. in die Rolle einer Lehrerin hineingeriet, in der sie jahrelang gewirkt hatte. Das unerwartete Aus-der-Rolle-fallen aus einer bis dahin sehr wohlwollenden Stimmung kann natürlich mit dem allgemeinen wechselhaften Verhalten von Demenz-Kranken erklärt werden. Es muß eine offene Frage bleiben, ob es nur ein Zufall war, daß das gerade hier und gerade dann passierte, als die besonders gebrechliche Heimbewohnerin ins Blickfeld von M. geriet. Es könnte doch über das Zufällige hinausgehen, wenn man bedenkt, wie differenziert Demente auf mitmenschliche Wahrnehmungen reagieren. Jedenfalls könnte auch die Hypothese gewagt werden, daß der Anblick der starken Behinderung (die Übrigen in der Beschäftigungstherapie waren kaum ‹behindert›) bei M. einen schmerzlichen, wunden Punkt anrührte, der nun in die Äußerung «die *Dummen* müssen ja auch Unterricht haben» einfloß. Sicher hatte M. damit niemanden kränken wollen, sie genoß viel zu sehr die momentane Zuwendung der Zuhörer. Aber es fehlte ihr offensichtlich der «intellektuelle Durchblick», um eine negative Wirkung einkalkulieren zu können.

Insgesamt läßt sich konstatieren, daß die Kommunikationsmöglichkeiten von Altersdementen auf sehr unterschiedlichen Ebenen verlaufen: Sie sind ebenso von normalen sozialen Kommunikationsmustern wie von defizitären dementiellen Charakteristika geprägt, wie natürlich auch von den persistierenden Persönlichkeitszügen der einzelnen Kranken.

2.6 Die «neuen Eltern»

Ziemlich bald, nachdem M. ins Heim übergesiedelt war, wurde dort Karneval gefeiert. M. hatte als Norddeutsche eigentlich wenig Sympathie für den bunten und lauten Trubel sogenannter rheinischer Frohnaturen. Die Tochter dachte daher, daß sich die Mutter bald zurückziehen würde. Aber die Vorbereitungen auf den Stationen liefen auf Hochtouren, das Pflegepersonal gab sich alle Mühe, um das Heim bunt und fröhlich werden zu lassen. So sah M. dem Treiben erstaunlich neugierig, dabei durchaus wohlwollend zu. Die ganze Station ließ sich anstecken vom Karnevalsfieber. Luftballons und Papierschlangen schmückten die Flure und – soweit ein halbwegs geordnetes Gespräch möglich war – redeten alle von dem bevorstehenden Fest, das in der Cafeteria mit Musik gefeiert werden sollte. «Du weißt ja, eigentlich mache ich mir aus solchen Schrummel-Geschichten nichts», meinte M. noch kurz vorher zu ihrer Tochter. Aber irgendwie schien sie sich der allgemeinen Vorfreude doch nicht entziehen zu können.

Das ging so weit, daß eine Freundin der Tochter, die M. am Tag vorher besuchte, zufällige Zeugin eines Gesprächs zwischen Frau A. und M. wurde, in welchem M. behauptete: «... und da haben sie mich zum Karneval abgeholt ...». Die Besucherin meinte: «Ich dachte, das ist erst morgen? Ihre Tochter sagte das ...». Daraufhin korrigierte sich M.: «So, hat sie das gesagt? Ja, die weiß es immer richtig. Dann haben sie mich doch nicht geholt.»

Aber am nächsten Tag war es soweit! Die Tochter traute ihren Augen nicht: M. wiegte sich im Karnevalsreigen Arm in Arm mit Frau A. nach irgendeiner «Schrummelmusik», die sie üblicherweise «verabscheute». Sie war mit knallroten Backen und Goldflitter bemalt worden, hatte ein lila Papphütchen auf dem Kopf und eine Papierblume im Knopfloch. Offensichtlich hatte sie viel Spaß, und noch am nächsten Tag schwärmte sie von Einzelheiten inklusive des «wunderbaren kalten Büfetts». Man merkte es auch den anderen Heimbewohnern an, daß sie noch länger von der fröhlichen Abwechslung zehrten. Da hatte die Tochter nur als Zuschauerin – die Mutter winkte ihr einmal kurz zu – am Rande stehen können. Sie hatte nicht mal einen Fotoapparat dabei gehabt, um das ungewöhnliche Treiben mit einem Schnappschuß festhalten zu können. Sie fühlte sich tatsächlich zum ersten Mal erstaunlich überflüssig.

Die Tochter mußte sich danach eingestehen, daß sie den Mut für ein solches Unternehmen mit mehr oder minder verwirrten alten Menschen nie aufgebracht hätte. Die «neuen Eltern», die natürlich die alten Vorurteile und Bedenken ihrer Pfleglinge weniger kannten, waren insofern im Vorteil, als sie ihre Ideen viel unbefangener an die Kranken heranbringen konnten. Sie feierten im übrigen diese Veranstaltung schon mehrere Jahre und hatten inzwischen auch gute Erfahrungen gemacht. So kamen sie wohl gar nicht mehr auf den Gedanken, daß irgendjemand das vielleicht nicht mögen würde. Das Verblüffende für die Tochter war nur, daß die sonst sehr bestimmende Mutter mit ihren ausgeprägten eigenen (Vor-)Urteilen sich so schnell umstimmen lassen konnte, und das mit 86 Jahren! Die Tochter spürte nachdenklich, wie Innovationsmöglichkeiten dann zur Geltung kommen können, wenn man nicht «alte Zöpfe» mit sich schleppt, die die neuen Initiativen schon im Keim zu ersticken pflegen mit der Bremse: «Das tut, mag, er (sie) ja doch nicht.»

Nach dem Karnevalsfest kam Ostern, und dann geschah es vor allem zu Weihnachten, daß die «neuen Eltern» die Stationen mit festlichem Schmuck versahen. In der Beschäftigungstherapie hatten die Heimbewohnerinnen (es waren eigentlich nur Frauen dort) vor den großen Festen besonders viele Möglichkeiten, ihre Handfertigkeiten (noch) zu beweisen. Ihre Basteleien waren nicht nur als Schmuck im Haus willkommen, sie wurden zum Teil auch auf dem Vorweihnachtsbasar verkauft. Das schien der Tochter etwas sehr Wichtiges zu sein: Erleben-können, daß man etwas Sinnvolles tun kann, daß man gebraucht wird – von der kreativen Freude am entstandenen Werk ganz abgesehen.

Aber was konnten die Schwestern und Pflegerinnen im Heim all denen, wie M. beispielsweise, anbieten, die keine geschickten Hände mehr hatten? Die nicht nur nichts Nützliches für andere verrichten konnten, sondern sich nicht einmal selber zu helfen wußten? Doch, es gab auch für sie etwas, was fast alle konnten: Die alten Weihnachtslieder singen, am liebsten gegen Abend mit brennenden Kerzen auf den Tischen. Die Tochter erlebte dabei ein kleines Wunder: Die Mutter sang meistens mit. Daheim tat sie das seit vielen Jahren nicht. Sie meinte, sie habe «keine Stimme mehr». Früher hatte sie in einem Kirchenchor Passionswerke, Kantaten oder Messen mitgesungen. Nach der Flucht fand sie keinen Anschluß an einen ihr zusagenden Chor, und so unterblieb das Singen allmählich immer mehr. Und hier sang sie plötzlich wieder mit ... Anscheinend hatte die Gemeinschaft der (meist ebenfalls nicht mehr guten Sänger/innen) die Sperre gelöst.

So konnten die Schwestern etliches in Gang setzen, um den grauen Stationsalltag aufzulockern und stille Reserven bei den ihnen Anvertrauten zu mobilisieren. Gern wurden auch die Geburtstage der Heimbewohner/innen dafür genutzt. Man deckte die Tische besonders schön, meist wurden sie zu einer großen Festtafel zusammengeschoben, und es gab eine Geburtstagstorte. Manchmal spendierte ein Heimbewohner ein kleines alkoholisches Getränk dazu. Die Mutter hatte dafür zwar nicht allzu viel übrig. Sie hatte früher höchstens abends ein Gläschen Rotwein oder ein noch kleineres Gläschen Eierlikör getrunken. Einmal, als die «Feindin», Frau A., Geburtstag hatte, lag M. mit einer Grippe im Bett. Sie konnte deshalb an der festlichen Kaffeerunde nicht teilnehmen. Der gerade anwesenden Tochter erklärte sie, daß sie darüber ganz froh sei. In ihrem Bett sei es ja viel gemütlicher. Aber die Stationsschwester hatte M. nicht vergessen: Nach der üppigen Torte brachte sie ihr noch ein Gläschen mit grünem Curaçao ans Bett. M. sah das ihr unbekannte Getränk mißtrauisch an. Auf Drängen der Tochter nippte sie schließlich ein bißchen, stellte es aber gleich wieder weg, «Igitt!» war ihr kurzer Kommentar. Die Tochter war sich nicht im klaren, ob das dem Likör als solchem galt oder der Tatsache, daß es von der «Feindin» stammte. Vermutlich war letzteres der Fall. Denn als die Schwester das Gläschen wieder abholen wollte und fragte, wie es denn geschmeckt habe, sagte M. reserviert: «Ich hatte es nicht bestellt!» Da stießen also auch die Bemühungen der «neuen Eltern» an Grenzen, wie die Tochter nicht ohne «Galgenhumor» registrierte.

Viermal hatte M. ihren eigenen Geburtstag in dieser Runde ebenfalls feiern können. Einmal, als die Tochter dabei war, wurde M. von den Pflegenden, die schon Blumensträuße bereithielten und ein Geburtstagsständchen intonierten, gefragt, wer denn heute Geburtstag habe. M. sah sich ratlos in der Runde um und meinte schließlich: «Meine Tochter». Als das verneint wurde: «Der Kaiser?» Der auch nicht. Als sie erfuhr, daß es ihr eigener Geburtstag, der 88., wäre, konnte sie es kaum glauben. (Am Tag zuvor, als die Tochter M. eine Geschichte von einem Neffen erzählte, wollte sie wissen, wie alt der jetzt sei. «30 Jahre», entgegnete die Tochter, und M. nickte nachdenklich: «So alt wie ich!» ...)

Immer wieder ließen die Schwestern sich auch etwas außerhalb der regulären Feste einfallen. So konnten eines Tages anläßlich eines Festes die einzelnen Bewohner Luftballons mit einem kleinen Gruß und ihrem Absender in den Himmel fliegen lassen. M.'s «Luftpost» war bis nach Thüringen geflogen. Nach einiger Zeit erhielt sie von dort eine Antwortkarte. Natürlich war sie sehr verwundert, weil sie die Briefaktion wieder vergessen hatte. Aber sie legte die Karte stolz auf ihren Tisch und zeigte sie der Tochter. Über solche kleinen Dinge konnte sie sich manchmal unerwartet freuen.

Wie zu den kranken Mitbewohnern, so gab es natürlich auch zu den einzelnen «neuen Eltern» unterschiedliche Beziehungen. Die Mutter konnte sich die meisten Namen nicht merken. Aber sie unterschied die sie länger Betreuenden deutlich voneinander. Sie gab ihnen später zum Teil eigene Namen, über deren Herkunft man manchmal rätseln mußte. Einer der jüngeren Schwestern, die sie besonders gern hatte, gab sie den Namen einer bekannten Kaffeefirma – ohne daß es eine erkennbare Beziehung dazu gab. Die Mutter änderte den Namen trotz einiger Korrekturversuche nicht, erstaunlicherweise vergaß sie ihn aber auch nicht mehr, sondern gebrauchte ihn, so lange sie dort lebte.

Sie hatte im allgemeinen ein rasches Gespür für die unterschiedlichen Verhaltensweisen ihrer Betreuerinnen, auf die sie entsprechend reagierte. Einmal war eine junge Aushilfskraft auf der Station, die M. in ähnlicher Weise wie die Schwedin Barbro ansprach. Das heißt, sie sprach zu ihr wie zu einem kleinen Kind. Als die Tochter M. besuchte, sagte die Pflegerin: «Ach, wen haben wir denn hier? Wer ist denn das?» wobei sie auf die Tochter zeigte. M. sah betont distanziert an der Pflegerin vorbei und sagte nichts. «Wer ist das denn?» wiederholte die Pflegerin noch einmal, worauf M. provozierend die falsche Antwort: «Mein Schwiegersohn» gab. «Aber nein, das ist doch Ihre ..., nun wer ist es denn?» Da wandte sich M. der Fragenden kurz zu und erwiderte: «Geh du mal 'runter zum Bahnhof. Da wirst du mehr gebraucht».

Bei anderen Schwestern konnte sie, wenn sie bedrückt war, ihre Hilflosigkeit so unmittelbar äußern, daß diese sie tröstend in die Arme nahmen. Das ließ die Mutter dann gerne zu, aber nicht immer und nicht bei allen. Eine Zeitlang bedeutete ihr eine Stationsschwester sehr viel, gleichzeitig hatte sie auch Respekt vor ihr. Es gab mit ihr daher kaum Konflikte, weil M. sich bemerkenswert «fügte». Nur eines Morgens bei der verhaßten Waschprozedur muß M. wohl die Hand zu einer Ohrfeige ausgerutscht sein. Die Schwester erzählte es später der Tochter, wie es schien ganz verständnisvoll. («Wie sollen sich die alten Leute denn wehren?») Aber die Tochter war doch betroffen und ärgerlich und so wandte sie sich an die Mutter: «Warum machst du es dir immer wieder so schwer und verschaffst dir unnötig Spannungen? Hinterher hast du noch ein schlechtes Gewissen.» M. hatte die Augen geschlossen und verzog keine Miene. Natürlich hörte die Tochter angesichts dieser Reaktionslosigkeit mit ihrer «Moralpredigt» wieder auf. Was hatte das auch für einen Sinn? Wo war die Mutter jetzt mit ihren Gedanken? Hörte sie überhaupt zu, konnte, wollte sie das? Oder war sie wieder bei ihren Bildern mit den «zuen Augen»? Kürzlich hatte sie einen «bösen Traum» gehabt und der Tochter anschließend erzählt: «Als es zu schlimm wurde, habe ich ihn einfach abgeschaltet und den Hörer habe ich auch aufgelegt.» War das ihre neue Abwehrstrategie? «Eigentlich beneidenswert», dachte die Tochter, «so abschalten zu können!» Und sie? Warum versuchte sie immer noch, die Mutter zu «erziehen»? Der Tochter ging auf, daß das bei ihren latenten Schuldgefühlen mündete. *Sie* fühlte sich verantwortlich für die Verlegung ins Heim. Es war darum auch *ihr* Interesse, daß M. sich dort wohl fühlte, daß die Entscheidung gut war ... Und nun verdarb sich M. womöglich alles Wohlwollen durch ihre störrische Verhaltensweise. «Wie kann man sein Kind nur so schlecht behandeln!» Dieser Satz der Mutter fiel der

Tochter jetzt wieder ein – und daß sie es gern umgekehrt formuliert hätte: «Wie kann man seine Mütter nur so schlecht behandeln?»

Das Stichwort «Mütter» gab später noch Anlaß, an einem Muttertag Verwirrung zu stiften. Einige Tage zuvor hatte M. geäußert, sie würde «den Schwestern gern eine kleine Aufmerksamkeit zukommen lassen, denn sie geben sich soviel Mühe mit mir. Aber ich habe doch kein Geld ...» Letzteres stimmte (fast). Die Ersparnisse der Mutter waren durch den Heimaufenthalt völlig aufgebraucht. Eine Zeitlang hatte die Tochter die Heimkosten dann übernommen. Aber auf längere Sicht konnte sie sich das ebenfalls nicht leisten. So wurde inzwischen der größte Teil der Kosten vom Sozialamt bezahlt (ein minderer Anteil weiterhin von den nächsten Angehörigen, also von der Tochter, da es keine weiteren «Kinder» gab). Mit der Sozialamtshilfe erhielt die Mutter gleichzeitig ein kleines Taschengeld, das von den Schwestern verwaltet wurde (für den Fall, daß etwas Neues angeschafft werden mußte oder M. etwas für sich brauchte).

Die Tochter fand den Gedanken der «kleinen Aufmerksamkeit» durchaus passend. Sie hätte das natürlich von ihrem eigenen Geld für die Mutter übernehmen können. Aber sie fand es «passender», wenn das von M.'s Taschengeld direkt – und dann doch (noch passender) gleich zum Muttertag ankäme. Die Mutter erklärte sich mit diesem Vorschlag einverstanden, und die Tochter holte etwas Geld bei den Schwestern ab, um – stellvertretend für die Mutter – «die kleine Aufmerksamkeit» zu bestellen.

Der Tag kam heran. Die Tochter hatte der Mutter ebenfalls einen Blumenstrauß mitgebracht. Das war eine alte Tradition, (M. fand die Muttertagseinrichtung zwar «eigentlich albern», da sie das «Brimborium der Nazis» an diesem Tag immer gestört hatte. Aber ganz auf die «kleine Aufmerksamkeit» mochte sie doch nicht verzichten.) Der Blumenstrauß für die Mutter war also jetzt auch «genehm», selbst wenn M. – zeitlos dahinlebend – das herannahende Ereignis wieder vergessen hatte.

Der Einfall der Tochter, den anderen «Müttern» im Namen ihrer «Kind-Mutter» einen Muttertagsdank abzustatten, stieß hingegen auf fragliche Resonanz. Es ging der Tochter erst nachträglich auf, wie kompliziert der eigentlich so einfache Gedanke war. Bei wem sollten sich die Schwestern z.B. bedanken? Bei M., die alles schon wieder vergessen hatte und ihnen womöglich geantwortet hätte, das sei alles Unsinn? Oder sollten sich die Schwestern bei der Tochter bedanken, aus deren Geldbeutel die Gabe ja gar nicht stammte? Die gute Absicht ging in einem vagen Schweigen unter. Bei so vielen Müttern war es nicht zu klären, welcher von ihnen denn nun der «eigentliche» Strauß zustand ...

Während (fast) alle Betreuerinnen für M. unwillkürlich Elternfunktionen übernahmen, gab es eine Ausnahme (die allerdings nicht zur Station gehörte). Es war die bereits erwähnte Freundin der Tochter, Frau W. Zwischen M. und ihr bestand eine herzliche Zuneigung. Frau W. schätzte auch die unverblümte Art, mit der M. auf Dinge und Menschen zuging. Natürlich entging ihr der Wandel bei M. nicht, zumal die Tochter gern ihr volles Herz bei der Freundin ausschüttete, wenn ihr die Dinge über den Kopf zu wachsen drohten. Die Umsiedlung ins Heim hatte die Freundin intensiv miterlebt. Sie war es auch – neben der Familie – die der Tochter dabei am meisten den Rücken gestärkt hatte.

Sie besuchte M. von Anfang an im Heim in regelmäßigen Abständen, und sie nahm sich Zeit dafür. So bekamen die Besuche eine fast institutionelle Zugehörigkeit für M. Sie konnte sich so fest darauf verlassen, daß sie geradezu ihren Kalender danach stellte: Frau W. war da, also mußte es Donnerstag sein. Während M. in dieser Zeit nahezu alle Menschen duzte, behielt sie hier das bis dahin praktizierte «Sie» bei. M. spürte sicher, daß Frau W. sie nach wie vor ernst nahm, obwohl (oder weil?) beide schon immer «gut» miteinander lachen konnten (wie Maj Fant es charakterisieren würde). Die Beziehung zwischen M. und Frau W. hatte nicht die Intensität einer Freundschaft, aber sie ließ viel Offenheit zu und gegenseitige Anerkennung. Da Frau W. nicht Verantwortung im engeren Sinn übernehmen mußte, setzte sich das alte Beziehungsmuster relativ ungebrochen fort, d.h. ohne daß M. in eine «Kindrolle» geriet.

Die Tochter empfand die Kontinuität dieses «freien Verhältnisses» als eine wichtige Ergänzung für M. Erstaunt registrierte sie immer wieder, wie unterschiedlich die Mutter reagieren konnte, obwohl die Krankheit insgesamt einen stark nivellierenden Einfluß zu haben schien. Es gab offenbar Persönlichkeitszüge, die sich nicht einfach auslöschen ließen, selbst später, als die Mutter kaum noch Worte formen konnte. Umgekehrt erlebte die Tochter nachdenklich, wie die Elternfunktion, welche sie bis zur Heimeinweisung vorwiegend allein ausübte, hier sehr unterschiedlich wahrgenommen wurde. Manchmal wünschte sich die Tochter die Geduld der einen oder anderen Schwester oder auch die energische Tatkraft, die sie gegenüber der Mutter zeitweise völlig aufgegeben hatte. Insgesamt spürte sie jetzt nicht nur die Entlastung von physischem Streß, sondern auch eine psychische Erleichterung, seitdem sie Teile der Elternrolle an die «neuen Eltern» delegiert hatte.

Kommentar: «Kind-Ich, Erwachsenen-Ich und Eltern-Ich»: Wie kann man das «Erwachsenen-Ich» stärken?

Der Psychiater E. Berne (Spiele der Erwachsenen, 1967) hat in den fünfziger und sechziger Jahren ein relativ anschauliches und einfaches Modell entwickelt (in Wirklichkeit ist es allerdings komplexer, als es hier dargestellt wird), welches verschiedene Ebenen, auf denen man sich begegnen kann, deutlich macht. Berne stellte fest, «daß jeder von uns ... sich entweder in einem Kind-Ich-Zustand, in einem Eltern-Ich-Zustand oder in einem Erwachsenen-Ich-Zustand befindet.» Unter einem «Ich-Zustand» verstand er ein zusammenhängendes «System» oder «Muster», in dem bestimmte Erlebensweisen mit den dazugehörigen Verhaltensweisen zusammengefaßt sind, welche die Kommunikationen unter ungünstigen Umständen erheblich stören können. Als Beispiel für die jeweiligen Ich-Zustände stellte Berne sich etwa vor, «daß zwei Leute damit beschäftigt sind, zusammen ein Boot zu bauen. Einer sagt ganz ruhig und sachlich zum anderen: ‹Reich mir den Hammer!› Der Angesprochene mag ihm den Hammer reichen und dazu sagen: ‹Paß' aber auf, daß du dir nicht auf deine Finger schlägst!› Er ist dann in einer Elternhaltung. Oder er antwortet: ‹Wieso soll ich hier immer wieder alles machen?› Woraus geschlossen werden kann, daß er sich wahrscheinlich in der Kindhaltung befindet.» Schlegel (1984) fügt eine dritte Möglichkeit dazu: «Welchen Hammer meinst du, den Schlosserhammer oder den Planierhammer?» Diese «Antwort» läßt auf eine Erwachsenen-Ich-Haltung schließen, die Schlegel auch als «rational-sachliche Einstellung» charakterisiert.

Schlegel ergänzt, daß es sich um ein spontanes elterliches oder kindliches Verhalten handeln kann, daß es aber auch reaktiv erfolgen kann: «Reagiert jemand ausgesprochen elterlich (kritisch oder wohlwollend – auf jeden Fall überlegen), so wurde er vermutlich aus einer Kindhaltung heraus angesprochen. Reagiert jemand aber wie ein ängstliches Kind mit Minderwertigkeitsgefühlen oder rebellisch wie ein Pubertierender ... so läßt sich annehmen, daß derjenige, der sich an ihn gewandt hat, sich dabei in einer autoritären Elternhaltung befand.» Berne hat die Analyse der «Ich-Zustände» als psychotherapeutisches Instrument ausgearbeitet, das letztlich das Ziel anstrebt, erwachsenen Menschen zu helfen, einander auf der Erwachsenenebene begegnen zu können und sich aus neurotischen Fehlhaltungen zu befreien.

Wenn man sich mit dem Problem der Kommunikation bei altersverwirrten Menschen befaßt, wird man schnell feststellen, daß das eben genannte Ziel illusorisch bleiben muß. Das Erwachsenen-Ich kann bei Demenzkranken wegen der kognitiven Defizite kaum noch zum Tragen kommen. Die Kranken agieren mit ihrer Umgebung daher fast nur noch auf der Kind-Ich oder einer früher praktizierten Eltern-Ich-Ebene, wobei elterliche Attitüden naturgemäß besonders unangebracht wirken, weil sie in der Regel aus Situationen von eigentlich «kindlicher» Abhängigkeit entstehen.

Im folgenden wird eine besonders «typische Szene» zwischen M. und ihrer Tochter als Beispiel für das Hin- und Herspringen zwischen Eltern- und Kind-Ich-Zuständen dargestellt. Anschließend wird die Frage ventiliert, ob man bei derartigen Verwirrspielen noch Möglichkeiten einer Erwachsenen-Ich-Struktur initiieren kann, und wenn ja, wie?

In der Regel wurde M. zu Besuchen im Auto geholt oder gebracht. Einmal hatte sich aber die Tochter auf das Drängen der Mutter eingelassen, daß sie nachher beide zu Fuß zurückgehen könnten: «Bei dem schönen Wetter!» Es schien insgesamt ein «guter Tag» zu sein, und so gab die Tochter schließlich nach. Man konnte sich ja Zeit lassen. Es ging zwar ständig bergan zum Heim, aber in einer knappen ½ Stunde mußte es wohl mit kleinen Verschnaufpausen zu schaffen sein.

Die erste Pause trat nach fünf Minuten ein. Die Mutter jammerte, sie könne nicht mehr weiter, sie sei zu müde. Beide waren gerade bei einer weißen Villa mit einem besonders schönen Rasen im Vorgarten angelangt. M. sah sich nachdenklich die grüne Fläche an und erklärte plötzlich: «Sieh mal, den schönen grünen Teppich hier! Da werden wir uns 'reinlegen und ein bißchen schlafen.» Ehe die Tochter noch etwas sagen konnte, steuerte M. schon dorthin und schickte sich an, das Vorgartenmäuerchen zu überwinden. Die Tochter sah mit einem Blick, daß die Bewohner des Hauses es sicher nicht gern hätten, wenn sich jemand auf ihrem Rasen zum Schlafen ausbreiten würde. Sie ahnte hinter den Rüschengardinen mißtrauisch-wachsame Augen, vielleicht hatten die Leute auch einen Hund?

So versuchte sie energisch, die Mutter zurückzuziehen und ihr zu erklären, daß das nicht ginge. Es sei doch ein Rasen und kein Teppich, sie könnten sich woanders hinsetzen usw. Aber die Mutter hörte nicht auf die Tochter: «Was du nur immer hast!»

Einen Moment lang spürte die Tochter die Versuchung, ihre Verantwortungsschuhe und damit auch die Mutter einfach stehenzulassen. Es würde sich schon irgendeine Lösung finden. Im nächsten Augenblick fragte sie sich, ob die Mutter überhaupt ihre richtige Adresse angeben können würde. Nein, sie konnte sie nicht allein lassen. Also zog sie kräftiger, und die Mutter fing an, sich zu wehren. Eine Schrecksekunde dachte die Tochter, es komme zu einer Szene wie damals mit dem Großvater. Da hielt ein Auto neben ihr und eine freundliche Frau fragte, ob und wohin sie sie mitnehmen könne. Der Tochter fiel ein Stein vom Herzen, der Mutter aber wohl auch. Sie waren in wenigen Minuten oben im Heim, die junge Frau hatte schon vermutet, daß es dahin gehen würde. Beim Aussteigen war M. «ganz Dame», zugleich schien sie sich (wieder einmal) als Mutter einer verträumten Tochter zu fühlen. Sie sagte mahnend: «Du solltest der netten Taxifahrerin ein Trinkgeld geben!»

Die Szene beginnt damit, daß sich die Tochter auf das drängende Kind-Ich-Verhalten der Mutter einließ, anstatt rational auf der Erwachsenen-Ich-Ebene zu bleiben: Es geht nicht, der Weg ist zu lang und zu anstrengend. Die Tochter wollte die Mutter nicht (wieder) enttäuschen, und so gab sie sich der illusionären Hoffnung hin, daß es schon «irgendwie» klappen würde ... Mit dieser Einstellung begab sie sich gleichfalls in eine Kind-Ebene, zumindesten war sie nicht mehr rational gesteuert.

Auf der Kind-Ebene richtete dann auch die Mutter ihre hilflose Klage an die Tochter, daß sie so müde sei. Diese fühlte sich – auf der Kind-Ebene bleibend – angesichts der kläglichen Botschaft ratlos. Das gab der Mutter den (illusionären) Impuls, auf der Eltern-Ich-Ebene die Initiative ergreifen zu müssen und *für beide (!)* die Schein-Lösung vorzuschlagen, sich in den «grünen Teppich» zum Schlafen zu legen. Das Erwachsenen-Ich der Tochter sah natürlich, daß dies keine Lösung war, und so versuchte die Tochter, die Eltern-Ich-Position zu gewinnen, um die Mutter in eine «gehorsame» Kind-Ich-Position zu bringen. Aus dieser heraus hätte M. auf den vernünftigen Rat des Eltern-Ichs der Tochter hören sollen, so hoffte es jedenfalls die Tochter.

Stattdessen entwickelte sich ein Machtkampf, weil die Mutter nicht bereit war, aus ihrer Eltern-Ich-Position zum Kind-Ich zu regredieren.* Die Lösung wurde glücklicherweise durch eine außenstehende dritte Person angeboten. Die Mutter verharrte jedoch weiter in der Eltern-Ich-Ebene, aus der heraus sie die Tochter später ermahnte, der «Taxifahrerin» ein Trinkgeld zu geben.

Die Tochter war inzwischen aber in ihrer Erwachsenen-Ich-Haltung wieder so gefestigt, daß sie sich nicht auf einen erneuten Machtkampf einließ und die Mutter mit dem falschen Eltern-Ich-Anspruch zurechtwies. Sie begab sich vielmehr durch einen einverständlichen Blickkontakt mit der freundlichen Helferin in eine neutrale Position und ließ die Sache auf sich beruhen. Sie konnte ja auch rational einschätzen, daß die Mutter die Szene schnell wieder vergessen würde (was de facto geschah), so daß eine weitere Auseinandersetzung überflüssig war. Aber wie diese «Geschichte» ausgegangen wäre, wenn die Autofahrerin nicht dazugekommen wäre, das gab der Tochter schon zu denken. So hat sie sich später bei ähnlichen Versuchen von M., einen unreali-

* Wahrscheinlich glaubte M. auch (wie in alten Zeiten), daß ihre Eltern-Ich-Lösung die vernünftigere wäre und daß *sie* die Verantwortung nicht abgeben könne.

stischen Kind-Wunsch durchzusetzen, nicht mehr «verführen» lassen.

Die Frage, wie man solche nervenbelastenden «Szenen» vermeiden kann, knüpft an die Position des Erwachsenen-Ichs an. Da bei den Kranken vernünftige Lösungen in der Regel nicht zu erwarten sind, müssen diese von den betreuenden Personen eingebracht werden.

Läßt man das eben erwähnte Beispiel, «der Rasen als Teppich», noch einmal an sich vorbeiziehen, dann entdeckt man, daß es durchaus Möglichkeiten gegeben hätte, auf die Erwachsenen-Ebene zu kommen. Die Tochter hätte beispielsweise sagen können: «Eine gute Idee, das mit dem Teppich! Natürlich müssen wir uns jetzt ausruhen. Aber was meinst Du, wenn wir hier mal bei den Leuten fragen, ob wir uns *drinnen* bei ihnen ausruhen können? Ich möchte nicht so gern auf dem Rasen liegen, mit Ameisen womöglich, und das in der heißen Sonne!» «Drinnen» hätte die Tochter fragen können, ob sie wegen der Mutter, die soeben fast einen Kreislaufkollaps erlitten hätte, ihren Mann anrufen dürfe, damit er sie mit dem Auto hole. – Die Tochter ist so gut wie sicher, daß das möglich gewesen wäre. Sie konnte die Mutter «im Guten» eigentlich immer überzeugen. Und die Bewohner des Hauses hätten wohl kaum ihre Hilfe verweigert. So hätte das einfache Modell der drei Ich-Zustände eine Hilfe sein können, sich nicht so schnell überrumpeln zu lassen, sondern einen Augenblick einzuhalten und zu überlegen, in welchem Ich-Zustand sich der momentane Dialog oder das Geschehen abspielt. Aus der überlegenen Erwachsenen-Ich-Distanz hätte der Tochter vielleicht die bessere Lösung einfallen können.

Man könnte jetzt die Frage aufgreifen, ob das Kommunizieren mit den Puppen (siehe voriges Kapitel) nicht auch vom Erwachsenen-Ich zum Kind-Ich führe, also einer sogenannten Infantilisierung Vorschub leiste. Eigenartigerweise geben die Kranken auf diese Frage selbst eine indirekte Antwort. Das Beispiel von P. Wollschläger mit der alten Dame, die ihr Puppenspiel im Café nicht «spielen» wollte, oder das Beispiel von M., die sich nur dann auf das Spiel einließ, wenn sie sicher war, daß man es nicht als «kindisch» abqualifizierte, lassen folgende Überlegung zu: Dadurch, daß die Kranken als Eltern ihrer Puppenkinder angesprochen werden, spricht man zugleich ja auch ein (vielleicht rudimentäres?) Erwachsenen-Ich an. Die Kranken können dann gewissermaßen auf zwei Ebenen reagieren, indem sie ihre emotionalen Bedürfnisse unmittelbar über das Puppenkind abreagieren und zugleich eine gewisse Distanz aus ihrer Puppen-Eltern-Ebene behalten. Die Beobachtung einer Angehörigen, die ihrer Schwiegermutter, einer eher herben Frau, eine nackte Puppe gab und sie bat, für diese Puppe Kleidchen zu stricken, scheint diese These zu stützen. Die Schwiegermutter strickte tatsächlich etliche Sachen für das ihr anvertraute nackte Puppenkind und gewann auf diese Weise emotionalen Zugang. Sie nannte das «Kind» jetzt bei einem Namen und entwickelte auch eine zärtliche Beziehung zu ihm. Die Schwiegertochter meinte, daß man diesen Effekt bei der nüchternen Frau wohl kaum erzielt hätte, wenn man ihr von vornherein die Puppe als «Spielzeug» in den Arm gedrückt hätte. Man gibt also den Kranken die Chance, sich einerseits mit den Puppen, kleinen Schweinen, die weinen, klein oder auch böse sein «dürfen», zu identifizieren, und sich gleichzeitig in einer Art Erwachsenen- (bzw. zum Teil auch Eltern-)Ich zu distanzieren. Nicht «ich weine» oder «bin böse», sondern dieser Teddy usw. ist es.*

Eine andere wichtige Möglichkeit, das Erwachsenen-Ich in den Kranken zu wecken, ist die Botschaft: Du wirst gebraucht! Gerade diese Botschaft ist allerdings in einem Heim, wo den Kranken alles abgenommen wird und sie sich oft nicht einmal selbst versorgen können, besonders schwierig durchzuführen. Es scheint, als ob es da in der familiären häuslichen Gemeinschaft mehr Möglichkeiten gibt. Wenn M. nach Hause kam, hatte die Tochter eigentlich immer irgendwelche Aufgaben für sie. Sie bat sie beispielsweise, den Geschirr- und Besteckkorb der Spülmaschine auszuräumen. Das war eine mechanische Tätigkeit, die die Mutter im allgemeinen noch gut verrichten konnte (selbst wenn mit der Zeit die Bestecke immer mehr durcheinander gerieten).

* In Zusammenhang mit der Frage der Kind-Ebene sind die Angaben von H. Kraft (1982, 1986) bemerkenswert, daß Altersdemente – analog dem zeichnerischen Entwicklungsstadium von Kleinkindern – zu Darstellungen von «Kopffüßlern» regredieren können.

Die Tochter sagte dann auch, die Mutter würde ihr einen großen Gefallen tun und sie entlasten. Jedesmal war die Mutter dann ganz willig und erklärte ihrerseits, wie gern sie noch ein wenig nützlich sei. Sie half der Tochter auch bei kleinen Gartenarbeiten (Laub zusammenrechen o.ä.). Mit gutem Willen konnte man eigentlich immer irgend etwas entdecken, was der Mutter zumindest teilweise den Status eines Erwachsenen-Ich verleihen konnte.

Läßt sich auf der Handlungs-Ebene (wie an den eben genannten Beispielen aufgezeigt) eine Aufgabe für das Erwachsenen-Ich nicht mehr finden, dann kann auf der Kommunikations-Ebene immer noch eine ganze Menge dafür getan werden. Wenn man durch Fragestellungen, Gesten oder Mimik dem Gegenüber bedeutet, daß man es als Kind ansieht, wird das von sensiblen Altersdementen meistens wahrgenommen und mit entsprechenden Gegenreaktionen beantwortet werden. Das schon öfter zitierte Beispiel «Barbro» kann hier noch einmal genannt werden. Als Gegenbeispiel wäre etwa Frau W., die Freundin der Tochter, welche M. regelmäßig besuchte, zu nennen. Dadurch, daß sie nicht in die täglichen Auseinandersetzungen (Waschprozeduren u.ä.) einbezogen war, konnte sie ihre freundliche, das Gegenüber ernstnehmende, Zuwendung beibehalten und eine relativ gute Erwachsenen-Ich-Atmosphäre schaffen. Früher war schon auf die stabilisierende Funktion des «Lesekreises» in diesem Zusammenhang hingewiesen worden. Es empfiehlt sich daher immer, nach *unbelasteten Beziehungsmöglichkeiten* zu suchen, die an *frühere Erwachsenen-Ich-Strukturen* erinnern können.

2.7 Zusammenfassung

Kann man sich im ersten Stadium der Krankheit, vor allem in der Anfangszeit, noch der Illusion hingeben, die sich einstellenden Auffälligkeiten seien normale Alternsvorgänge, so ist das im zweiten Stadium nicht mehr möglich. Selbst an «guten Tagen», die phasenhaft auch jetzt noch auftreten, sind die Orientierungseinbußen und Gedächtnislücken, die Unfähigkeit, bestimmte alltägliche Handlungsabläufe zu vollziehen, häufig auch die Sprachstörungen oder eine sich jetzt schon ausbildende Inkontinenz so gravierend, daß sich irgendwann die Frage stellt, ob man die Kranken nicht in eine stationäre Einrichtung geben müsse. Das ist ein so eingreifendes, die Beziehung zwischen den Kranken und dem Umfeld belastendes Geschehen, daß ihm hier mehrere Kapitel gewidmet werden. Selbst wenn es möglich ist, die Kranken zu Hause zu behalten, wird sich die Heimfrage auch hier als «Streitthema» kaum umgehen lassen.

Es wird im einzelnen über neue Einbußen und die weitere Verschlechterung der Symptome berichtet. Es werden Vor- und Nachteile der Heimunterbringung abgewogen, Vor-Urteile hinterfragt, Möglichkeiten einer besseren Bewältigung der Heimübersiedelung («Übergangsobjekte») vorgestellt und die Bedeutung von «Kind-, Eltern- und Erwachsenen-Ich-Strukturen» mit ihren Alzheimer-spezifischen Kommunikationsstörungen diskutiert.

Abschließend wird hier zur besseren Übersicht eine tabellarische Zusammenstellung der wichtigsten Symptome in den drei Alzheimer-Stadien aufgeführt (modifiziert nach Haupt, 1989):

Symptome im Verlauf der Alzheimerschen Krankheit

1. Stadium

- leichte, progrediente Gedächtnisstörungen (vor allem für die Einspeicherung neuer Informationen)
- beginnende Orientierungseinbußen
- allmähliche Minderung der intellektuellen Leistungsfähigkeit
- häufig inhaltsarme, floskelhafte Redewendungen
- Absinken des Aktivitätsniveaus oder auch ziellose Unruhe
- mitunter depressive Verstimmungen oder auch jähzorniges, reizbares Verhalten (vor allem bei Überforderung)

2. Stadium

- weiter fortschreitende Gedächtnis- und Orientierungsstörungen
- zunehmende Einschränkung von Urteils- und Denkvermögen
- Wortfindungsstörungen, Paraphasien, vermindertes Sprachverständnis
- abnehmende Fähigkeit, komplexe Tätigkeiten auszuführen (Dyspraxie)

- selbständige Lebensführung nicht mehr möglich
- häufig verbindliche Freundlichkeit und Lenkbarkeit, mitunter flüchtige Trugwahrnehmungen (Halluzinationen)

3. Stadium

- Leistungsfähigkeit im kognitiven und mnestischen Bereich weitgehend aufgehoben
- häufiges Auftreten neurologischer Störungen, etwa Harn- und Stuhlinkontinenz*, Gangstörungen, völlige Immobilität

* Letztere können auch schon im 2. Stadium auftreten.

Drittes Stadium

3.1 Zwischen grauem Einerlei und manchen Überraschungen

Die Aufregungen der Umstellungssituation ließen nach. Es setzte sich das Gleichmaß der mehr oder minder grauen Alltäglichkeiten durch. M. sah für ihre Verhältnisse wohl aus, sie hatte weiterhin guten Appetit und trank auch ausreichend. Abgesehen von ihrer Demenz fehlte ihr eigentlich nichts. Die Herzbeschwerden hatten entweder nachgelassen oder die Mutter registrierte sie nicht mehr. Wenn man sie fragte, wie es ihr ginge, kam stets die Antwort «gut». Manchmal fügte sie hinzu, wozu sie denn eigentlich noch hier sein müsse? Sie sei doch jetzt gesund. Tatsächlich war das Gleichmaß der Heimordnung M. so gut bekommen, daß sie (abgesehen von Abführmitteln) keine Medikamente mehr brauchte. Die Tochter dachte manchmal darüber nach, wie unbegründet ihre Sorgen wegen der Heimeinweisung gewesen waren. Es sah keinesfalls so aus, als ob M. nach wenigen Wochen sterben müsse. Obwohl sie häufiger vom Sterben sprach und immer wieder sagte, sie wolle nicht so alt werden, hatte man den Eindruck, daß ihr Lebenswille noch ziemlich «ungebrochen» war. Mitunter sagte sie auch wörtlich, daß sie «noch nicht so weit» sei.

Um so überraschender war die Nachricht, daß M. wohl einen «kleinen Schlaganfall» gehabt haben müsse, so erfuhren es jedenfalls die Angehörigen aus dem Heim. Man fand sie morgens (es war etwa ein Jahr nach ihrer Aufnahme in das Heim) «sprachlos» in ihrem Bett. Sie konnte nur noch lallen oder «Wortsalat» hervorbringen. Es waren jedoch keine anderen Lähmungen festzustellen, und die Sprachstörung bildete sich in den nächsten Tagen wieder zurück. Unabhängig von diesem akuten Zwischenfall war der Familie allerdings schon aufgefallen, daß M.'s Beweglichkeit nachgelassen hatte. Sie war schwerfälliger beim Gehen geworden, die Schritte wurden kleiner und unsicherer, sie ging stärker vornübergebeugt (es erinnerte an einen Parkinson).* Der «jugendliche Gang», mit dem sie vor der Heimeinweisung noch viele frappiert hatte, war das nicht mehr. Aber sie klagte darüber nicht, schien es wohl auch wenig zu spüren oder darunter zu leiden.

Nach wie vor gab es dann und wann kleinere Auseinandersetzungen. Aber seitdem die Bettnachbarin, Frau A., nicht mehr in M.'s Zimmer wohnte, war M. deutlich ruhiger geworden. Die neue Bettnachbarin, Frau B., war ebenfalls ein ruhiger Mensch. Sie war geistig meist klar, aber wegen eines Schlaganfalls vor allem körperlich behindert. Sie konnte sich erstaunlich gut und geduldig auf M. einstellen. Beide waren durchweg freundlich zueinander. M. «hörte» auch auf Frau B., wenn diese sie z.B. um etwas bat. (Das war wichtig, weil M., die noch gehen konnte, etwas Sinnvolles für Frau B. tat, wenn sie ihr etwas holte o.ä.) Die Tochter nahm diese Zeit der Entspannung dankbar wahr, nach «aufregenden Ereignissen» sehnte sie sich jedenfalls wenig. Dann schon lieber «graues Einerlei»! Und doch geschahen noch «kleine Wunder» ...

Als die Tochter einmal neben der Mutter in einer der Heim-Nischen saß, sagte M. plötzlich: «Wie schön das aussieht, wie die kamelgelben Handtücher an der Wand entlangziehen ...» Dabei sah sie auf eine Wand, an der es für die Tochter nichts zu sehen gab, nicht einmal ein Bild. Die Poesie des gut formulierten Satzes erstaunte die Tochter ebenso, wie die halluzinatorische Phantasie der Handtücherkarawane. Denn meistens brachte die Mutter jetzt nur noch kurze und großenteils unvollständige Sätze zustande, die sich um alltägliche Verrichtungen und Dinge drehten.

Noch mehr überraschte M. jedoch die Familie, als sie wieder einmal nach Hause geholt worden war und scheinbar geistesabwesend ins Leere starrte. Der Schwiegersohn zitierte aus irgendeinem Grund etwas aus Goethes Faust. Da unterbrach ihn M. und setzte das Zitat fort:

«... würd' ich zum Augenblicke sagen:
Verweile doch! Du bist so schön!
Dann magst Du mich in Fesseln schlagen ...
... Dann würd' ich mich gern umbringen!»
(statt: «Dann will ich gern zugrunde gehn!»)

* Dazu paßte auch das kleiner werdende und weniger flüssige Schriftbild (s. Abb. 1).

Der Schwiegersohn und die Tochter wußten nicht, worüber sie sich am meisten wundern sollten, über den perfekten ersten Teil oder den verblüffenden «selbstgedichteten» Schluß, der in der Originalform offenbar nicht mehr aus dem Gedächtnis abzurufen war. Übrigens hat M. diese Passagen früher nie zitiert, sie gehörten nicht «zum täglichen Gebrauch». M. zitierte selten etwas.

Danach erinnerte sich die Familie an eine ähnliche Begebenheit, bei der M. vor einem halben Jahr ebenfalls eine erstaunliche Reminiszenz zutage gefördert hatte. Sie war für eine kurze Zeit allein im Musikzimmer, in dem ein Flügel steht. Während die Tochter irgend etwas in der Küche erledigte, hörte sie plötzlich, wie jemand leise aber völlig richtig den «Flohwalzer» spielte. Da die Klavierspieler der Familie (Vater und Sohn) sich woanders aufhielten, ging die Tochter ins Musikzimmer, um zu erkunden, wer hier wohl gespielt haben könnte. Zu ihrer Überraschung endeckte sie M. völlig versunken vor dem Flügel, auf dem gerade der letzte Ton verklang. Die Tochter, die ihre Mutter nie am Klavier gesehen oder gar gehört hatte, fragte erstaunt: «Seit wann spielst du denn den Flohwalzer?» M.: «Schon immer!» Die Tochter bat sie, ihn noch einmal zu spielen. Sie wollte ihren Mann dazu holen. Da schien M. aus einem Traum zu erwachen. Aber es war ihr unmöglich, das Stück noch einmal zu spielen. Sie schien es nicht mehr zu wissen, daß sie eben noch die Tasten bewegt hatte. Eine Erklärung darüber, wann und wie sie den Flohwalzer gelernt haben könnte, war nicht zu erhalten. Der Erinnerungsfaden war gerissen – es war wie ein Spuk gewesen.

Wunderten sich die Angehörigen in diesem Fall über eine unerwartete musikalische Erinnerungsinsel, so registrierten sie auf der anderen Seite, daß M. da, wo sie erwartungsgemäß auf Musikerinnerungen hätte ansprechen können, kaum noch oder wenn, dann nur kurzfristig reagierte. Während ihrer Zeit als Kirchenchorsängerin waren es vor allem Bachs Oratorien, die sie immer wieder in Bann zogen. Sie konnte sich mühelos vier Stunden lang die Matthäuspassion anhören und blieb bis zum Schluß konzentriert dabei. Die Kinder nahmen sie daher zu solchen Aufführungen noch öfter mit, weil sie an Altvertrautes anknüpften und zu hoffen war, daß man M. damit eine Freude machen könnte. Aber das erwies sich von Mal zu Mal als schwieriger. M. wurde unruhig, sah sich die Zuhörer rundum an, bis auch dies Interesse erlahmte und sie nur noch «nach Hause wollte». Umgekehrt konnten in einer Ausstellung von einem bekannten Maler, den M. aus ihrer Studienzeit persönlich kannte, noch einmal alte Gedächtnisspuren belebt werden. Zunächst reagierte M. zwar weder auf den Namen noch auf die ersten Bilder. Sie lief an ihnen vorbei, als wenn es sie gar nicht gäbe. Dann fiel ihr Blick auf ein farbintensives Portrait. Sie blieb plötzlich stehen, sah es lange und wortlos an. Und nun erinnerte sie sich offensichtlich an die weit zurückliegende Epoche ihres Lebens. Der Name des Künstlers fiel ihr zwar nach wie vor nicht ein. Aber sie ging sichtlich bewegt und interessiert noch einmal zu den Bildern zurück, an denen sie schon vorbeigelaufen war. Sie studierte sie jetzt intensiv und gab auch zum Teil treffende Kommentare ab. Als sie einen bekannten Herrn unerwartet in der Ausstellung traf, redete sie ihn mit «Sie» und dem richtigen Namen an – ein Zeichen, daß sie ungewöhnlich konzentriert gewesen sein muß.

Auf dem Rückweg im Auto, als noch einmal von der Ausstellung die Rede war, schien es jedoch, als wäre M. wieder ganz weit weg. Sie beteiligte sich auch nicht an dem Gespräch. Der graue Alltag hatte sie vermutlich wieder in den Nebel der Erinnerungslosigkeit eingehüllt.

Kommentar: Verlaufsformen, Verständliches und weniger Verständliches beim «Morbus Alzheimer»

Zunächst sei hier vorweggenommen, daß es eigentlich zwei Formen der Alzheimer-Demenz gibt, die präsenile (die schon im fünften bis sechsten Lebensjahrzehnt auftreten kann) und die senile, die sich erst im hohen Alter einzustellen pflegt. Alzheimer hatte seinerzeit die präsenile Form beschrieben, die rascher verläuft, sich aber weitgehend mit dem deckt, was man heute über die senile Demenz erforscht hat.

Unter den chronischen Demenzformen ist die Alzheimer-Krankheit mit rund 50 Prozent die häufigste. Nach ihr rangiert mit bis zu 20 Prozent die sogenannte Multi-Infarkt-Demenz. Es gibt auch Kombinationsformen – wohl im Falle von M. – (10 bis 18 Prozent). Auf die restlichen sekundären, meist akut einsetzenden Demenzformen mit unterschiedlicher Genese (degenerative, Stoffwechsel-, Schilddrüsen-, toxisch bedingte Erkrankungen, sowie raumfordernde Prozesse) soll hier nicht näher eingegangen werden (Zimmer, 1989).

Der bisher geschilderte Verlauf der Erkrankung bei M. wies die charakteristischen Symptome der Alzheimer Krankheit auf: Die schleichend beginnenden Gedächtnisstörungen, die sprachlichen Ausfälle (die anfänglich allerdings bei M. relativ gering waren), die kognitiven und halluzinatorischen Fehleinschätzungen, die Dyspraxie, die zunehmenden zeitlichen und räumlichen Orientierungsverluste, Inkontinenz, in letzter Zeit auch parkinsonähnliche Gangstörungen – das alles bei relativ gut erhaltenen sozialen Umgangsformen und Persönlichkeitseigenschaften – kann als Alzheimer-Verlaufsgeschichte angesehen werden, wenn nicht andere Befunde dagegen sprechen.

Bei der Multi-Infarkt-Demenz treten wiederholt kleine, oft ganz oder teilweise reversible Gefäßverschlüsse auf. Die dadurch bedingten Ausfälle sind also Folge einer Zirkulationsstörung. Bei der Alzheimer Erkrankung, die vor allem die Großhirnrinde im seitlichen Hinterkopf- und Schläfenbereich, aber auch stammesgeschichtlich ältere Bereiche betrifft, handelt es sich hingegen um einen degenerativen Abbau von Nervenzellen, deren abgestorbene Reste sich anatomisch als «senile Plaques» und spiralige Fasern, sogenannte Alzheimer-Fibrillen nachweisen lassen. Dieser «harte Kern» der Erkrankung mit den anatomisch bedingten Ausfällen wird sekundär von psychischen Reaktionen überlagert. Da die Kranken in der Regel ihre Defizite – zumindest temporär und ausschnitthaft – bewußt registrieren, leiden sie nicht nur darunter, es entwickeln sich darüber hinaus «verständliche Depressionen und Angst, aber auch Verleugnung, Regression, selten aggressive Verhaltensweisen» (Lauter, 1989).

Die durch die Funktionsausfälle hilflos gewordenen Kranken und ihre eben genannten Reaktionen provozieren in einem ständigen Rückkoppelungsprozeß die schon erwähnten Kommunikationsprobleme. Ein solcher Kreislauf von primären und sekundären Prozessen scheint verständlich und nachvollziehbar. Was jedoch schwer verständlich bleibt, sind die zum Teil erheblichen Schwankungen des Verhaltens. In diesem Kapitel sind überdies Vorkommnisse erwähnt, die sich eigentlich nicht mit den oben genannten Fakten in Einklang bringen lassen: Der phantasiereiche Satz mit den «kamelfarbenen Handtüchern», der «Flohwalzer», aber auch der «Besuch in der Ausstellung». Letzterer ist vielleicht noch am ehesten zu verstehen, weil hier offensichtlich etwas aufgerührt wurde, was die Mutter einmal intensiv beschäftigt hatte. Man kann es wohl als ein Stimulans ansehen, das ihr die Kraft verlieh, sich für einen gewissen Zeitraum intensiv zu konzentrieren. Man weiß ja auch aus der «normalen» Psychologie, daß eine hohe Motivation die Leistungen steigern kann und daß umgekehrt eine geringe Motivation leistungsblockierend wirkt.

Die Flohwalzergeschichte fällt hingegen ganz aus dem Rahmen. Die Tochter hatte nie erlebt, daß die Mutter Klavier spielte. M. hatte zwar eine Geige, auf der sie manchmal spielte. Die Geigenstunden hatte sie als junge Frau aus eigenem Entschluß genommen. Als Kind hat sie angeblich aber kein Instrument gespielt. Es kann nur vermutet werden, daß ihr der Flohwalzer von jemandem beigebracht wurde, als sie noch ein Kind war. Das gab und gibt es unter Kindern öfter, daß sie sich dieses Stück ohne Noten und Klavierstunden zu eigen machen und dann als «Renommierstück» benutzen. Die Mutter dürfte das Stück später mehr oder minder vergessen haben. Als sie – zu einer Zeit, die vor ihrer Erkrankung lag – einmal von den Enkelkindern gefragt wurde ob sie Klavier spielen könne, entgegnete sie jedenfalls eindeutig «nein». Das war der Tochter noch in Erinnerung.

Der Neuropsychologe O. Sacks schreibt in seinem Buch «Der Mann, der seine Frau mit einem Hut verwechselte» (1987), daß das Lieblingswort der Neurologen «Ausfälle» (Defizite) heiße. Er weist in dem Buch aber darauf hin, daß es umgekehrt (also durch organische Ausfälle!) auch zur *Aktivierung* beispielsweise «musikalischer Gedächtnisspuren in der Hirnrinde» kommen könne. Sacks schildert u.a. dezidiert den Fall einer 88jährigen Dame, bei der eine kleine Thrombose oder ein Infarkt im Bereich des rechten Schläfenlappens das Erklingen von Liedern ausgelöst hatte. Er spricht von einer «musikalischen Epilepsie», da sich das Erklingen der Liedfetzen später mit einer erhöhten pathologischen Aktivität der Hirnströme im EEG in Zusammenhang bringen ließ.

Diese Form der «Epilepsie» ist wohl nicht identisch mit der Reproduktion des Flohwalzers – den M. seltsamerweise auch mit ihren Händen auf dem Flügel «konkretisieren» konnte (und das mit ihrer Dyspraxie!). Vielleicht handelt es sich aber um einen ähnlichen Vorgang, der sich dann wohl auch im Schläfenlappen lokalisieren lassen müßte (der «musikalischen Ecke» des Gehirns)? Was sich letztlich dabei abgespielt hat – es wird eines von M.'s nicht lösbaren Geheimnissen bleiben. Was die anderen «Geheimnisse» anbetrifft, so würde M. – wenn sie alle Sinne bzw. den nüchternen Verstand noch beisammen gehabt hätte – mit Sicherheit die «surrealistische» Betrachtung der kamelfarbenen Handtücher nicht zustande gebracht haben. Vermutlich wäre auch der Goethezusatz in gesundem Zustand M.'s kritischer Zensur geopfert worden. Goethe so banal zu ergänzen, das hätte ihr Respekt vor dem Dichter wohl kaum zugelassen.

Wie es kam, daß ihr überhaupt diese Verszeilen (noch, wieder?) einfielen, das läßt sich vielleicht am ehesten mit dem Ablauf einer Assoziationskette erklären. Das heißt, der vorher zitierte Anfang geriet möglicherweise zum Erinnerungsfunken, der die folgenden Verszeilen auslöste, bis M. «den Faden verlor». Vielleicht wurden durch den Abbau späterer, darüberliegender Informationen – wie in einem archäologischen Grab – die früher geschichteten Depots freigelegt: Das «Faust»-Stück, das sie sicher in ihrer Jugend einmal gelernt hatte und der Flohwalzer als ein lange vergessenes Kindheitsrelikt?

3.2 «Bleischuhe» und «Saugnäpfe»

Kein Zweifel, es ging weiter abwärts mit M. Seit Wochen verschlechterte sich ihr Gehvermögen. Die Schritte wurden immer kleiner. Manchmal «hakte» es direkt beim Gehen, und sie mußte stehen bleiben. Sie ging wie eine alte, krumme Frau, mehr oder minder «schlürfend» über den Flur der Station. Sie neigte mehr denn je zum Hinfallen. Einmal war sie gerade noch an einem Schenkelhalsbruch vorbeigekommen. Ihre Sprache wurde immer undeutlicher. Manchmal hatte sie große Mühe, die richtigen Worte zu finden und noch größere Mühe, sie dann zu artikulieren. Es kam vor, daß die Tochter sie nicht mehr richtig verstand. Die Unterhaltung verlief daher meist sehr einsilbig. In der Regel erzählte die Tochter etwas, und die Mutter sagte «ach, nein» oder «ja» dazu, manchmal auch gar nichts.

Eines Tages, als die Tochter zu Besuch kam, fand sie die Mutter nicht in ihrem Zimmer am Fensterplatz. Sie saß auf dem Flur in einem großen Lehnstuhl an der Wand. Vor ihrem Bauch war ein Tischbrett so verankert, daß M. es nicht beiseite schieben konnte (siehe auch P. Wollschlägers Bericht). Sie konnte also nicht mehr aufstehen und frei umhergehen, sondern sie war durch das Brett an ihren großen Lehnstuhl «gefesselt». Rechts und links neben ihr saßen einige andere Kranke der Station, die meisten schon seit langem so. Dieser Teil des erweiterten Flurendes war eine Art Gemeinschaftsraum. Dort wurden auch die Mahlzeiten eingenommen. Dort stand der Fernseher, und der Kanarienvogel hatte hier ebenfalls seinen Platz. Es waren die Kranken, die sehr verwirrt waren und auch sonst weitgehend «abgebaut» hatten, die in diesen Lehnstühlen saßen. Sie konnten auf diese Weise am Stationsgeschehen teilnehmen, konnten aber auch vor sich hin «dösen». Die Schwestern hatten sie auf jeden Fall vom Stationszimmer aus immer im Blick. So waren sie ständig unter Aufsicht. Sicher war es eine sehr praktische Lösung.

Die Tochter hatte immer eine gewisse Scheu gehabt, diese «Ärmsten der Armen» (Heimbewohner) wahrzunehmen. Es schien ihr so, als hätten sie jegliche Intimität aufgeben müssen. Sie konnten sich nie zurückziehen, nie für sich sein. Die meisten hatten eine hochgradige Inkontinenz, so daß sie ständig Vorlagen tragen mußten. Manche meldeten sich gelegentlich trotzdem, wenn sie zur Toilette wollten. Das blieb zum Teil aber ungehört, und so verrichteten sie ihre «Notdurft» wohl mehr oder minder «notgedrungen» in ihre «Windeln». Das Essen wurde ihnen auf das Tischbrett gestellt. Die meisten mußten gefüttert werden. So hatten sie keine Möglichkeiten mehr für eigene Initiativen.

Und hier war M. nun auch «gelandet». Es traf die Tochter tiefer, als sie erwartet hatte. Natürlich war es bei der Progredienz des Krankheitsgeschens abzusehen, daß es für M. eines Tages so weit kommen würde. Aber als es so weit war, überraschte es die Tochter doch. Sie war nicht gefragt oder über die Entscheidung vorher unterrichtet worden. Sie hatte ja auch nicht mehr die Verantwortung für das leibliche Wohl der Mutter, das war nicht zu bestreiten. Und das Pflegepersonal hatte viel größere Erfahrung, um zu erkennen, wann dieser Schritt unumgänglich sei. Man wollte verhindern, daß die Mutter bei einem erneuten Sturz zu Schaden käme. Sie wäre jetzt unberechenbar geworden, da könnte man der Aufsichtspflicht nur noch auf diese Weise nachkommen. Die Tochter sah keine Alternative. Es konnte ja nicht ständig jemand die Mutter festhalten. Sie erfuhr später zu ihrer Erleichterung daß auch Menschen, die ihre verwirrten Angehörigen zu Hause rund um die Uhr betreuten, zeitweise keine andereLösung sahen, als die Kranken beispielsweise mit Schürzenbändern an einen feststehenden Stuhl zu binden.

Aber wie mochte M. diesen unumgänglichen «Abstieg» verarbeitet haben? Sie konnte ja nicht mehr darüber sprechen. Man konnte nur Vermutungen anstellen. Manchmal schien sie ganz zufrieden. Sie hatte sich dann zurückgelehnt und sah dem Stationstreiben zu. Was im Fernsehen ablief, schien sie hingegen kaum noch zu erreichen. Wenn die Tochter sie auf etwas ansprach, sah sie oft woanders hin oder sie sagte gleichgültig «nett». Dann gab es auch jetzt Tage, an denen sie sehr unruhig war. Sie versuchte, mit ihren unzureichenden Kräften, das Tischbrett wegzuschieben und wollte aufstehen. Ein bestimmtes Ziel schien sie jedoch nicht zu haben. Es war wohl nur der unbestimmte Wunsch, noch einmal über sich selbst verfügen zu können. Manchmal äußerte sie aber doch klar, daß sie ein bißchen spazieren gehen wollte. Dann unternahm eine der Schwestern (sofern sie Zeit hatten) oder die Tochter (sofern sie gerade dort war) mit M. einen kleinen Rundgang über die Station. Mehr war in der Regel nicht möglich. Die Familie holte sie auch nicht mehr im Auto nach Hause. M. war so steif und ungelenkig geworden, daß sie das Ein- und Aussteigen kaum noch schaffte. War sie früher ausgesprochen gern mit dem Auto gefahren, so drängte sie jetzt gar nicht mehr danach. Sie spürte wohl selbst, daß das zu beschwerlich war. Nun wäre es sinnvoll gewesen, ihren «Kinderwunsch» zu erfüllen und sie mit dem Rollstuhl auszufahren. Aber seltsamerweise hatte sie auch dazu keinen Hang mehr. Und so blieb sie mehr und mehr auf den engen Aktionsradius des Lehnstuhles beschränkt.

Die Schwestern hatten diesen eines Tages aber auf einen Extraplatz geschoben, dicht bei der Balkontür, so daß M. auch etwas nach draußen sehen konnte. Hier war sie ein wenig mehr für sich, was die Tochter ausgesprochen entlastend empfand. Sie konnte jetzt wieder ungestörter neben der Mutter sitzen und mit ihr sprechen, als wenn die Mutter mitten zwischen den anderen an der Wand saß. Ob das der Grund gewesen war, weshalb sie einen «Extraplatz» bekommen hatte oder ihr manchmal doch recht «unsoziales» Verhalten, das war der Tochter nicht so klar. Die Mutter hatte sich inzwischen nämlich angewöhnt, Essensreste, die sie nicht mehr «herunterbekam», einfach auszuspucken, ganz egal, wo diese dann landeten ... Wie weit M. am Stationsgeschehen von hier aus noch teilnahm, war schlecht zu beurteilen. Oft ertappte die Tochter sie dabei, wie sie stereotype Bewegungen auf dem Brett vor ihrem Bauch ausführte. Sie faltete z.B. die Serviette immer wieder in einer bestimmten Weise zusammen und auseinander. Sie strich mit der Hand hin und her über das Brett, all solche Dinge, die sie früher nicht getan hatte. Die Monotonie dieses Daseins hatte oft etwas Bedrückendes für die Tochter.

Nur selten kamen noch überraschende «Gedankenblitze», und doch hatte M. manchmal auch jetzt noch (relativ) gute Tage, an denen die Schwestern das Tischbrett nicht vor ihrem Bauch befestigten. Einmal stand M. in dieser Zeit sinnend vor der großen Glastür, die zur Station führte und las die Aufschrift «Drücken». Plötzlich schien etwas «gefunkt» zu haben, und sie rief den anderen im Flur zu: «Kinder, wohnt hier ein Dr. Ücken?» Ein anderes Mal kümmerte sich der Enkel um sie und fuhr mit ihr den Fahrstuhl herunter. Da meinte sie: «Bist Du sicher, daß der bis Kiel durchfährt?» Wie kam sie ausgerechnet auf Kiel, wo sie nie gewohnt hatte? Und wie kam es, daß sie das Wort «Drücken» plötzlich lesen konnte, wenn auch «zerstückelt»?

An einem anderen Tag, als die Tochter die Mutter wieder einmal auf ihrem Lehnstuhl besuchte und neben ihr auf einem «normalen» Lehnstuhl saß, geschah etwas, was die Tochter in dieser Krankheitsphase nicht mehr erwartet hatte. Die Mutter hielt zunächst scheinbar ein «Nickerchen» und schien von der Umwelt nichts mehr mitzubekommen. Die Tochter saß traurig und etwas in Gedanken verloren daneben. Sie achtete nicht auf die anderen Menschen. Plötzlich schreckte sie jedoch auf, weil ein verwirrter Mann auf sie zusteuerte. Er sah sie und auch die Station finster an und schimpfte laut vor sich hin. «Verbrecherbande hier, einsperren ...» u.ä. konnte die Tochter vernehmen. Der Mann kam immer näher, hielt jetzt auch die Faust geballt, so daß es der Tochter regelrecht ungemütlich wurde. Sie zog sich auf ihrem Stuhl so weit es ging zurück, weil sie nach vorn nicht mehr ausweichen konnte. Sie überlegte, was sie tun könnte, wenn der Mann tätlich würde. Plötzlich öffnete M. ihre Augen. Mit einem Blick hatte sie offenbar die Szene, auch die relativ hilflose Lage der Tochter erfaßt. Und dann hielt sie dem zornigen Mann ihre offene Hand freundlich, zugleich souverän-lächelnd entgegen und sagte: «Auf Wiedersehen!» Der Mann war so verblüfft, daß er gleichfalls «Auf Wiedersehen» sagte und – wie ein Kavalier alter Schule – M.'s Hand ergriff, um einen etwas verunglückten Handkuß anzubringen. Dann lächelte auch er und zog sich zurück. Er winkte nochmals «auf Wiedersehen», und M. sagte zu ihrer Tochter nicht ohne Würde: «So macht man das!»

Wenige Tage später traf die Tochter ihre Mutter nicht auf dem Lehnstuhl, sondern im Bett an. M. hatte etwas Fieber, eine Art Grippe, und sie durfte im Bett bleiben. Das genoß sie in dieser Zeit sehr. Hier hatte sie wohl am ehesten ein Geborgenheitsgefühl. So war sie also friedlich gestimmt, zugleich aber auch wehmütig. Sie sprach – so weit sie das noch ausdrücken konnte – über den Tod und meinte, wenn, dann würde sie wohl eher dahin (sie zeigte nach unten) kommen, als «nach oben». Die Tochter meinte, das glaube sie nicht. Aber die Mutter blieb traurig. Als die Tochter gehen wollte, meinte M.: «Bleib doch hier ... hier, bei mir im Bett.» Sie lüftete einladend die Bettdecke. Die Tochter blieb noch eine Weile neben ihr sitzen und hielt die Hand der Mutter. Plötzlich wurde M. unruhig: «Mußt du nicht nach Hause? Du hast ja immer so viel zu tun.» Und nach einer längeren Pause: «Schlafen kann jeder nur für sich allein.»

Was die Mutter mit dem Wort «Schlafen» gemeint haben könne, ging es der Tochter durch den Sinn. Ob sie auch an den ewigen Schlaf gedacht hatte? Sie hatte ja kurz vorher noch in ihrer jetzt so unbeholfenen Art über das Jenseits gesprochen, über Vorstellungen von «Himmel und Hölle», wie es ihre Gesten auszudrücken schienen. Ihre Bitte, daß die Tochter zu ihr ins Bett kommen, also ganz unmittelbar neben ihr liegen solle, entsprach im übrigen einer anderen Vorstellung, mit der sie sich jetzt manchmal befaßte. Früher hatte sie sich für eine Feuerbestattung ausgesprochen, jetzt äußerte sie wiederholt, sie wolle lieber begraben werden, und die Tochter sowie der Schwiegersohn sollten später neben ihr liegen «dann bin ich nicht mehr so allein ...» Es war offensichtlich eine trostreiche Vorstellung, die M. half, die Angst vor dem Unbekannten zu mindern.

Solche Gespräche machten der Tochter den Abschied von der Mutter schwer. Viel von der letzten Einsamkeit erlebte die Mutter wohl jetzt schon in ihrer immer kontaktärmeren Situation. Es war ja nicht mehr zu vermeiden, daß sie häufig mit ihren Gedanken alleine war, sei es in ihrem relativ isoliert stehenden Lehnstuhl oder im Bett. Frau W. (die sie nach wie vor regelmäßig besuchte) und die Tochter samt ihrer Familie – manchmal, wenn sie Zeit fanden, auch die eine oder die andere der Schwestern – versuchten zwar auf das einzugehen, was M. nun zunehmend zu beschäftigen schien. Aber M. konnte ihre Gedanken oft nur so vage und verschlüsselt äußern, daß es schwierig war, darauf die rechten Antworten zu finden. Es war aber gerade eine der Idealvorstellungen der Tochter gewesen, sich solchen Fragen zu stellen, die Mutter, so lange es ging, in ihren Nöten zu begleiten. Und nun konnte sie meist gar nichts anderes tun, als schweigend neben ihr zu sitzen, ihre Hand zu halten und auch das oft viel zu kurz; fast immer gehetzt zwischen allen möglichen Terminen.

Die Tochter empfand wieder vermehrt Schuldgefühle. Wenn sie sich in der ersten Zeit des Heimaufenthaltes von der Mutter verabschieden mußte, wußte sie, daß der Stationsbetrieb die Mutter ablenken würde, daß sie – wie konfliktreich es auch immer zugehen mochte – in dieser neuen Welt jedenfalls nicht allein war. Die Tochter wußte auch, daß die Mutter noch lachen und sich über etwas freuen konnte. Wenn sie jetzt aufbrach, spürte die Tochter, daß sie oft eine große Leere hinterließ. Die Mutter hing zwar eigenen Gedanken nach, sie versank dabei immer mehr in ihrer früheren Welt. Sie sprach z.B. von ihrem (toten) Bruder, als wenn er noch am Leben sei. Sie nannte Namen – offenbar aus der Kinder- und Jugendzeit – von denen die Tochter nie etwas gehört hatte. Es war also nicht trostlos. Und doch spürte die Tochter, wenn sie fortging, wie eine Art von imaginären «Saugnäpfen» sie zurückzuhalten schienen. «Bleib doch noch ...» Wenn M.'s Mund das auch oft nicht mehr sagen konnte, ihre Augen sagten es umso eindringlicher.

Umgekehrt schien es der Tochter manchmal, als trüge sie «Bleischuhe», wenn sie den Weg bergauf zum Heim ging und ihr das Gehen immer schwerer fiel. Was würde sie heute vorfinden, wie konnte sie M. überhaupt noch beistehen? Manchmal hätte sie ihre Bleischuhe am liebsten unterwegs stehenlassen und wäre wieder umgekehrt.

Aber da hatten schon die Saugnäpfe zu wirken begonnen: Sie wollte und mußte mit der Mutter diesen langen Abschiedsweg gemeinsam bewältigen, so gut es eben ging.

Kommentar: Können Demente noch über Gegenwart und Zukunft nachdenken? Und was bedeutet das für das Umfeld?

Dieses Kapitel könnte vielleicht Erstaunen auslösen. Schwere Demenz: Das Wort weckt Assoziationen wie totale Verwirrtheit, nicht mehr denken, sich nicht mehr orientieren können, völlige Hilflosigkeit in Alltagsabläufen, nichts mehr mitbekommen und dergleichen. Auch die Tochter hatte das früher so pauschal geglaubt.

Die Beobachtungen auf der Station haben sie eines anderen belehrt. Läßt man sich auf eine Art Analyse der Situation im 3. Stadium ein, so ist zu registrieren, daß neue defizitäre Erscheinungen das Aktionsfeld der Kranken zwar noch einmal gravierend einschränken. Die parkinsonähnlichen Gangstörungen mit der ausgeprägten Neigung zum Hinfallen veranlassen die Umgebung unwillkürlich (das gilt für die stationäre wie auch die ambulante Betreuung), die Kranken noch mehr einzuengen, indem man sie an Stühle, ans Bett o.ä. fesselt. Man hält sie dort unter Kontrolle, damit sie nicht unberechenbare Dinge tun, einschließlich einer Selbstverletzung, z.B. durch einen Sturz. Die zunehmende Sprachstörung blockiert die Kommunikationsabläufe so, daß mitunter kaum noch ein verbaler Austausch «gepflegt» werden kann. M., mit ihrem großen Mitteilungsbedürfnis, versuchte das trotz aller Schwierigkeiten fortzusetzen. Aber wer jetzt keine Zeit oder Geduld hatte, der hörte ihr gar nicht mehr richtig zu. Das wiederum führte dazu, daß auch sie zunehmend verstummte.

Es war ein ständiger defensiver Rückkoppelungsprozeß: Man konnte mit M. nichts Sinnvolles mehr anfangen, man mußte vielmehr ständig befürchten, daß sie mit sinnlosen Einfällen, mit ihrer Unbeholfenheit alles oder vieles durcheinander brachte. Also wurde sie restriktiv so «gehalten», daß man einigermaßen sicher sein konnte, daß nichts Unvorhersehbares passierte. Der Rückzug galt in ähnlicher Weise für die verbalen Kommunikationsbrücken. So saß M. auf ihrem Lehnstuhl ziemlich isoliert von den

Übrigen und war mehr oder minder auf sich selbst angewiesen. Bei den stereotypen Bewegungen der Hände konnte es manchmal so aussehen, als wollte M. eine imaginäre Decke (wenn sie keine Serviette hatte, mit der sie das dann vollzog) glätten. Sie klopfte auch – sehr leise übrigens – rhythmisch auf ihre Tischplatte oder sie versuchte, durch rhythmische Bewegungen mit dem Oberkörper anscheinend irgend etwas «in Gang zu halten», manchmal waren es nur wiederholte und vergebliche Versuche, sich aufzurichten, um aufzustehen. Oft befand sie sich in mehr oder minder gekrümmter, halb-liegender Stellung mit geschlossenen Augen in ihrem Stuhl, so als wollte sie sich von der Außenwelt abkapseln. Die Tochter glaubte zunächst, daß sie dann schliefe. Sie merkte aber häufiger, daß die Mutter in Wirklichkeit wach war und nur «abgeschaltet» hatte.

Der eindruckvollste Beleg für eine solche immer noch latente Wachheit war die «Bedrohung der Tochter», wie hier die Geschichte mit dem verwirrten Heimbewohner genannt werden soll. Als der Mann plötzlich auf die neben M. sitzende Tochter zusteuerte, merkte diese – bis dahin in Gedanken verloren – das relativ spät. Die Mutter, die wieder einmal die Augen «zu» hatte und wie schlafend aussah, merkte es noch später. Es schien, als sei sie überhaupt erst durch die Irritiertheit der Tochter aufmerksam geworden. Ihre in dieser Krankheitsphase ungewöhnliche und erstaunliche «Geistesgegenwart» mochte vielleicht durch das spezifische Reizmuster «Tochter in Gefahr» ausgelöst worden sein. Es war ja eine alte, recht lange Beziehungskollusion («Tochter träumt, Mutter muß aufpassen»), welche hier reaktiviert wurde und vielleicht deshalb auch so schnell und gut (wieder) funktionierte. Hier kehrte sich noch einmal das Mutter-Kind-Verhältnis um: Die Mutter hatte auf der Erwachsenen-Ich (und Eltern-Ich-)Ebene adäquat auf das geistesabwesende «Kind»-Verhalten der Tochter reagierte. Situationsgerechtes Handeln ist also auch bei fortgeschrittener Altersdemenz in Ausnahmefällen möglich.

Die Frage, ob die Stereotypien (wie man sie auch bei anderen Hirngeschädigten beobachten kann) und M.'s neue Angewohnheit, Speisereste einfach in die Gegend zu spucken, Folgen eines Abbaus von Hirnsubstanz waren oder ob es sich um reaktive, «primitivere» Verhaltensweisen handelte als Antwort auf die soziale Deprivation, diese Frage läßt sich nicht eindeutig beantworten, vielleicht überlagert sich beides? Kurz (1988) spricht in diesem Zusammenhang von «Enthemmung des Sozialverhaltens», subsumiert es aber wohl in erster Linie dem anatomischen Substanzabbau.

In einer anderen, der «Bettsituation», wiederholte sich eine unmittelbare Sequenz von Regression und Progression anläßlich eines Besuches der Tochter. Zunächst verhielt sich die Mutter ausgesprochen regressiv, als sie die Tochter bat, sich neben sie ins Bett zu legen. Aus den vorangegangenen Gesprächsrudimenten konnte man annehmen, daß sich die Mutter mit Todesgedanken auseinandersetzte und daß ihr daher die unmittelbare Nähe zur Tochter trostreich war. Als die Tochter eine Weile bei ihr gesessen hatte, konnte M. sich wieder lösen und in eine «vernünftige» Haltung gelangen. Sie sprach jetzt auf der Erwachsenen-Ich-Ebene, indem sie die Tochter an die Realität (zu wenig Zeit haben) erinnerte und dann einen Satz hinzufügte, der nicht nur von akzeptiertem Verzicht, sondern von einer allgemeinen «Lebensweisheit» zeugte. («Schlafen kann jeder nur für sich» ...)

Natürlich blieb M.'s Verhalten nicht ohne Einfluß auf die Umgebung. An den wenigen Tagen, an denen es ihr noch (oder wieder einmal) relativ gut ging und sie sich einigermaßen geordnet verhielt, hatten die Schwestern sie nicht an den Stuhl gefesselt. Dann nahm sie sogar bis zu einem gewissen Grad wieder am Stationsleben teil. Das war für die Tochter immer entlastend. Sie pflegte sich dann mit der Mutter in einen stillen Winkel zurückzuziehen, wo man ungestörter miteinander reden oder schweigen konnte. Die Lehnstuhlposition mit dem Brett vor dem Bauch, in welcher sich die Mutter mehr oder minder ständig in einer Beobachtungssituation befand, schränkte natürlich auch die Tochter ein. Ständig war jemand da, der zuhören oder -sehen konnte. Selbst wenn es nichts zu verbergen gab – welche «Geheimnisse» hätte M. jetzt noch bereden können? – so war es doch eine gezwungene Atmospähre, die das Gespräch noch einsilbiger werden ließ. M. monologisierte oft vor sich hin, und die Tochter fragte sich manchmal, wer und welche Situation sich hinter den ihr fremden Namen verbergen könnte. M. um «Aufklärung» zu bitten, war sinnlos. Entweder hörte sie sofort – als wenn sie sich ertappt fühlte – mit ihren Selbstgesprächen auf, oder sie setzte den Monolog ohne Erklärungen fort. Die Tochter fühlte sich dabei nicht selten überflüssig und empfand diese Situation als quälend. Einen Einfluß auf die Entscheidung des Personals hatte sie ebenfalls kaum. Sie wollte sich auch nicht einmischen, weil sie spürte, daß mögliche Mißverständnisse oder Spannungen sich letztlich belastend für die Mutter hätten auswirken können. (Siehe Seite 103: Das Beispiel des Sohnes der verwirrten Mutter.)

Wenn die Mutter dann auch noch an der Tochter vorbeiredete, kam diese nicht selten auf den Gedanken: «Es wäre besser gewesen, wenn ich nicht gekommen wäre.» Und sie verstand, warum in diesem Stadium viele Angehörige die Besuche meiden. Nicht wenige berichten auch über das Problem, daß die Kranken ihnen ständig Vorwürfe machen würden, weil sie sie (angeblich) nie besuchten. So ist die Versuchung besonders groß, die Besuche immer rarer werden zu lassen: «Wenn sie sich doch nicht mehr erinnern, und man dann bloß beschimpft wird ...» Es ist verständlich, daß dies kein Anreiz für Besuche ist, und es ist tragisch, daß die Kranken gerade das, was sie sich eigentlich wünschen, durch ihre Erinnerungsdefizite noch weiter reduzieren.

Gerade in dieser Phase kommt es meistens erneut zu einem unglücklichen Kreislauf von gegenseitiger Hilflosigkeit, in den auch die Schwestern mit einbezogen werden. Letztere üben zwar ihre Versorgungspflicht aus, sind also nicht «überflüssig», aber sie empfinden die Situation als nicht minder bedrückend. Da kann es wenigstens noch sinnvoll sein, sich – wie es die Tochter versuchte – in den scheinbar «verlorenen Stunden» mit den Schwestern auszusprechen. Es kann der «Pflege des gemeinsamen Verantwortungsfeldes» zuträglich sein, wenn man versucht, sich in die andere Seite hineinzuversetzen. Die Bleischuhe der Tochter waren nach solchen Aussprachen zumindest beim nächsten Besuch deutlich leichter geworden.

3.3 Alles wieder rückgängig machen?

Es geschah immer häufiger, daß die Mutter in irgendeiner Form von ihrem bevorstehenden Ende sprach, unverkennbar aber mit dem Tenor, daß sie noch nicht so weit wäre. Sie sprach auch von Schuldgefühlen. An relativ guten Tagen ging es immer noch, daß die Tochter sie leidlich verstand, selbst wenn die Sprache noch unverständlicher wurde und M. manchmal verzweifelt nach einem Wort suchte. «Wol… woll… woll», mehr bekam sie nicht zustande, als die Tochter wieder einmal bei ihr war. Und dann, nach einer längeren Pause, stieß sie hervor: «Hilf… mir … doch!» Es schienen sie jetzt unerledigte Dinge, die auf ihrem «Schuldkonto» lasteten, zu bedrücken. Sie sei oft «schlecht» gewesen, brach es einmal aus ihr hervor. Sogar von der «Schuld an den Juden» war die Rede, obwohl M. sich aktiv nichts hatte zuschulden kommen lassen, sondern die Machenschaften der Machthaber des Dritten Reiches erstaunlich früh durchschaut hatte.

Nach wie vor war jedoch kein Wort über den Großvater zu hören. Die Tochter wunderte sich, wie tief offenbar die Verdrängung reichte. Wenn ihre Kindheit auftauchte, dann sprach M. beispielsweise über ihren verstorbenen «Lieblingsbruder», mit dem sie viel gespielt hatte. Diese Gespräche endeten eigentlich immer damit, daß die Mutter ihre Tochter bat, sie möge in ihrer letzten Stunde bei ihr sein. Der Tochter schien es, als sei dies neben der verständlichen Hoffnung, daß es ein «sanftes Einschlafen» geben würde, jetzt der größte Wunsch überhaupt. Vielleicht war dieser Wunsch doch eine indirekte Erinnerung an den einsamen Tod des Großvaters, und M.'s Furcht, allein gelassen zu werden, konnte nicht nur kreatürliche Angst vor dem Ungewissen sein, sondern mit einer dumpfen Erinnerung (da war doch einmal etwas Schreckliches) verwoben sein…

Die Tochter nahm die Mutter bei solchen Gesprächen meistens in den Arm und versprach ihr, alles zu tun, um bei ihr sein zu können, wenn es so weit wäre. Dann wurde die Mutter ruhiger. Dieses Versprechen nahm die Tochter sehr ernst, sie war dankbar, daß es noch etwas Wichtiges gab, was sie für die Mutter tun konnte. Sonst war es wenig genug. Sie hatte nach wie vor kaum freie Zeit, ihre Besuche waren eigentlich immer «Stippvisiten». Sie war daher auch sehr erleichtert, wenn andere die Mutter besuchten, einschließlich der Kinder, die mit ihren Kindern, den «Urengelchen», wie M. ihre Urenkel nannte, ebenfalls gelegentlich nach ihr sahen. Das war für M. immer eine besondere Freude. Sie fragte selten, was die «Urengelchen» machten; sie konnte sie auch nicht mehr beim Namen nennen. Aber wenn sie sie sah, konnte sie ihnen lange und intensiv zusehen. Das löste meist eine entspannte Atmosphäre aus. (Es ist im übrigen bekannt, daß Altersdemente außer an Kindern auch viel Freude an Haustieren haben, beispielsweise an Hunden, Katzen, Vögeln, deren «Lebendigkeit» sie fesselt.)

Die im Vergleich zu der vorherigen unruhigen Phase stille und wehmütige Stimmung dieser Zeit paßte zu einem «sanften», relativ warmen und feuchten Herbst. Die Mutter hatte diese Phase, nachdem die Tochter sich über den kurzen, kargen Sommer beklagt hatte, mit den Worten eingeleitet: «Nun setzt sich der Sommer einfach hin und macht die Blätter braun.» Es war wie eine Metapher ihres eigenen Zustandes. Auch sie schien sich jetzt einfach «hingesetzt» zu haben und das Unabänderliche geschehen zu lassen. Bis dahin – so empfand es die Tochter – hatte M. doch einen mehr oder minder verzweifelten Kampf gegen das Ende, gegen *dieses Ende* geführt.

Jetzt saß sie «ergeben», oft zwar auch teilnahmslos, auf «ihrem Stuhl». Sie rebellierte nicht mehr. Aber sie konnte manchmal mit den wenigen Worten, die sie noch formulierte, immer noch Erstaunliches ausdrücken. Die Tochter saß wieder einmal neben ihr auf dem zum Aufenthaltsraum gestalteten Flur und sah dem Stationsgeschehen zu. Da entdeckte sie eine Heimbewohnerin, die wegen einer akuten Erkrankung vorübergehend in die innere Abteilung eines Krankenhauses verlegt worden war. Sie saß nun wieder hier auf ihrem alten Platz und die Tochter ging zu ihr hin, um sie zu begrüßen. Die Freude war rührend. Die Heimbewohnerin umarmte die Tochter und freute sich sichtlich, daß ihre Rückkehr aus der Klinik «begrüßt» wurde. Die Tochter sprach noch eine Weile mit ihr und kehrte dann zur Mutter zurück. Da saß M., sehr ernst, und sah die Tochter mit großen, fast vorwurfsvollen Augen an. Offensichtlich hatte sie das Geschehen genau verfolgt, obwohl sie unmittelbar zuvor wie schlafend gewirkt hatte. Sie sagte ein einziges Wort, sehr langsam, aber so akzentuiert, daß es unüberhörbar war: «Ein-samkeit.» Die Tochter war betroffen darüber, wie «bewußt» die Mutter ihre Situation wieder einmal empfunden hatte. Denn obwohl ständig etwas um sie her geschah, viele Menschen mehr oder minder in Reichweite saßen oder umhergingen, letztlich kümmerten sich alle nur wenig um sie. Die Kranken waren mit sich beschäftigt und das Pflegepersonal war froh, wenn es die notwendigen Verrichtungen bewältigen konnte. M.'s wichtiges Kommunikationsmittel, ihre Sprache, stand ihr kaum noch zur Verfügung. So konnte sie auch von sich aus nur noch selten Brücken über den Graben der Einsamkeit finden.

Da war ein anderer Satz in dieser Zeit eigentlich auch die einzig mögliche und logische Konsequenz: «Dann geh' ich zu mir, das ist gar nicht weit» ... Die Tochter vermutete, daß die Mutter damit ihr Bett an ihrem Fensterplatz, also ihr persönliches Refugium, meinte. Und eines Tages war es dann auch so weit. Die Schwestern «quälten» M. nicht mehr mit dem morgendlichen Aufstehen. Sie mußte nicht mehr den langen Tag über auf ihrem Stuhl sitzen, auf dem sie ohnehin in ihrer gekrümmten Haltung mehr lag als saß. Das Aufstehen, das Gehen (was nur noch mit Unterstützung gelang), alles war sehr mühsam geworden.

So fand die Tochter M. bei einem ihrer Besuche wieder im Bett, das nun nicht nur nachts, sondern auch am Tag ihr «Aufenthaltsort» geworden war. Die Mutter schien damit recht zufrieden zu sein. Endlich hatte sie Ruhe. Sie hatte die Augen häufig geschlossen. Man wußte dann nie so recht, ob sie schlief, tag-träumte oder über etwas nachdachte. «Hörst du mich, M.?» fragte die Tochter einmal, als sie nicht sicher war, wo die Mutter sich innerlich befand. «Die Stimme ... stimmt», sagte M. und schlug ihre Augen auf. Ein glückliches Lächeln zeigte der Tochter, wie sich die Mutter immer noch und immer wieder freute, wenn sie bei ihr war. Die Sorge, daß die Mutter auch sie, die Tochter, nicht mehr erkennen würde, war (noch) unberechtigt.

Es konnte in dieser Phase sogar vorkommen, daß die Mutter aus der sie animierenden Freude heraus in einen alten Zustand von wohlerzogenen Umgangsformen zurückkehrte. Sie hatte eines Tages etwas zu viel Luft im Magen und so entfuhr ihr ein diskretes Aufstoßen. Da sah M. die Tochter fast verlegen an und sagte: «Entschuldige – bitte.» Nach einiger Zeit verließen sie allerdings die Kräfte und damit auch die anerzogenen Formen der Höflichkeit wieder.

Und da konnte es genauso geschehen, daß sie völlig gedankenverloren und «ungeniert» in Gegenwart der Tochter (oder anderer Menschen) in der Nase bohrte, eine «Unart», die sie einst bei der noch kleinen Tochter als «unappetitlich» streng zu monieren pflegte.

Die Tochter spürte eine große Erleichterung, als die Mutter nicht mehr auf dem «Beobachtungsstuhl» saß, sondern in ihrem Bett lag. Da sich die jetzige Bettnachbarin meistens auf dem Flur aufhielt, gab es wieder eine Art von Intim-Sphäre. Die Tochter konnte entspannt neben dem Bett sitzen, oft hielt sie nur die Hand der Mutter. Wenn die Schwestern eine Mahlzeit hereinbrachten, fütterte die Tochter ihre Mutter auch, was diese jetzt in der Regel willig geschehen ließ. Von den Machtkämpfen der ersten Krankheitsphase, als M. sich gegen die «Bemutterung» wehrte, war kaum noch etwas zu spüren, hingegen viel von dankbarer Zuwendung.

Da kam es der Tochter eines Tages in den Sinn, ob man jetzt nicht die Mutter wieder nach Hause nehmen könnte. Es müßte doch viel einfacher sein. M. konnte nicht mehr weglaufen oder nachts umhergeistern, sie ließ sich ohne nennenswerten Widerstand inzwischen versorgen ... Was sprach eigentlich dagegen? Man mußte natürlich ihr Zimmer als Pflegezimmer einrichten, mit all den praktischen Dingen, welche die Tochter im Heim kennengelernt hatte. Man mußte sich selbstverständlich um eine ambulante Pflegekraft bemühen. Denn die Tochter konnte wegen der Berufstätigkeit nach wie vor keine Rund-um-die-Uhr-Pflegerin sein. Aber wenn das gewährleistet wäre, könnte die Mutter doch zu Hause ihre letzten Wochen oder Monate verbringen und eines Tages in Ruhe sterben? So könnte man immer wieder «schnell mal zwischendurch» nach M. sehen. Die Tochter würde nicht mehr in die Bleischuhe steigen müssen und die Saugnäpfe beim Abschied spüren. Der Gedanke hatte viel Verlockendes, und die Tochter fing an, sich ernstlich Gedanken zu machen, wie das organisatorisch machbar wäre.

Da erwachte sie eines Morgens aus einem Traum: Es klingelte an der Haustür. Sie sah aus dem Fenster. Ein Taxifahrer fuhr auf den Hof und führte M. – anscheinend gesund – zur Haustür. Die Tochter weinte vor Freude und machte die Haustür auf. Sie sagte etwas zur Begrüßung. Und da merkte sie, daß M. sie nicht verstand und die Augen geschlossen hielt. Der Taxifahrer schleppte lauter alte «chaotische» Gepäckstücke herbei, bis die Haustür nicht mehr zuging. Die Tochter bat ihn verzweifelt, er möge M. und das ganze Gepäck wieder mitnehmen …

Der Traum hatte sie sehr nachdenklich gemacht. War sie nicht dabei, sich – wieder einmal – einer Illusion hinzugeben und die eigenen Kräfte zu überschätzen? Vielleicht war es auch der einfachste Weg, den Schuldgefühlen zu entgehen und der Sorge, M. könnte im Heim unerwartet sterben, während sie, die Tochter, den letzten großen Wunsch der Mutter nach einem Beistand in der Todesstunde verpaßte?

Die Tochter dachte nun mehr über die Kehrseite des Unternehmens nach. Was spräche dagegen, wenn sie die Mutter weiter im Heim ließe? War es wirklich besser für die Mutter, wenn man sie nach Hause holte? M. hatte diesen Wunsch in der letzten Zeit nie mehr geäußert. Sie schien, im Gegenteil, zufriedener als je zuvor zu sein. Ihr Bett, ihr Fensterplatz, mit den wenigen überschaubaren Dingen um sie her, mit Kathrinchen und dem Schweinchen, das war offenbar jetzt ihr «Zuhause». Sie hatte es – so sah es aus – noch einmal vermocht, Wurzeln zu schlagen, Geborgenheitsgefühle zu entwickeln in einer Umgebung, von der viele Menschen meinen, das sei wohl das Schlimmste, was ihnen widerfahren könne. Die Schwestern hatten zwar nicht viel Zeit, aber die Tochter erlebte es nicht selten, daß sie M. – wenn sie sich doch einmal mit ihr abgeben konnten – in den Arm nahmen und mit ihr scherzten. Sie kannten inzwischen die Eigenheiten und Empfindlichkeiten der Mutter sehr gut und gingen so geduldig wie möglich mit ihr um. Selbst wenn M. doch einmal Widerstand zeigte (z.B. gegen das Einnehmen von Abführmitteln) dann wußten die Schwestern damit geschickt umzugehen. Sie hatten ja jahrelange Übung und Erfahrung mit kleinen «Tricks», mit denen sie ihren Pfleglingen beikommen konnten (z.B. schlecht schmeckende Medikamente in gesüßte Speisen zu mogeln o.ä.).

Wenn die Tochter hingegen eine neue, für M. fremde Hilfe besorgte, mußte diese sich wieder umgewöhnen. Und dann fiel der Tochter ein, die Mutter würde sogar ihr «altes Zuhause» nicht mehr als das «eigene» erkennen können. Dafür gab es bei den früheren Besuchen genügend Hinweise. Das alte Zuhause besaß für M. nur noch als eine Als-ob-Ähnlichkeit, aber keinen Vertrautheitswert mehr. Ein nochmaliges Umquartieren würde demnach keine Heimkehr, sondern eine erneute Verpflanzung in etwas inzwischen Fremdgewordenes bedeuten.

Wenn sich die Tochter kritisch hinterfragte, stellte sie auch bald fest, daß sie eigentlich viel mehr an sich und eine scheinbar bequemere Lösung gedacht hatte. Selbst das Argument, daß sie in der Todesstunde gern bei der Mutter sein wollte, war eine irrationale Illusion. Sie konnte gerade dann auf einer Reise, in ihrer Arbeitsstelle oder sonstwo sein. War es nicht sogar wahrscheinlicher, daß die Schwestern eher merken würden, wenn es so weit wäre, und daß sie dann die Tochter rechtzeitig benachrichtigen könnten?

Es war gut, daß die Tochter diese Entscheidung nicht allein fällen mußte, sondern daß sie sie mit ihrem Mann abwägen konnte. Er sah die eben erwähnten Argumente noch klarer und half der Tochter bei der für sie zunächst traurigen Erkenntnis, daß das eigene Heim keineswegs das Beste war, daß vielmehr «fremde Eltern» und die Umgebung, in der die Mutter jetzt war, die bessere Lösung darstellten, die bessere jedenfalls für M. Und hatte der Traum nicht gezeigt, daß es letztlich auch für die Tochter die beste Lösung war?

3.4 Sich-abfinden

Etwas, was die Tochter und alle anderen Besucher aus der «alten Welt» ganz erstaunlich fanden, war die Tatsache, wie M. inzwischen mit der jetzigen, der vierten Bettnachbarin, umging. Es war eine etwa gleichaltrige Dame, die ursprünglich wohl aus einer ähnlichen «sozialen Schicht» stammte. Normalerweise hätten sich die beiden sicher gut unterhalten können. Frau C., die neue Nachbarin, war aber ebenfalls verwirrt. Sie konnte jedoch noch gut sprechen und entwickelte, ähnlich wie M., dabei einen mehr oder minder unfreiwilligen Humor. Auch sie schien ein relativ eigenständiger Mensch gewesen zu sein. Sie kommunizierte sowohl mit den Schwestern als auch mit M.'s Angehörigen, bat diese beispielsweise um kleine Hilfsdienste, wenn sie etwas suchte. Auch M. kommunizierte ja in dieser Zeit noch mit den Schwestern und natürlich auch mit ihren Angehörigen. Zwischen M. und Frau C. hingegen hatte sich kein Kontakt entwickelt. Beide nahmen einander einfach «nicht wahr». Sie redeten so gut wie kein Wort miteinander. Wenn die eine zu der anderen hinsah, wirkte es, als wenn sie einen fremden Gegenstand, der sie nicht interessierte, betrachteten. Bei M. merkte man allenfalls eine gewisse Eifersucht, wenn man sich allzu lange mit Frau C. abgab. (Vielleicht war es auch umgekehrt bei Frau C. so, das bekam die Tochter nicht mit.)

M. verstand es offensichtlich zunehmend, sich durch Ignorieren des anderen eine Art «Einzelzimmer» zu verschaffen. Es war eine ungeahnte Fähigkeit, sich innerlich abzugrenzen, wo es äußerlich nicht mehr ging. Während die vorherige Bett-Nachbarin von ihrer Seite aus noch lebhaften Kontakt zu M. und auch zu deren Angehörigen herstellte, so daß M. gleichfalls mitkommunizieren mußte (es aber auch noch konnte), hatte man jetzt den Eindruck, daß M.'s Kräfte dafür nicht ausreichten. Sie beschränkte sich daher auf das für sie Wesentliche. Ob diese «weise Beschränkung» bewußt oder halb bewußt intendiert wurde, das ließ sich nicht ausmachen. Zumindest schien es eine erstaunliche Balance der Auswahl zu sein, zwischen dem, was M. verkraften konnte und wollte und dem, was über ihre noch vorhandenen Kräfte ging. Es wäre jetzt vermutlich auch friedlich-gleichgültig mit der «alten Feindin», Frau A., gegangen. Wenn die beiden in dieser Zeit noch einmal irgendwo zusammentrafen, ignorierten sie einander gleichermaßen: Die Kunst des sozialen Überlebens?

M. lag – wenn sie jetzt besucht wurde – meist ruhig in ihrem Bett, oft mit geschlossenen Augen. Nur gelegentlich machte sie – wie auch vorher in ihrem Lehnstuhl – vage und hilflose Andeutungen, sich in ihrem Bett noch einmal aufzurichten, als ob sie etwas suchte oder gar aufstehen wollte. Nach drei oder vier vergeblichen Versuchen ließ sie es aber wieder sein, gab keinen Kommentar und lag wieder – wie es äußerlich schien – friedlich da. Ihre Freude, wenn die Tochter sie besuchte, war jedoch nach wie vor groß, sofern sie es bewußt registrierte. Mitunter zeigte sie aber auch dann keinerlei Reaktionen, selbst wenn die Tochter sie ansprach. Manchmal öffnete sie zwar die Augen, sah die Tochter unergründlich wie eine Fremde an und sagte nichts. So war es unerforschlich, was dieser fremde Blick ausdrückte, wo die Mutter mit ihren Gedanken garade war. Einmal konnte die Tochter es an einer unwillkürlichen Geste erraten. Sie war gerade dabei, die Mutter zu füttern, als diese wieder ihren ernsten Ausdruck bekam und in die Kissen zurückfiel. Sie nahm keinen Bissen mehr, faltete stattdessen die Hände und wirkte sehr feierlich. Die Tochter deutete es so, als ob die Mutter sich in diesem Moment wieder mit dem Gedanken an das Jenseits befassen könnte.

Die Tochter lernte in dieser Zeit eine ganz andere Mutter kennen, als sie es im bisherigen Krankheitsverlauf erlebt hatte. Vor allem war es ein ausgeprägter Kontrast zu der zweiten, der unruhigen Krankheitsphase. Die Tochter merkte, daß sie jetzt die friedliche Stille des Krankenzimmers fast «genießen» konnte, wenn sie neben der Mutter in der Fensterplatznische saß und einfach nichts geschah. Es war ein großer Gegensatz zwischen der Hektik des Alltagslebens und der Abschiedsstimmung, welche die Mutter verbreitete. Es gab übrigens immer noch Hinweise, daß M. sich mit Schuldfragen und vielleicht auch einer Art von «postmortaler Existenz-Vorstellung» auseinandersetzte. So war sie eines Tages wieder klarer, aber auch unruhiger als sonst, und die Tochter hörte plötzlich, wie M. ihre Bettdecke, die Kissen, aber auch Kathrinchen und das Schweinchen fragte, ob sie eigentlich immer «lieb» gewesen seien. «Sonst» ... Hier brach die Frage ab. Die Tochter sah einen etwas gequälten Gesichtsausdruck bei der Mutter, die irgendwie auf eine Antwort zu warten schien. Da erklärte sie der Mutter (anstelle der von ihr angesprochenen Gegenstände): «Ja, meistens sind wir lieb gewesen. Aber manchmal auch nicht, wie alle Menschen. Das hat uns der liebe Gott wohl verziehen ...» Und die Mutter schien es zu trösten, sie legte sich wieder in ihre Kissen zurück.

M.'s Hinwendung zum Tod äußerte sich vermutlich auch darin, daß sie kaum noch aß und trank. Sie wollte am liebsten in Ruhe gelassen werden. Vielleicht war es auch umgekehrt, daß die nachlassenden körperlichen Kräfte ihr den Appetit nahmen? Auf jeden Fall hatten die zunächst im Heim angegessenen Rundungen sich wieder verloren. Da M. meist wie ein gekrümmter Embryo zusammengerollt in ihrem Bett lag, wirkte dieses nun viel zu groß und die kleine Mutter, äußerlich betrachtet, manchmal wie verloren darin. Man hatte den Eindruck, es könne nicht mehr allzu lange mit ihr auf dieser Welt weitergehen. Aber so leicht, wie sich M. den letzten Abschied gewünscht hatte, konnte sie ihn dann doch nicht erleben.

Kommentar: Die Umstellung auf das bevorstehende Ende und das Herauswachsen aus der Kind-Ich-Kommunikation

Mace und Rabins lassen in ihrem Buch «Der 36-Stunden-Tag» einen Geistlichen zu Worte kommen: «Ich bin an diesen Besuchen gewachsen. Ich war gewohnt, immer nur etwas zu tun, zu tun, zu tun; und hier war nichts, was ich für die Menschen tun konnte. Ich habe gelernt, einfach zu sitzen, nur meine Gegenwart anzubieten, ohne das Gefühl zu haben, ich müsse etwas tun, sprechen oder mich unterhalten.»

Es ist eigentümlich: Man meint (so lange man nicht eines anderen belehrt worden ist), daß Kranke in einem so weltabgeschiedenen, passiven Zustand kaum noch Einfluß auf ihre Umgebung ausüben könnten. Und dabei scheint es fast umgekehrt zu sein. Man spürt es den Worten des Geistlichen an, wie sehr er das Tun in den Momenten der Krankenbesuche als oberflächliche Scheinaktivität empfand, und wie ihn umgekehrt die schweigende Begleitung ergriff.

Die gleiche Erfahrung machte die Tochter bei ihren Besuchen im Heim. Hatte sie dort in der ersten Zeit durch die Unruhe der Mutter oft selber eine Art von steriler Betriebsamkeit, ein ständiges Auf und Ab der Gefühle entfaltet, so empfand sie jetzt die stille Ergebenheit der Mutter und den sich immer öfter ausbreitenden feierlichen Ernst als so eindringlich, daß sie gar nicht anders konnte, als sich der neuen Atmosphäre anzugleichen. Nach wie vor kommunizierte die Tochter überwiegend schweigend mit der Mutter. War es vorher oft ein eher hilfloses, manchmal quälendes Schweigen, so wurde es jetzt immer mehr ein innerlich verbundenes, «wissendes» Schweigen. Die Tochter hatte nicht mehr das Bedürfnis, das jeweilige Schweigen der Mutter zu deuten, um wissen zu können, wie es M. gerade ging, denn diese vermittelte zunehmend eine innere Bestimmtheit, so als wisse sie endlich, wohin ihr Weg sie führen würde.

Das Kind-Ich-, respektive das korrespondierende Eltern-Ich-Verhalten wich einem neuen Beziehungsstil. Selbst als sich M. in der Frage-Szene an ihre «Übergangsobjekte» wandte und wissen wollte, ob diese immer «lieb» (gewesen) seien, war der kindliche Stil diesmal eher ein Ausdruck der Sprachstörungen, wie es der

Tochter vorkam. Die Mutter konnte ein so abstrakt-komplexes Gebiet wie das von Schuld und Sühne wahrscheinlich nur noch in dieser Sprachebene ausdrücken. Die Art, wie sie es sagte, «sprach» jedoch «eine andere Sprache», welche etwas Wesentliches sagen wollte.

Die Tochter merkte, daß sich in stillen Stunden an der Seite der Mutter die eigenen inneren Maßstäbe zu verändern begannen. Die täglichen «Kleinlichkeiten» (wie M. es einmal so schön formuliert hatte) verloren noch mehr an Bedeutung. Manches erschien der Tochter jetzt flach oder schal, was vorher wichtig zu sein schien. Umgekehrt erhielten transzendente Fragen, Fragen gegenüber dem eigenen Tod oder dem von nahestehenden Menschen Bedeutung. «Die Gnade eines rechtzeitigen Todes», es klang pathetisch, aber die Vorstellung beschäftigte die Tochter auch im Hinblick auf ihre Mutter. Sie wünschte es der Mutter und auch sich selbst, und sie wußte natürlich gleichzeitig, daß sie weder das Schicksal der Mutter noch ihr eigenes beeinflussen könne. Trotzdem war die Tochter dankbar für diese Zeit des Atemholens. Sie konnte es manchmal kaum fassen, daß *auch das* in der Begleitung eines Alzheimer-Schicksals möglich war, einschließlich der noch einmal veränderten Beziehung zur Mutter auf einer reifen «Erwachsenen-Ich»-Ebene. Die Mutter war ihr jetzt – so empfand es die Tochter – wieder ein Stück voraus.

3.5 Der körperliche Verfall

Auch wenn M. zeitweise sehr geschwächt wirkte, so deutete doch kein konkreter Befund auf ein baldiges Ende hin. Sie hatte Erkältungskrankheiten, u.a. manchmal mit hohem Fieber, letztlich immer erstaunlich gut überstanden. Trotz ihrer inzwischen 89 Jahre schien sie immer noch irgendwelche Lebensenergien zu haben. Es lief nur alles auf «Sparflamme».

Eines Tages entdeckte die Tochter zufällig eine Blase an einem der Füße von M. Die Blase wurde in den nächsten Tagen größer. Sie sah aus wie eine harmlose Brandblase. Vielleicht war da ein kleines Malheur mit einer Wärmflasche passiert – so vermutete die Tochter und machte sich zunächst keine weiteren Gedanken. Seit einiger Zeit wirkte zwar die Haut von M. trocken und etwas gereizt, M. kratzte sich auch öfter. Die Schwestern rieben sie deshalb mit einer Salbe gegen die trockene Haut ein. Es wurde aber nicht besser, und es traten nach und nach an den Füßen, später praktisch am ganzen Leib, mit Ausnahme des Gesichts, weitere Blasen, die immer größer wurden, auf. Wenn man diese stärker berührte oder anstach, entleerte sich wäßrige, zum Teil auch eitrige Flüssigkeit. Die Schwestern erklärten, daß die Blasen von allein entständen. Jeden Morgen beim Waschen entdeckten sie neue. Die Haut juckte anscheinend stärker und M. kratzte sich heftiger. Man sah deutlich, daß sie sich in ihrer Haut gar nicht wohl fühlte.

Ein hinzugezogener Dermatologe dachte an ein untypisch lokalisiertes Pemphigoid, eine mit ausgedehnten, flächenhaften Blasenbildungen einhergehende Hauterkrankung, die in Schüben verlief. Dabei war das Allgemeinbefinden durch Fieber und Abmagerung mehr oder minder schwer beeinträchtigt. Der Hautarzt verordnete einiges an äußeren und inneren Medikamenten, aber die Hauterscheinungen nahmen weiter zu und M.'s Befinden verschlechterte sich gleichermaßen. Sie war manchmal kaum noch ansprechbar. Durch die sich entleerenden Blasen erlitt sie einen starken Flüssigkeits- und Eiweißverlust. Dieser Mangel führte anfangs dazu, daß sie freiwillig (für ihre Verhältnisse) relativ viel trank. Man mußte ihr jedenfalls nicht mehr jeden Schluck gegen ihren Willen einflößen. Später war sie aber so geschwächt, daß sie das Trinken wieder aufgab. Sie schluckte nichts herunter und so lief mancher Schluck wieder aus dem Mundwinkel heraus. Die Haut sah zeitweise schlimm aus. Die Stellen unter den geplatzten Blasen heilten oft gar nicht mehr. Es blieben offene, wäßrig-blutige Flächen oder Krusten zurück. An den noch nicht mit Blasen bedeckten Partien war die Haut geschwollen, gerötet und juckte offensichtlich. Die Schwestern hatten die offenen Stellen mit Mullbinden geschützt, so auch die Hände. Die letzte intensive Kontaktbrücke, das Händehalten, ging nun auch verloren. Die Tochter konnte die Mutter nur noch an den nicht betroffenen Gesichtspartien (Stirn und Wangen) streicheln. Die Stimme der Mutter war heiser geworden, so konnte sie noch weniger sprechen; wenn, dann stieß sie nur kurze rauhe Laute mit großer Anstrengung hervor.

Die Schwestern berichteten, daß M. beim Betten und Säubern starke Schmerzen haben müsse, obwohl sie Schmerzmittel erhielt. Sie schrie manchmal laut und verzweifelt. Ließ man sie hingegen in Ruhe, so war sie zeitweise «weit weg» und schien niemanden (auch ihre Angehörigen nicht) zu erkennen. Nicht selten sagte ihr Blick jedoch auch: «Ich bin da», und sie konnte durch ihr erkennendes Lächeln immer noch mitteilen, daß sie sich über Besuche freute. Es zeigte sich aber auch der vorher geschilderte «feierliche Ausdruck», nur die Hände konnte sie dabei wegen der Mullbinden nicht mehr falten. Stattdessen sprach sie einmal, als die Tochter gerade wieder bei ihr war, das Wort «De-mut» aus. Die Schwestern taten alles, um M.'s Not zu lindern. Sie waren liebevoll und behutsam mit ihr. Sie schauten immer wieder herein wie es ihr ging, und versuchten, ihr etwas Flüssigkeit zuzuführen. Sie verbanden ihre wunden Stellen und einige nahmen sie dabei tröstend in die Arme. Wenn M. vorher an Einsamkeit gelitten hatte, konnte sie das jetzt wohl kaum noch empfinden. Die Tochter dachte bewegt darüber nach, wie die schwere Hautkrankheit M. noch eine ganz intensive Zuwendung beschert hatte. Sie meinte zu spüren, daß M. das gleichfalls so empfand und sich in dieser Zeit irgendwie geborgen gefühlt haben muß.

Bei dem ständigen körperlichen Verfall (die Mutter hatte einmal schon eine Anurie über 24 Stunden gehabt, d.h., gar kein Wasser mehr gelassen) war es eigentlich abzusehen, daß sie nicht mehr lange leben konnte. Ihr Gesicht war blaß, die Nase wurde «spitz», die Augen lagen tief in den Höhlen. Alle rechneten täglich mit M.'s Ableben. Man wollte ihr Leben nicht unnötig verlängern, und so erhielt sie nur noch das Nötigste, vor allem schmerzstillende Medikamente. Zu diesen Maßnahmen gehörte auch eine einmalige Veneninfusion mit einem Blutersatzmittel, um den starken Flüssigkeits- und Eiweißverlust mit seinen Folgeerscheinungen etwas zu mildern. Niemand versprach sich von dieser oder den anderen Maßnahmen noch eine Besserung, im Gegenteil, alle wünschten M., daß sie nicht mehr allzu lange leiden möge.

Die Tochter entsann sich des großen Wunsches der Mutter, in ihrer Todesstunde bei ihr sein zu können, und so sagte sie eine wichtige Veranstaltung ab, weil anzunehmen war, daß die Mutter diese Zeitspanne nicht überleben würde.

Aber: Was niemand für möglich gehalten hätte, M. aß und trank von einem Tag auf den anderen wieder etwas mehr. Sie erkannte auch ihre Umgebung wieder und war offensichtlich aus der unbekannten Ferne zurückgekehrt. Sie konnte sogar beim Verbandwechsel schimpfen, wenn es zu sehr schmerzte (wozu sie vorher nicht mehr die Kraft hatte).

Die Tochter, die durch die ausgefallene Veranstaltung unerwartet viel Zeit hatte, saß nun viel bei der Mutter und konnte diese «Rückkehr» intensiv wahrnehmen. Zu ihrer Überraschung konnte die Mutter wieder einmal ein kompliziertes Wort formen, sie sei so «inaktiv», was ihren Zustand recht zutreffend kennzeichnete. Die Blasen heilten inzwischen langsam ab, und es bildeten sich kaum noch neue. M. sah wieder besser aus. Sie erhielt ein flüssiges Nährgetränk (etwas Festes konnte sie nicht mehr zu sich nehmen) und sie trank wieder, was immer ein Zeichen von Lebenswillen war. Ihre Rekonvaleszenz machte sogar solche Fortschritte, daß die Tochter es zwei Wochen später wagte, zu einer anderen Veranstaltung zu fahren. Die Tochter hatte das sichere Gefühl, daß die letzte Stunde der Mutter *jetzt* noch nicht gekommen sei. Als sie zurückkam, ging es der Mutter tatsächlich eher noch besser. So kam es beim abendlichen Füttern, als die Tochter eine Abführpille in den Trank mogeln wollte, auch dazu, daß die Mutter diese im hohen Bogen ausspuckte. Bei einem erneuten Versuch sah sie die Tochter vorwurfsvoll an und sagte: «Sei ... nicht so auf ... dränglich!»

Dennoch, wie immer, wechselten auch jetzt gute und schlechte Tage ab. Insgesamt hing M.'s Leben doch mehr oder minder an dünnen Fäden. Vor allem morgens hatte sie einen schlechten Kreislauf. Die Schwestern berichteten, daß M. beim morgendlichen Waschen einmal geglaubt habe, es handele sich um ein Sterberitual: «Laßt mich doch in Ruhe, ich bin doch schon tot,» so ähnlich habe sie sich geäußert. Später habe sie traurig und enttäuscht gewirkt, als sie einsehen mußte, daß sie immer noch in dieser Welt war.

Der Schwiegersohn konstatierte jedoch, daß M.'s schwacher und unregelmäßiger Puls in den kommenden Wochen kräftiger und regelmäßiger wurde. Auch der Blutdruck stabilisierte sich. Die Hände waren abgeheilt, man konnte sie wieder halten. Es gab nur noch vereinzelte kleine Blasen, die gleichfalls relativ schnell abheilten. M. redete die sie nach wie vor regelmäßig besuchende Freundin, Frau W., wieder mit «Sie» an und die ihr liebgewordene, junge Schwester mit dem Namen der Kaffeefirma. Ihre Sätze waren eher besser geformt als vor der Hauterkrankung. Sie schien viel präsenter, und es war, als hätte die schwere Erkrankung die letzten Reserven noch einmal mobilisiert.

M.'s 90. Geburtstag stand bevor. Natürlich wußte sie das nicht. Aber als es ihr einige Male gesagt worden war, schien sie sich diesen Eintritt in ein neues Lebensjahrzehnt tatsächlich gemerkt zu haben. Schon morgens nahm sie – unerwartet wach – die «Huldigungen» (Ständchen, Blumen usw.) an ihrem Bett entgegen. Sie kommentierte einen besonders freundlichen Brief, den die Tochter ihr vorlas, mit «wie reizend» (früher einer ihrer bevorzugten Ausdrücke, wenn sie gerührt war). Am Nachmittag, als sie mit ihrem Bett auf den Stations-Gemeinschaftsraum geschoben wurde und an der festlichgeschmückten Tafel teilhatte, nahm sie sogar dem Enkelsohn die Schnabeltasse aus der Hand und versuchte, selber etwas Kaffee zu trinken. Es war nicht zu übersehen: M. genoß es! Hatte sie deshalb dem Übergang in die andere Welt widerstanden, um diese Ehrung und Zuwendung noch erleben zu können? Es konnte fast den Anschein haben.

Kommentar: Der Lebenswille trotz Altersdemenz

Es ist bekannt, daß die Alzheimer-Demenz in der Regel nicht zum Tod führt, sondern daß Lungenentzündungen, Harnwegsinfektionen (infolge der ständigen Inkontinenz) oder auch infizierte Dekubitalgeschwüre (an den Stellen, wo sich die Kranken wegen der langen Bettlägerigkeit «durchliegen») das Ende herbeiführen. Die letztgenannten sind die häufigsten körperlichen Leiden, welche die Alzheimer-Krankheit als Komplikation begleiten können. Der alleinige Abbau von Hirnsubstanz, der ja nicht die lebenswichtigen Zentren betrifft, ist an sich kein tödliches Krankheitsgeschehen, deswegen dauert die Alzheimer-Erkrankung in der Regel so viele Jahre, die senile Form kann sich acht bis zehn Jahre oder noch länger hinziehen.

Bei M. schien sich der Lebenswille während des dritten Stadiums allmählich zu reduzieren, was sich auch in der verminderten Nahrungs- und Getränke-Aufnahme dokumentierte. Ihre wenigen Worte und Gesten schienen darauf hinzudeuten, daß nichts mehr sie in dieser Welt hielt, daß sie sich vielmehr auf den Tod einstellte. Dazu «paßte» (zunächst) der Ausbruch einer schweren Hauterkrankung. M. zeigte anfänglich keinerlei physische Abwehrreaktionen; es war, als sei ihr Körper dem zerstörenden Hautleiden widerstandslos ausgesetzt.

Es blieb eines ihrer Geheimnisse, warum dann ihre Energien noch einmal so unerwartet erwachten und trotz der schlechten Prognose der Allgemeinzustand sogar besser zu werden schien, als er vor der Hauterkrankung gewesen war. Die «Wende» zum Besseren hatte sich in einer Zeit vollzogen, in der die Tochter besonders oft und lange bei der Mutter saß (was durch das Absagen der Veranstaltung möglich geworden war). Manchmal überlegte die Tochter, ob es sein könnte, daß die Mutter durch diese intensive Zuwendung noch einmal neuen Lebensmut geschöpft hatte? Es gab ja so viele Überraschungen und unerwartete «Beweise» für das, was alles hinter der Demenz verborgen sein konnte, daß die Tochter auch eine solche Reaktion für möglich hielt. Ob es anschließend noch der Wille war, den 90. Geburtstag zu erleben, von dem natürlich auch Tage vorher schon die Rede war – das entzieht sich letztlich einer eindeutigen Antwort. Fest stand nur, wie überraschend viel die Mutter von diesem Ehrentag wahrnahm – welche Reserven in ihr also noch «lebendig» sein mußten.

Da die Tochter auf der Station auch Zeugin von anderen ähnlichen Verläufen wurde und die Schwestern bestätigten, welch ungeheuren Lebenswillen bereits «Totgeglaubte» noch einmal entwickeln konnten, kann hier wohl die Hypothese entwickelt werden, daß die Alzheimer-Demenz auch in ihrem letzten Stadium keineswegs nur ein kontinuierliches «Verlöschen» sein muß. Es scheint aber stark an die ursprüngliche Vitalität der Persönlichkeit gebunden zu sein, ob sich der Lebenswille noch einmal durchsetzen kann, selbst wenn sich die Kranken scheinbar schon aufgegeben haben, und es bleibt die zweite Hypothese offen, ob dazu auch die Umgebung beitragen kann (z.B. die Tochter mit ihrer intensiven Gegenwart während der Haut-Erkrankung): Vielleicht spüren die Kranken, daß sie noch «gehalten» werden.

3.6 Der endgültige Abschied

Vierzehn Tage nach dem 90. Geburtstag wurde Weihnachten gefeiert. Wie immer überlegten sich die Tochter und der Schwiegersohn, was man der Mutter noch schenken könne (zumal sie ja auch zum Geburtstag einige Gaben bekommen hatte). Das war natürlich schwierig bei der Bedürfnislosigkeit der Mutter. So beschränkte man sich auf ein Paar Bettschuhe und etwas «Knabberkram» in weihnachtlicher Aufmachung – wohl wissend, daß die Mutter das eigentlich nicht mehr essen konnte. (Sie trug in dieser Zeit ihre Zahnprothese praktisch nicht mehr. Es war eine uralte Angst von ihr, daß sie diese im Schlaf einmal verschlucken und daran ersticken könnte. Da sie nach wie vor durch kalorienreiche Getränke ernährt wurde, konnte sie auf die Prothesen auch gut verzichten.) Der Weihnachtsteller hatte also mehr eine symbolische Funktion, und die Tochter war etwas traurig, weil ihr sonst nichts eingefallen war. Sie und ihr Mann brachten aber am ersten Weihnachtsfeiertag einen Kassettenrekorder mit und spielten der Mutter versuchsweise ein Stück aus Bachs Weihnachtsoratorium vor, was sie besonders geliebt (und früher auch mitgesungen) hatte. Bei der Begrüßung wirkte M. recht abwesend, so daß wenig Hoffnung bestand, mit ihr «etwas anzufangen». Trotzdem begannen die Tochter und der Schwiegersohn, die Kassette ablaufen zu lassen. Da geschah etwas Unerwartetes: M., die in ihrer unruhigen Zeit überhaupt nicht mehr auf diese Musik reagiert hatte, öffnete jetzt erstaunt die Augen und suchte offensichtlich die Quelle der Musik. Dann schloß sie die Augen wieder und faltete die Hände. Sie sagte glücklich und ergriffen: «Schön.» Ihr Gesicht entspannte sich, sie hielt die Hände weiter gefaltet und hörte – das konnte man deutlich beobachten – fast ½ Stunde konzentriert zu ... Daß man sie auf dieser «Wellenlänge» noch einmal so tief erreichen konnte! Es war ein Signal, welches die Tochter und der Schwiegersohn anschließend in die Tat umsetzten. M. bekam einen eigenen Kassettenrekorder und diejenigen Kassetten dazu, von denen man annehmen konnte, daß M. jetzt wieder einen «Sinn» für sie haben würde.

Diese Hoffnung erwies sich nicht als trügerisch. M. reagierte jedesmal mit der gleichen Freude und Entspanntheit, wenn die Musik angestellt wurde; und wenn sie einen guten Tag hatte, konnte sie auch noch etwas äußern wie: «Ich bin ... so froh.»

Mit dem Jahresbeginn jährte sich auch zum vierten Mal M.'s Einzugstermin in das Heim. Inzwischen zeigte sich, daß sie erneut schwächer wurde und kaum aß oder trank. Sie lag meistens wieder in der «Embryohaltung» auf der Seite und schien weit weg zu sein. Während die Hauterkrankung, was die Blasen anbetraf, weitgehend abgeklungen war, erwies sich die Widerstandskraft der Haut (durch die vorausgegangene Krankheit?) als erheblich reduziert. Bis dahin hatte es bei M. kein Wundliegen, keine Nekrosen an den Hautpartien, auf denen sie meistens lag, gegeben. Das änderte sich jetzt rapide. Vor allem waren die Hüften (bei ihrer Embryohaltung am meisten belastet) dem Prozeß des Wundliegens ausgesetzt. Die Schwestern versuchten alles, um diesen Prozeß aufzuhalten. Aber es konnte nicht verhindert werden, daß M. nach einiger Zeit auf jeder Hüftseite ein etwa faustgroßes Loch hatte, aus dem es eiterte. Die Wunden reichten bis auf den Knochen, und M. muß wohl große Schmerzen – vor allem beim Umbetten – gehabt haben. Sie fieberte seit Tagen, und der Puls wurde wieder schwächer und unregelmäßiger. Durch das Fieber hatte sie zwar einen verhältnismäßig «frischen» Gesichtsausdruck (sie war jedenfalls nicht blaß), aber sonst wirkte sie außerordentlich matt. Bei einem der Besuche bemühte sich M. vergeblich, etwas zu sagen. Über «ich will ...» kam sie nicht hinaus. Die Tochter und der Schwiegersohn vermuteten, daß sie vielleicht Musik hören wollte und stellten ihr das Klarinettenquintett von Mozart, was ebenfalls zu ihren «Lieblingsstücken» gehörte, ein. Offensichtlich war es etwas Richtiges, denn die Mutter entspannte sich wieder, sie lächelte zufrieden, faltete die Hände und schien bei der Musik langsam einzuschlafen.

Die Schwestern berichteten, daß sie nach den schmerzhaften Verbandwechseln und dem Umbetten der Mutter oft etwas auf dem Kassettenrekorder vorspielen würden, wonach sie sich eigentlich regelmäßig zu entspannen pflegte und die Tortur – so schien es – wieder vergaß. Wenn möglich, saß eine Schwester dann noch eine Weile bei M. und hielt ihre Hand. Das Händehalten und die Musik, es waren die letzten Kontaktbrücken, welche M. und ihre Umgebung verbanden.

Nur einmal – zwei Tage vor ihrem Tod – sprach M. noch etwas. Sie wirkte an diesem Tag, dem ersten warmen Vorfrühlingstag, wacher als sonst. Die Schwestern berichteten, daß sie sich bei ihnen für die Zuwendungen und die Pflege bedankt hätte. Die Tochter hatte im Garten einige Schneeglöckchen gepflückt und wollte sie eigentlich den Schwestern mitbringen, weil die Mutter auf nichts mehr zu reagieren schien. Als M. aber so unerwartet «präsent» war, gab die Tochter ihr den kleinen Frühlingsstrauß. «Wie süß», sagte M. und freute sich dankbar.

Diesmal stellte die Tochter Bachs h-moll-Messe für die Mutter ein. Bei einem Geigensolo sagte M. zweimal den Namen eines Neffen, der ihr besonders nahe stand und dessen Geigenspiel sie früher bei kleinen Hauskonzerten gern zugehört hatte. Dann sagte sie plötzlich laut und feierlich: «Ja!» Später, beim Füttern, wollte die Tochter den kalten Arm der Mutter zudecken. Da meinte diese, die «Bemutterung» sanft abwehrend: «Du sollst ... nicht ... zudecken. Setz dich ... lieber ...». Aber sie lächelte nachsichtig, wie früher manchmal, wenn die Tochter etwas gemacht hatte, was die Mutter gern anders gehabt hätte. Dann sah sie die Tochter ungewöhnlich eindringlich an. Sie ergriff ihre Hand und hielt sie lange fest, so als wollte sie ihr etwas Wesentliches mitteilen.

Am nächsten Tag stieg das Fieber erneut an. M. sah sehr ernst aus und schien wieder weit weg zu sein. Sie reagierte nicht mehr. Einen Tag später rief die diensthabende Schwester gegen Mittag bei der Tochter an. Sie glaube, daß es mit der Mutter zu Ende gehe. Die Tochter und ihr Mann, die glücklicherweise erreichbar waren, fuhren zur Mutter in das Heim. Sie waren dankbar, daß eine der Schwestern, die besonders viel Verständnis – auch für die Schwierigkeiten der Mutter – hatte, in ihrer Todesstunde bei ihr war. (Die Schwester erzählte später: «Ich hab sie so gern gehabt – wir haben immer so schöne Phantasiereisen gemacht.»)

M. atmete flach und schnell, sie hatte noch immer Fieber. Der Puls war kaum zu fühlen, und es war erkennbar, daß sie den Tag nicht überleben würde. Die Tochter erfüllte den oft geäußerten Wunsch der Mutter, in der Sterbestunde das Requiem von Brahms hören zu wollen. Dann betete die Tochter das Vaterunser für die Mutter, was diese sich früher ebenfalls gewünscht hatte. Einige Zeit später war es nach einem kurzen Husten dann doch überraschend schnell geschehen: Die Mutter hatte aufgehört zu atmen. Alles «Kindliche» aus der Zeit der Verwirrtheit war einem tiefernsten Ausdruck gewichen. Die Ruhe und die Würde des Todes schienen alles Leid im Gesicht der Mutter geglättet zu haben.

Kommentar: Können Alzheimer-Kranke ihren herannahenden Tod wahrnehmen?

Die Niederländerin Elisabeth van Hoesel (1989) berichtet in ihrem Buch «Liebesmüh' mit alten Eltern» von dem unerwartet harmonischen Lebensende der Mutter in einem Heim.

Van Hoesel beschreibt eine Abschiedsszene, die sich nur in einer einzigen Geste äußerte: «Lange hielt sie (die Mutter) meine Hand fest, preßte meine Finger an ihre Lippen in einer letzten Zärtlichkeit. Eine friedvolle Rührung umgab uns ...». Worte hat es zwischen Mutter und Tochter nicht mehr gegeben. Aber man spürt es, beide waren sich der Bedeutung der zarten Geste bewußt – Worte hätten da nur stören können.

Ähnlich reduzierten sich auch bei M. in der letzten Lebensphase die «Mitteilungen» nur noch auf das Wesentliche. Hier waren Umarmungen, aber auch das Händehalten die letzten Kontaktbrücken. Dazu kam allerdings – für die Familie überraschend – das Hören der Musik, die M. einst viel bedeutet hatte.* Die Tochter merkte wieder einmal, daß es keine Regeln gab bei dieser Krankheit. Etwas, was die Mutter scheinbar – in ihrer unruhigen Phase – nicht mehr aufnehmen konnte, das erreichte sie nun noch einmal tief und intensiv. Es war sicher keine Einbildung der Tochter, denn die Schwestern machten ähnliche Beobachtungen, wie die Musik beruhigend auf die Mutter wirkte.

* Daß das Hören von Musik auch von anderen Sterbenden als trostreich erlebt wird, berichtet u.a. Petzold (1984) aus der Therapie einer Krebskranken: «Malen und Collagen werden (jetzt) abgelehnt. Nur das Hören von Musik findet Anklang. Wir beenden die Stunden meistens damit, daß wir eine Viertelstunde Musik hören.»

Kurz vor dem Tod war es der Mutter aber auch noch einmal vergönnt, sich mit Worten auszudrücken. So unbeholfen diese während der letzten Krankheitsphase meist wirkten, diesmal war es möglich, sowohl den Schwestern als auch der Tochter Dankbarkeit und etwas Wesentliches zu vermitteln. Es schien sich – ein letztes Mal – das Unabhängigkeitsbedürfnis der Mutter durchsetzen zu wollen – wenngleich diesmal in abgeklärter und milder Weise. «Du sollst (mich) nicht zudecken ...» M.'s Arme waren das einzige, was sie noch frei bewegen konnte, nachdem die Beine ihren Dienst aufgegeben hatten. Sie hätte natürlich den kaltgewordenen Arm selber unter die Decke legen können. Der Handgriff der Tochter war in der Tat überflüssig gewesen. Er war als liebevolle Zuwendung gedacht, aber bei M. löste es anscheinend Zwiespältigkeit aus. Spürte sie in der Geste des Zudeckens vielleicht schon die Symbolik des endgültigen Zugedecktwerdens?

«Setz dich lieber» – das war etwas, was die Tochter freilich (fast) immer hatte zu kurz kommen lassen (müssen). Wie oft brach sie (weil andere Termine warteten) – für die Mutter viel zu früh – von ihren Besuchen wieder auf. Einmal sollte die Tochter nun doch endlich so lange sitzen bleiben, wie M. es für ihren Abschied benötigte. Das schienen dieser letzte Satz und das Festhalten der Hand sagen zu wollen. Es war, als hätte die Mutter durch die wenigen Worte (das Zudecken und das Sich-setzen) viel mehr geäußert, als man zunächst annehmen konnte. Für die Tochter schien sich jedenfalls in diesen «Bildern» noch einmal das jahrelange Ringen der Mutter zwischen Unabhängigkeitswünschen und dem Angewiesensein auf eine «Mutter», die nie genug Zeit hatte, zu verdichten. Aber der nachsichtig lächelnde Gesichtsausdruck besagte wohl auch, daß M. sich nun mit dem Unzulänglichen abgefunden hatte. Sie schien auf etwas anderes, Wesentlicheres ausgerichtet zu sein. Damit löste sich in dieser Phase die «Doppelbotschaft» endgültig auf: Die Sterbende hatte ihren eigenen Weg gefunden, auf dem sie niemand begleiten konnte. Sie hatte es früher schon einmal selber formuliert: «Schlafen (= sterben) kann jeder nur für sich ...»

Oft wird sich nicht ergründen lassen, ob andere Alzheimer-Kranke das Nahen der letzten Stunde in ähnlicher Weise spüren. Zumindest läßt aber der – in dieser Hinsicht vielleicht etwas ungewöhnliche – Verlauf bei M. den Schluß zu, daß die Kranken auch in der Endphase differenzierte Vorstellungen haben können. Damit könnte auch die Anwesenheit eines (oder mehrerer) nahestehender Menschen in der Todesstunde mehr Bedeutung haben, als oft angenommen wird.

3.7 Zusammenfassung

Die chronologisch dargestellte «Krankengeschichte von M.», welche sich auf konkrete Aufzeichnungen stützt, gibt zunächst auf einer *phänomenologischen Ebene* den Krankheitsablauf einer Alzheimer-Demenz in ihren unterschiedlichen Stationen wieder. Dabei wurden sowohl Alzheimer-relevante, häufig auftretende Verlaufsmuster transparent, wie auch persönliche Eigenarten, welche jeder Alzheimer-Krankheit eine spezifische Färbung verleihen. (Hier z.B. der starke Lebenswille und die Phantasie der Kranken).

In den *Kommentaren,* welche die einzelnen Kapitel abschließen, ist der Versuch einer *Integration* der verschiedenen, die Krankheit kennzeichnenden Ebenen unternommen worden. Zu der deskriptiv-phänomenologischen Ebene gesellte sich so eine *zweite Ebene,* die die Krankengeschichte mit den (heute bekannten) klinischen Fakten in einen *medizinischen Kontext* eingebunden hat (siehe auch Zusammenfassung Teil 2).

Auf einer *dritten Ebene* wurden – ebenfalls in den jeweiligen Kommentaren – die *reaktiven Veränderungen* geschildert, die man auch als *Sekundärsymptome* bezeichnet (z.B. regressive, depressive, aggressive Verhaltensweisen). Letztere werden stark von *Beziehungskonstellationen* beeinflußt. Da es zur Zeit noch keine kausal-medizinisch wirksame Therapie gibt, wurde den zwischenmenschlichen Interaktionen und ihren reaktiven Auswirkungen (als einziger Möglichkeit, das Alltagsklima zu verändern) relativ breiter Raum gegeben.

Es wäre unzutreffend, hier von Psychotherapie (im engeren Sinn) zu sprechen, weil diese sich nicht mit den Kranken durchführen läßt. Es sind aber einige *psychotherapeutische Elemente* zur Darstellung gekommen, welche einem besseren Verständnis und Umgang mit manchen (vermeidbaren) Komplikationen dienen könnten. So wurde von «positiven Verstärkern» aus dem Repertoire der Verhaltenstherapie (Badewannenritual!) berichtet. Aus der tiefenpsychologisch orientierten Kinderpsychotherapie wurde – zur besseren Adaptation an die neue Umgebung – die Kommunikation mit «Übergangsobjekten» erwähnt (zugleich eine Art «emotionales Refugium»). Aus dem Modell der Transaktionsanalyse stammen die Vorstellungen der «Kind-, Eltern- und Erwachsenen-Ich-Strukturen», die sich bei Alzheimer-Beziehungsverwirrungen als klärend erweisen können. Schließlich wurden system-analoge Begriffe aus der Familientherapie herangezogen, um die typische Alzheimer-Paradoxie, daß Eltern zu «Kindern» werden (und deren Kinder zu Eltern ihrer Eltern) besser in ihren paralysierenden Auswirkungen zu verstehen. Einen besonderen Rahmen hat hier die Mutter-Tochter-Beziehung eingenommen, an welcher sich das Wechselspiel der «Doppelbotschaften» («kindlich»-hilflose Abhängigkeit versus autonome Behauptungsversuche) aufzeigen ließ.

Nachwort

Zwei Jahre nach dem Tod der Mutter sah vieles anders aus für die Tochter. Es gab keine unsichtbaren Gummifäden mehr, die sie an das Schicksal der Mutter fesselten, keine Saugnäpfe, und auch die Bleischuhe waren nicht mehr da. Alles war Erinnerung geworden.

Hatte der Tod der Mutter die Tochter mit großem Ernst, zugleich mit einer unsagbaren Erleichterung erfüllt, einer Erleichterung auch deshalb, weil sie in der Todesstunde bei der Mutter sein konnte, so waren diese Gefühle nun langsam wieder abgeebbt. Die Trivialitäten des Alltags «ergriffen» die Tochter erneut. Sie nahm es einerseits erleichtert wahr, daß sie wieder unbeschwert sein konnte. Es gab aber auch Stunden, in denen ihr die Intensität einer tiefergreifenden Betroffenheit zu fehlen schien.

Als junge Assistenzärztin war sie mehrere Monate in einer psychiatrischen Einrichtung tätig gewesen. Sie war damals erleichtert, daß sie nur selten bei Visiten auf die dortige geriatrische Station kam. Die verwirrten, meist ungepflegten Elendsgestalten in den großen Wachsälen, oft in Betten, über die man ein «schützendes» Netz gespannt hatte, erschreckten die Tochter jedesmal erneut. Es schien ihr so, als sei in diesen Kranken alles Menschliche erloschen. Sie konnte sich nicht vorstellen, auf einer solchen Station länger verweilen oder gar dort arbeiten zu müssen.

Durch die Erkrankung der Mutter mußte die Tochter das, was sie sich freiwillig nie ausgesucht hätte, nun zwangsläufig tun. Mit anfänglichen Verleugnungs- und Verdrängungsstrategien, aber auch mit einigen Rebellionsansätzen (ich kann, ich will nicht mehr) versuchte sie, sich eine Zeitlang gegen das Unabänderliche zu wehren. Gegen Ende der Erkrankung, vor allem aber auch mit zunehmender zeitlicher Distanz, konnte die Tochter die aufrüttelnden, die nachdenklich machenden Seiten dieser Zeit jedoch immer mehr als neue Anstöße integrieren.

Hatte sie nicht manches erfahren und dazugelernt, was für ihr weiteres Leben, auch für ihren Beruf, wichtig geworden war? Ihre etwas vorschnellen «Bemutterungstendenzen» beispielsweise, welche die Mutter noch zwei Tage vor ihrem Tod mit sanftem Nachdruck zurückgewiesen hatte; die Zeiten der Stille, die Erkenntnis, nichts tun zu können; und dann oft das Unerwartete, das sich von allein einstellte, ohne ihr «Zutun» ... Die Tochter versuchte, etwas davon in sich weiterwirken zu lassen. Sie war in einem Beruf tätig, der darauf abzielte, bei anderen («positive») Veränderungen zu initiieren. Da konnte es heilsam sein zu wissen, daß man durch ein Sich-Angleichen an das Unveränderliche auch etwas «gewinnen» kann (was nicht mit oberflächlicher Anpassung gemeint ist). «Demut» war eines der letzten Worte der (eher selten «demütig» wirkenden) Mutter. Hatte die Tochter hier nicht ein notwendiges Gegengewicht übernommen für die heutige Zeit, in der alles machbar zu sein scheint? Die Mutter hatte durch ihr langes und schweres Leiden ohne Frage immer mehr von demütigen Beschränkungen zulassen können, ohne daß sie eigentlich ge-demütigt wirkte oder gar daran zerbrochen wäre ...

Durch ihre Besuche im Heim hatte die Tochter auch erfahren, wie notwendig es ist, jede Art von Vorurteilen zu hinterfragen (so auch das eigene Vorurteil, das sie als Assistenzärztin in der gerontopsychiatrischen Abteilung gewonnen hatte). Aber nicht nur durch das Miterleben des Krankheitsverlaufes bei der eigenen Mutter, sondern auch bei den anderen Heimbewohnern hatte die Tochter feststellen können, wieviele farbige Nuancen im scheinbar grauen Alltag noch möglich waren.* Zum Revidieren alter Vorurteile gehörte ebenso die Wahrnehmung der engagierten Bemühungen des Pflegepersonals um liebevolle Toleranz und der Versuche, mit immer neuen Einfällen gegen die Tristesse der Routine anzugehen.

* Es gab beispielsweise eine Heimbewohnerin, welche die Tochter nur verbittert, abwesend, «stumpf» erlebt hatte. Sie schien der «Prototyp» für das graue Einerlei zu sein. Eines Tages besuchten sie die weit entfernt wohnenden Angehörigen. Die Veränderung der scheinbar abgestumpften Frau war eklatant. Die Tochter erlebte einen ganz anderen Menschen, der plötzlich (wieder) lachen konnte, der sie freundlich begrüßte, dessen Gesichtszüge sich so verändert hatten, daß die Tochter im ersten Augenblick eine «Neuaufnahme» des Heimes vermutete.

Die Tochter erlebte das Geschenk, (wieder) dankbar sein zu können. Es war eine Dankbarkeit, die nicht nur das Heim einschloß, sondern ihre Familie, vor allem ihren Mann und ihre Freundin, welche die Mutter so konsequent besuchte. Diese Dankbarkeit war es wohl letztlich auch, die den Entschluß reifen ließ, anderen Betroffenen Anstöße zu geben, um aus der oft so lähmenden Niedergeschlagenheit herauszufinden und in scheinbarer Sinnlosigkeit manchmal doch einen tieferen «Sinn» zu entdecken.

Zur stationären Betreuung von altersdementen Patienten

von Peter Wollschläger

Endstation Gerontopsychiatrie

Im letzten Stadium der Alzheimer Erkrankung nimmt die Verwirrtheit der Patienten oftmals derart zu, daß die Familie nicht mehr in der Lage ist, sie weiter zuhause zu betreuen. Am Ende einer schweren Zeit mit Mühen und Enttäuschungen steht dann die Entscheidung, die Mutter oder den Vater in ein Altersheim zu geben. Diese Entscheidung ist oft mit großen Schuldgefühlen verbunden. Der Vorwurf, versagt zu haben, steht häufig unausgesprochen im Raum. Dabei darf nicht übersehen werden, welche Belastung ein Mensch für seine Umgebung bedeutet, der ständig betreut werden muß, der oft mit Unverständnis, manchmal auch mit Aggressionen auf die Erfahrung seiner zunehmenden Hilflosigkeit reagiert. Es ist manchmal ein schwerer Kampf, wenn die Rollen vertauscht werden, die Kinder zu Betreuenden werden und ihren Eltern «reinreden» müssen. Die Eltern haben ja auch lichte Augenblicke, in denen sie dies deutlich wahrnehmen. Darunter leiden sie möglicherweise und versuchen, die alten Hierarchien wiederherzustellen. Ihre Aufnahme in ein Heim erleben viele alte Menschen als Abschiebung.

Das Altersheim stellt aber auch eine wichtige Entlastung für die Familie dar. Die Grundpflege, die Sorge für Essen und Kleidung, aber auch die notwendige Kontrolle, wird jetzt von professionellem Personal übernommen. Für die Familien bleibt wieder Raum zum persönlichen Gespräch, zum Austausch, zu Spiel und Unterhaltung. Das kommt zuhause in einer Atmosphäre ständiger Überlastung oft zu kurz.

Für den alten Menschen kann jedoch der Eindruck entstehen: «Ich werde nicht mehr gebraucht. Ich habe kein Zuhause mehr. Die Kinder wollen nichts mehr von mir wissen.» Die Kontaktaufnahme in der neuen Umgebung fällt schwer, um so mehr, als die Krankheit die sozialen Fähigkeiten beeinträchtigt hat. Die Aufsicht durch das Pflegepersonal wird als Einengung erlebt. Man kann nicht mehr frei herumlaufen. Man kann doch noch so vieles und jetzt wird einem alles abgenommen.

Der verpflanzte alte Baum verkümmert, wenn seine Wurzeln keinen Halt mehr finden. In der Zeit der Heimaufnahme ist es wichtig, daß das Netz der sozialen Bindungen weiter trägt. Die Kinder können durch Besuche und Wochenendurlaube zuhause die Verbindung aufrechterhalten. Der alte Mensch hat durch Erzählungen an den Geschehnissen zuhause teil. Freunde, aber auch die Gemeinde oder der Hausarzt, können eine Brücke zu früher schlagen.

Für die Pflegenden ist es wichtig, die Geschichte des Menschen zu kennen, seine Vorlieben und Ängste, seine Eigenheiten bis hin zum Lieblingsessen. Um so eher ist ein individuelles Eingehen auf den zu Betreuenden möglich, kann eine warmherzige Beziehung entstehen.

Wenn die Krankheit weiter fortschreitet, läßt die Orientierung mehr und mehr nach. Die hellen Momente werden seltener. Oft trägt der Abschied von der bekannten Umgebung seinen Teil dazu bei. Der Mensch will nach Hause laufen, begreift nicht, daß das nicht geht. Ständig muß man ihn auf der Straße wieder auflesen. Fast wäre er unter ein Auto geraten.

Die Gefühle lassen sich nicht mehr steuern. Wut und Ärger finden ihren Ausdruck in Tätlichkeiten gegen Mitbewohner und Pflegepersonal. Oft gelingt es mit liebevoller Zuwendung solche Situationen aufzufangen, den «schwierigen» Bewohner weiter mitzutragen. Das bedeutet eine große Anforderung für alle Beteiligten, die aber leichter fällt, wenn sich vorher bereits eine tragfähige Beziehung entwickeln konnte.

Oft steht am Ende aber auch die Überweisung in ein Krankenhaus. Eine geschlossene alterspsychiatrische Abteilung. Diese sind, anders als die Altenheime, viel mehr als Krankenhausstationen ausgelegt. Während im Altersheim oft noch die eigenen Möbel, Bilder, eigene Kleidung mitgebracht werden konnten, ist dies unter den Krankenhausbedingungen nur selten möglich.

Die nachfolgenden Beobachtungen stammen aus der Arbeit auf drei gerontopsychiatrischen Stationen mit insgesamt 90 Patienten. Die Zusammenlegung verwirrter Menschen macht die Behandlung schwierig und kann für die Prognose der Erkrankung ungünstig sein. Die Ausstattung der Stationen in der Gerontopsychiatrie hierzulande mit Personal und Sachmitteln ist unzureichend. So kann die Beschreibung der Zustände auf den Stationen ein Gefühl von Hoffnungslosigkeit vermitteln. Da ist es wichtig, zu prüfen, welche Möglichkeiten auch dort noch vorhanden sind, wieviel die altersverwirrten Menschen von ihrer Umgebung noch wahrnehmen und wie dringend eine den Bewohnern angemessene Ausstattung dieser Einrichtungen ist.

Bei den Patienten der drei Stationen, von denen ich spreche, handelt es sich um Männer und Frauen zwischen 60 und 84 Jahren. Viele von ihnen sind an seniler oder präseniler Demenz erkrankt. Dadurch sind ihre intellektuellen Fähigkeiten stark eingeschränkt. Das Gedächtnis hat nachgelassen. Oft werden Begebenheiten schon nach kurzer Zeit wieder vergessen. Geschehnisse aus früherer Zeit können dagegen länger erinnert werden. Teilweise erkennen die Menschen ihre eigenen Eheleute und Kinder nicht mehr. Die Orientierung in einer fremden Umgebung fällt ihnen schwer. Die Umstellung auf ständig neue Menschen ist eine große Anforderung. Gefühle wie Angst und Wut brechen plötzlich über sie herein. Sie können sich oft nicht mehr artikulieren und sind unfähig, Wünsche und Gefühle in verständlicher Weise auszudrücken. Dabei erleben sie Angst, Furcht oder Freude nicht weniger intensiv als gesunde Menschen.

Die Unterbringung auf einer gerontopsychiatrischen Abteilung bedeutet für die alten Menschen oft eine Katastrophe. Sie leben mit bis zu vierzig anderen verwirrten Menschen auf einer Station. Dort sehen sie sich einer reizlosen äußeren Umgebung ausgesetzt. Sie wohnen und schlafen in Zimmern ohne Privatsphäre, die mit Krankenhausmöbeln eingerichtet sind. Es gibt keine bekannten Räume oder Menschen, an denen sie sich orientieren könnten. Die Versorgung der Grundbedürfnisse wird ihnen abgenommen. Wer nicht schnell genug essen kann, wird gefüttert. Einfachste Dinge, wie die Toilette zu finden, fällt den alten Menschen jeden Tag erneut schwer. Viele verlieren die Beherrschung über ihre Ausscheidung. Die Mitmenschen, an denen sie sich orientieren könnten, sind in der gleichen Lage. So nimmt die Fähigkeit, sich zu orientieren, weiter ab.

Oft sind sie dazu noch körperlich gebrechlich und auf fremde Hilfe angewiesen.

Wer nachts aufwacht, die Toilette sucht und nicht findet, schließlich vor sein Bett uriniert, ist in Gefahr, hinzufallen. Die Sorge der Betreuenden, die aus Erfahrung wissen, wie schnell sich alte Menschen die Knochen brechen, gibt öfter Anlaß, die hilflosen Menschen zu ihrem Schutz im Bett anzubinden. Damit ist die Bewegungsfreiheit aber noch weiter eingeschränkt.

Und auch der, der Angst vor seinen Mitpatienten hat, sie verkennt und schlägt, muß, wenn Personal fehlt, festgebunden werden. Ebenso die, die sich nicht mehr alleine auf den Beinen halten können.

Die Schlafenszeiten der Patienten werden vom Dienstplan des Pflegepersonals diktiert. Wer unruhig ist und nicht schlafen kann, erhält möglicherweise Medizin zum Schlafen.

In vielen Krankenhäusern und Pflegestationen ist es noch üblich, daß die Patienten von der Nachwache gewaschen werden. Das heißt, daß ab vier Uhr nachts geweckt wird. Die schlaftrunkenen Patienten werden in aller Schnelle gewaschen, das Bett falls nötig neu gemacht. Auf diese Weise muß die Nachtwache innerhalb von drei Stunden bis zu vierzig Patienten waschen.

Auf der großen gerontopsychiatrischen Station mit 40 alten Menschen sind zwölf der alten Menschen schwer pflegebedüftig. Die Betreuung erfolgt durch gelernte Krankenschwestern, Krankenpflegehelferinnen, Altenpflegerinnen und Zivildienstleistende. Im Schnitt sind fünf Pflegende auf der Station anwesend. Während des Beobachtungszeitraums war ein Arzt für 80 Patienten zuständig. Wie auf vielen Alten- und Pflegestationen besteht das Dilemma in ständiger Personalknappheit. Die Kapazität des Pflegepersonals reicht gerade aus, um eine sogenannte Grundpflege, also die regelmäßige Zufuhr von Nahrung, das Sauberhalten inkontinenter Patienten und die Versorgung der Schwerkranken, zu gewährleisten. Die Arbeit wird vom Pflegepersonal als äußerst belastend erlebt. Häufig geben Krankenschwestern nach wenigen Jahren die beschwerliche Arbeit auf. Dadurch findet ein ständiger Wechsel im Personalbereich statt.

Dagegen ist auf den beiden kleinen Stationen mit je 20 Betten, die einige Monate zuvor aus einer großen Station hervorgegangen sind, das Klima familiärer und freundlicher. Der persönliche Kontakt zu den Patienten ist enger und das Pflegepersonal hat eigene Aktivitätsgruppen ins Leben gerufen, in denen gespielt wird, Geburtstage gefeiert oder Ausflüge gemacht werden.

Für insgesamt zwanzig Patienten besteht die Möglichkeit, an der Beschäftigungstherapie im Haus teilzunehmen. Dort sind sie eine Stunde täglich mit Arbeiten wie Stricken, Malen, Bücher ansehen oder kleineren Werkarbeiten befaßt. Unter den Patienten werden diejenigen ausgewählt, die in der Lage sind, sich dort in eine Gruppe von Patienten zu integrieren und nicht durch Aggressivität oder Untätigkeit aus dem Rahmen fallen.

Neben den beiden Gruppen der Schwerkranken und der Gruppe, die an der Beschäftigungstherapie teilnehmen, bleiben auf der großen Station zwanzig weitgehend hilflose Patienten übrig. Sie werden morgens vom Pflegepersonal geweckt, angezogen und zum Frühstück gebracht. Viele von ihnen müssen gefüttert werden. Anschließend sind sie für Stunden sich selbst überlassen. Die meisten sind unsicher beim Gehen. Alleine auf sich gestellt, würden sie mit großer Wahrscheinlichkeit hinfallen. Sie sitzen deshalb tagsüber in einem Stuhl, an dem, ähnlich wie man es bei Kleinkindern kennt, vor dem Bauch ein Brett festgemacht wird. So sind sie vor dem Hinausfallen geschützt. Ihre Bewegungsfreiheit ist damit auf weniger als einen Quadratmeter eingeschränkt. Aufgrund fehlenden Personals verlieren sie so auch noch den Rest an Bewegungsfreiheit.

Die Berichte aus anderen Einrichtungen, sowohl Altenheimen als auch Pflegeabteilungen von Krankenhäusern und insbesondere Alterspsychiatrien zeigen, daß es dort ähnlich bedrückend aussieht. Bei der sich immer mehr verändernden Altersstruktur unserer Gesellschaft werden sich diese Probleme eher verschärfen denn von alleine lösen. Immer weniger junge Menschen sind bereit, eine schlecht bezahlte Arbeit im Pflegedienst mit Schichtdienst, Sonntagsarbeit und Nachtdiensten auf sich zu nehmen.

Es ist daher unbedingt erforderlich, die Arbeitsbedingungen auf den gerontologischen und gerontopsychiatrischen Stationen zu verändern. Dies erfordert einen deutlich verbesserten Pflegeschlüssel. Es erfordert aber auch ein gezieltes Eingehen auf die Bedürfnisse der altersverwirrten Menschen.

Das klassische ärztliche Repertoire hilft hier nur wenig weiter. Für die kommenden Jahre, in denen immer mehr alte Menschen zu betreuen sein werden, sind neben materiellem Einsatz phantasievolle Wege zu beschreiten. Mit unkonventionellen Ansätzen und Ideen müssen wir versuchen, einen neuen Zugang zu den altersverwirrten Menschen zu gewinnen. Am Beispiel der Integration von Stofftieren in den Lebensalltag der alten Menschen wird ein solcher Weg dargestellt. Weitere Möglichkeiten werden anschließend kurz beschrieben.

Stofftiere als Liebesobjekte

Wir betreuen eine Dame, Frau V. die ständig durch lautes Schimpfen auf sich aufmerksam macht. Die Patientin reagiert auf jede Berührung mit schrillen Schreien. Das An- und Ausziehen bedeutet eine Tortur, sowohl für sie, als auch für die Pflegenden. Der enge Kontakt und die Abhängigkeit vom Pflegepersonal scheinen ihr große Angst zu machen.

Wir haben schließlich die Tochter der alten Dame gebeten, ihr ein Stofftier mitzubringen. Sie hat einen großen, weichen Teddy erstanden und ihn ihrer Mutter auf die Station mitgebracht. Wir waren überrascht von der Wirkung. Frau V. schloß den Bären in ihre Arme. Auf die Frage, wen sie da im Arm habe, antwortete sie: «Das ist mein Süßer. Der hat mich gerne. Der läßt mich nicht allein.» Sie, die sonst kaum einen vollständigen Satz spricht, kann mithilfe des Bären ihre Enttäuschung über das Allein-Gelassen-Sein äußern. Sie nimmt von sich aus Kontakt zu ihrem Bären auf. Wir hören sie oft mit ihrem «Pidi» reden. Sie herzt und liebkost ihn. Er muß abends mit ins Bett kommen und schläft in ihren Armen. Auf uns wirkt die alte Dame seit der Existenz des Bären ruhiger und ausgeglichener.

Trotz der weiterhin bestehenden Unterversorgung mit menschlicher Zuwendung fand sich hier eine Möglichkeit, der alten Dame Nähe und Wärme zu vermitteln.

Ermutigt von dem Erfolg des ersten Versuches haben wir weitere Tiere besorgt, die wir den Patienten zu Weihnachten geschenkt haben. Die Reaktionen waren ganz unterschiedlich.

Eine Frau gab uns deutlich zu verstehen: «Verdammt noch mal, ich bin doch kein kleines Kind mehr.» Angesichts des weitergehenden dementiellen Abbauprozesses, in dessen Rahmen die intellektuellen Fähigkeiten der Patientin auf das Niveau eines Kleinkindes eingeschränkt waren, war dies eine erstaunliche Leistung.

Eine andere Dame adoptierte sich gleich zwei Stofftiere. Mit diesen ging sie den ganzen Tag umher und erzählte: «Das sind meine Kinder». Die Kinder erhielten häufig wechselnde Namen, waren mal ein Jahr, mal zehn Jahre alt. Sie gingen in die Schule, lernten Lesen und Schreiben. Fehlten sie, so suchte die Patientin, bis sie sie wiederfand, oder tröstete uns damit, die Kinder seien halt unterwegs.

Das Ergebnis dieses Versuches war, daß das Klima auf der Station weitaus liebevoller wurde. Oft entstand über die Tiere ein Kontakt, ein kurzes Gespräch oder auch ein Austausch über frühere Begebenheiten aus dem Leben der alten Menschen. Wie das Beispiel der ablehnenden Patientin zeigt, ist es nicht immer möglich, mit den Tieren zu arbeiten. Hier zeigte uns die Patientin mit ihrer Antwort eine Unterscheidungsfähigkeit, die wir ihr nicht mehr zugetraut hatten.

Auch eine andere Beobachtung ließ uns aufhorchen. Eine Patientin war auf der Station häufig mit einer Puppe unterwegs. Sie redete dort mit ihr und ging mit ihr wie mit einem realen Gegenüber um. Eines Nachmittags war sie mit Krankenschwestern im Café. Dieses liegt zwar auf dem Klinikgelände, wird jedoch auch von vielen Besuchern frequentiert. Im Café angekommen, stellte Frau F. fest: «Na sowas, jetzt habe ich ja die dumme Puppe mitgenommen.» Die Patientin *konnte also* zwischen der Station, wo Puppen offensichtlich erlaubt waren, und dem öffentlichen Raum des Cafés unterscheiden.

Stofftiere können menschliche Nähe und Zuwendung nicht ersetzen. Sie sollten nicht als Alibi herhalten, die personelle Besetzung von gerontologischen oder gerontopsychiatrischen Stationen weiterhin stiefkindlich zu behandeln.

Sie können aber einen Zugang zu Menschen bieten, die aufgrund von Alter und Krankheit nicht mehr in der Lage sind, sich auf einer intellektuellen Ebene mit Mitmenschen oder Pflegepersonal zu verständigen. Die Art der Erkrankung löst bei den Angehörigen oft

Angst und Verunsicherung aus: «Wie soll ich mit dem früher so anderen Menschen umgehen? Was kriegt der denn noch mit?» Die Kontakte beschränken sich oft auf kurze Besuche mit dem Resultat: «Mit ihr/ihm kann man ja nicht mehr reden.» Hier stellt das Angebot einer Spielebene eine oft dankbar angenommene Entlastung dar. Es gehört ein wenig Mut dazu, mit einem erwachsenen Menschen in dieser Art und Weise umzugehen. Es gibt hier aber offensichtliche Ressourcen, auf die die Menschen trotz des Verlustes ihrer intellektuellen Fähigkeiten noch lange zurückgreifen können.

Donald Winnicott (1987) beschrieb in seinem erstmals 1971 erschienen Buch: «Vom Spiel zur Kreativität» seine Theorien von Übergangsobjekten bei Kindern. Es handelte sich dabei um eine Decke, eine Puppe oder ein Tier aus Stoff. Dies repräsentierte den Übergang zwischen einer Phase engster Verbundenheit mit der Mutter und einer Phase, in der das Kind mit der Mutter als einem Phänomen außerhalb seines Selbst in Beziehung steht. Das Übergangsobjekt ist ständiger Begleiter des Kindes, vermittelt Nähe und Vertrauen. So sei es möglich, neuen Situationen mit der Gewißheit der Nähe und Verbundenheit der Mutter zu begegnen. Winnicott verweist veranschaulichend auf Linus aus der «Peanuts»-Zeichentrickfamilie von Charles M. Schulz. Linus' Schmusedecke stellt quasi ein Schulbeispiel von Übergangsobjekt dar. Sie *ist* dreckig, *riecht* nach Mutter, *ist* immer zur Stelle und wehe, sie bleibt irgendwo liegen. Unsere oben beschriebenen Erfahrungen im Umgang der alten Menschen mit ihren Stofftieren decken sich mit den Beobachtungen Winnicotts. Daraus ergibt sich die Hypothese, daß hier ein Rückgriff auf Fähigkeiten stattfindet, die bereits in der frühesten Kindheit erworben wurden. Ähnlich wie das Altgedächtnis scheinen sie den verwirrten alten Menschen lange Zeit erhalten zu bleiben. Winnicott formulierte als Kriterien für Übergangsobjekte:

«1. die Art des Objektes,
2. die Fähigkeit des Kindes, das Objekt als «Nicht-ich» (das heißt nicht zum Selbst gehörend) zu erkennen,
3. der Ort des Objektes (außen – innen – an der Grenze),
4. die Fähigkeit des Kindes, ein Objekt zu erschaffen; es sich vorzustellen, zu erdenken, zu erfinden, hervorzubringen,
5. der Beginn einer zärtlichen Objektbeziehung.»

Auch den alten Menschen dienen die Tiere als Projektionsfläche für Empfindungen, Bedürfnisse und Erinnerungen. Sie werden zum Ziel einer Kommunikation in Rede und Gegenrede. Beide Gesprächspartner werden dabei von dem alten Menschen wahrgenommen. Gleichzeitig besteht das Wissen, daß es sich eigentlich um eine Puppe oder ein Tier handelt. Die Fähigkeit, die Tiere als Nicht-Selbst zu erleben, ist also vorhanden. Im Gespräch mit Pflegepersonal und Angehörigen stellen die Tiere eine Verbindung zur früheren Erlebniswelt dar. Erinnerungen werden wieder wach. So fahren die «Kinder» nach Wuppertal zur Schwebebahn oder gehen in die Schule. Bereits am ersten Beispiel wird die zärtliche Beziehung zu dem Bären deutlich. Dies wiederholt sich immer wieder in den Kontakten der alten Menschen mit ihren Bären, «Kindern», Igeln und anderen Tieren.

Der Grad der Wachheit in einer Umgebung, deren Charakteristikum eine starke Reizverarmung ist, wird durch die Kommunikation mit den Tieren erhöht. Für die alten Menschen, deren Leben in erster Linie aus einer Versorgung der Grundbedürfnisse, Nahrungsaufnahme und Sauberkeit besteht, also weitgehend passiv gestaltet ist, bieten sich neue Erlebnis- und Ausdrucksmöglichkeiten. Sie erdichten und gestalten in ihrer Phantasie eine Beziehung, in der ihnen das Gegenüber ständig greifbar zur Verfügung steht. Uns wurde mehrfach die Frage gestellt, ob hier nicht eine Infantilisierung der alten Menschen gefördert werde. Unsere Erfahrung ist, daß die Menschen durchaus in der Lage sind, zu entscheiden, wie weit sie sich auf eine derartige Spielebene einlassen wollen. Die Aufgabe liegt meines Erachtens eher darin, den Angehörigen und Pflegenden die Angst zu nehmen, sich auf eine so ungewöhnliche Kommunikation einzulassen und ihnen damit einen neuen Zugang zu den alten Menschen zu ermöglichen.

Ähnlich wie mit den Tieren versuchen wir, gezielt weitere Angebote zu finden, mit denen die Reizarmut der Umgebung verringert und die sozialen Fähigkeiten der Patienten gefördert werden können.

Die Ballgruppe

In Zusammenarbeit mit dem Pflegepersonal und der Beschäftigungstherapie findet jeden Tag für eine Stunde auf der Station eine Gruppe statt. Ziel ist es, im Spiel auf die Lethargie der Patienten einzuwirken. Medizinisch gewünscht sind Mobilisierung und Kreislaufstabilisierung. Es gibt in Spielwarenläden weiche Bälle aus Kunststoff, die auch beim Aufprall nicht weh tun. Sie sollten eine glatte Oberfläche haben und abwaschbar sein. Wir haben mit Kreisspielen, mit Fangen und Weitergeben des Balles begonnen.

Dabei haben wir die Beobachtung gemacht, daß für manche der Patienten schon das Fangen des Balles eine Überforderung darstellt. Der schnelle Anflug und der Aufprall des Balles machen Angst.

So sind wir auf Luftballons übergegangen. Sie können schnell aber auch vorsichtig geworfen werden. Sie kommen langsam an und tun nicht weh. Auch mit ataktischen Bewegungen ist ein mehrfaches Nachgreifen möglich. Schließlich kann schon mit wenig Kraft eine Bewegung erzielt werden. Dadurch steigt der Mut, nicht gleich aufzugeben, sondern sich weiter am Spiel zu beteiligen.*

Das Spiel kann mit Musik begleitet werden. Dabei ist dem Singen vor «Konservenmusik» der Vorzug zu geben.

Singgruppe

Zu den lange bleibenden Erinnerungen gehören Melodien, aber auch Texte der in der Kindheit gelernten Lieder. Die Generation der heute alten Menschen hat in ihrer Kindheit noch einen großen Schatz an Volksliedern gelernt. Im Gemeinsamen Singen werden viele Erinnerungen wach. Gefühle wie Liebe und Freude, aber auch Schmerz, Trauer und Einsamkeit können in den Liedern in einem festen Rahmen erlebt werden. Selbst die Auseinandersetzung mit dem

* Eine reiche Zahl von Anregungen für Spiele mit alten Menschen erhielt ich durch Frau Marianne Eicher. Frau Eicher ist Vorsitzende der Arbeitsgemeinschaft für Seniorentanz im Saarland.

Auch Zgola (1989) weist in ihrem Buch «Etwas tun!» auf ähnliche Möglichkeiten hin.

Tod kann so gewagt werden: «Wenn ich dann gestorben bin, trägt man mich zum Kirchhof hin. Setzt mir einen Leichenstein, pflanzt darauf Vergißnicht mein.»

Kochen

Die Schwestern auf der Station haben berichtet, daß eine alte Dame sie ständig am Betreten der Küchen hindert. Sie ist früher Köchin gewesen und ist nun überzeugt, dies sei ihre Küche. Wir fragten Frau W., was sie denn noch kochen könne. Ob sie eine Sauce hollandaise bereiten könne. «Selbstverständlich! Wie wir nur so fragen könnten?» Allerdings ist Frau W. zwar zur Person, aber weder zum Ort noch zur Zeit orientiert. Sie ist oft mürrisch, kaum in der Lage, Kontakt zu Mitpatienten aufzunehmen, und sie hat nie Besuch. Wir haben Spargel, Kartoffeln und Zutaten für die besagte Sauce gekauft. Aber jetzt wollte Frau W. nichts mehr vom Kochen wissen. Alles Zureden half nichts, bis eine Schwester auf die Idee verfiel, ihr zu sagen, wir seien einfach hilflos, könnten das nicht, und sie müsse uns helfen. Jetzt war sie bereit, mit in die Küche zu kommen. Sie konnte weder Butter, noch Eier oder sonstige Zutaten richtig benennen. Und doch gingen ihr alle Arbeitsgänge wie spielend von der Hand. Wir waren jedoch sehr verwundert, als sie es ablehnte, das fertige Gericht mit uns zu essen. Ob sie schon wieder verstimmt war? Sie gab dann selber die Erklärung. Sie sei Köchin und da sei es nicht üblich, daß man mit den Gästen speise. Sprach es und ging ihrer Wege.

Besuch öffentlicher Veranstaltungen

Wie oben beschrieben, stellt die Station eine reizarme Umgebung dar. Oft genügt schon der Besuch der «Außenwelt», um Orientierungsstörungen zu bessern. Bekannte Muster und Verhaltensregeln werden wieder erkannt. Erinnerungen werden wach und erhöhen die Vigilanz. Die intensiven Eindrücke der Außenwelt prägen sich im Erleben tiefer ein als der gleichförmige Stationsalltag.

Das Pflegepersonal der Station organisierte aus eigener Initiative einen Besuch im Zoo. Selbst schwer bewegliche Patienten wurden im Rollstuhl mit dorthin genommen. Die alten Menschen erlebten diesen Besuch mit viel Anteilnahme. Noch nach Tagen und Wochen kamen Erzählungen und Berichte vom Zoobesuch in den Gesprächen vor.

Ähnlich verhielt es sich mit dem Besuch eines Konzertes. Die Angst, daß wir dort auffallen würden, erwies sich im nachhinein als unbegründet.

Berührung

Im Verlauf des Alterungsprozesses und insbesondere bei Alzheimer Erkrankungen geht am Ende der Erkrankung auch die Fähigkeit verloren, sich an den oben beschriebenen Aktivitäten zu beteiligen. Dabei sollte die Bedeutung nicht unterschätzt werden, die es für den Menschen hat, einfach bei der Familie, der Gruppe dabeizusitzen. Oft sind wir verblüfft, wenn wir merken, wieviel ein Mensch, der sich nicht mehr äußern kann, doch noch von der Umgebung wahrnimmt.

Im Spätstadium der Erkrankung kommt der vorsichtigen Berührung der zärtlichen Pflege, dem liebevollen Füttern eine ganz wichtige Bedeutung zu. Dies ist durchaus zu vergleichen mit der Fürsorge, die einem Säugling durch die Mutter zuteil wird. Die Wärme der beruhigend aufgelegten Hand, behutsames Streicheln sind durch keinerlei Medikamente zu ersetzen.

Entlastung der Angehörigen

Die Verwandten der alten Menschen müssen mit der Erkrankung ihrer Eltern, Onkel oder Tanten oft alleine fertig werden. Dabei wird die Hauptlast der Pflege noch immer weitgehend von den Frauen getragen. Oft ist die Einweisung in ein Altenpflegeheim der letzte Schritt nach einer langen und beschwerlichen Zeit. Dennoch leiden viele Verwandte unter dem Gefühl, ihren Angehörigen abgeschoben zu haben, mit der Aufgabe der Pflege nicht fertig geworden zu sein und schuld daran zu sein, daß es nicht anders ging.

Hier spielt das Gespräch mit den Angehörigen eine wichtige Rolle. In Selbsthilfegruppen können Sorgen berichtet und Erfahrungen ausgetauscht werden. Oft haben die Pflegenden über Jahre keine Möglichkeit gehabt, mit einem anderen Menschen über ihren Kummer oder über schöne Begebenheiten im Leben mit dem alten Menschen zu reden. Die Einweisung ins Pflegeheim sollte daher nicht mit Vorwürfen verbunden sein. Vielmehr sollte sie als Chance begriffen werden. Es bleibt jetzt mehr Zeit, in Ruhe füreinander dazusein. Die Pflegenden sind umgekehrt für die Hilfe der Angehörigen dankbar, die ja oft aus langer Erfahrung wissen, was «der Vater» oder «die Mutter» gerne mochten.

Für die alten Menschen stellen die Besuche die Verbindung zur Außenwelt und zu ihrer Familie dar. Die Einbeziehung der Angehörigen in das Stationsleben kann für alle Beteiligten ein Gewinn sein und zur Auflösung von Schuldkonten, wie sie von E. Klessmann beschrieben wurden, beitragen.

Zwölf Jahre später – Bilanz und Ausblick

von Peter Wollschläger

Vor zwölf Jahren bot mir Edda Klessmann an, einen Beitrag zu ihrem Buch «Wenn Eltern Kinder werden und doch die Eltern bleiben. Die Doppelbotschaft der Altersdemenz» zu schreiben. Darin schilderte ich meine Erfahrungen auf einer gerontopsychiatrischen Langzeitstation und meine Erschütterung darüber, unter welchen Umständen alte Menschen ihre letzten Lebensjahre verbringen mußten.
In einer sehr positiven Kritik der vierten Ausgabe des Buches drückte Ursula Hammer in der Zeitschrift für Gerontopsychologie und Psychiatrie ihr Bedauern darüber aus, daß der Anhang in der Zwischenzeit nicht mehr überarbeitet wurde. «Endstation Gerontopsychiatrie» könne man heute nicht mehr so stehen lassen. Vielmehr hielten die psychiatrischen Kliniken inzwischen ein umfangreiches Angebot an Diagnostik und Therapie für Demenzkranke auf dem aktuellen Stand der Wissenschaft bereit. Die Fortschritte der letzten zehn Jahre im Hinblick auf Diagnostik, Behandlung (Acetylcholinesterasehemmer, Psychotherapie) und Versorgung von Demenzkranken seien unübersehbar.
Es ist richtig, daß sich in dieser Zeit in den Bezirks- und Landeskrankenhäusern Vieles verändert hat. Die großen Langzeitstationen sind weitgehend aufgelöst worden. In einer Psychiatrieverordnung wurden Pflegeschlüssel und Mindestanforderungen festgelegt. In vielen psychiatrischen Kliniken und an neu eröffneten psychiatrischen Abteilungen in Allgemeinkrankenhäusern wurden Stationen für gerontopsychiatrische Patienten eingerichtet. Es gibt vor allem in den Ballungsräumen ein differenziertes Angebot an Tageskliniken; gerontopsychiatrischen Tagesstätten und ambulanten Fachdiensten. In der Klinik, die ich damals beschrieb, wurden Stationen geteilt, Betten abgebaut. Seit acht Jahren existiert eine gut arbeitende Station für Altersdepressionen und in diesem Jahr wird eine weitere Altentagesstätte eröffnet.

Ist es also Zeit, Entwarnung zu geben? Können wir beruhigt auf eine veränderte, qualifizierte gerontopsychiatrische Landschaft blicken? Haben vielleicht sogar Bücher wie dieses ihren Teil dazu beigetragen?

Was die Kliniken angeht, so ist der Ansicht von Ursula Hammer zuzustimmen. Gerontopsychiatrie wird nicht mehr als Stiefkind der Psychiatrie angesehen, sondern hat inzwischen einen festen Platz in der fachpsychiatrischen Versorgung. Im ambulanten Bereich wurde dem durch die Einführung einer Zusatzqualifikation Geriatrie für Ärzte Rechnung getragen. In der Psychotherapie gibt es erfreuliche Ansätze, sich in das Erleben alter Menschen einzufühlen und ihnen in angemessener Weise gerecht zu werden. Johannes Kipp und Gerd Jüngling[1] haben bereits in den 90er Jahren einen Zugang zu alten Menschen über deren Verlusterleben beschrieben. Neuere Ansätze werden von Edda Klessmann in ihrem Ergänzungskapitel dargestellt.

Ein dringender Handlungsbedarf besteht dagegen im Bereich der Alten- und Pflegeheime. Dies betrifft zum einen ganz «normale» Altenheime, in denen viele verwirrte alte Menschen leben. Auf der anderen Seite geht es um die Bewohner der früheren Langzeitstationen der Psychiatrie, die in Heime verlegt wurden.

Aus meiner Tätigkeit als Psychiater in niedergelassener Praxis und im sozialpsychiatrischen Dienst kann ich die Situation im ländlichen Raum im südöstlichen Oberbayern beschreiben. Hier sind in den letzten Jahren über fünfhundert Heimplätze neu eingerichtet worden. Die wenigsten Bewohner kommen aus der Region, der größte Teil aus einem Bezirkskrankenhaus am Rande von München. Die Heime liegen damit mehr als hundert Kilometer vom Heimatort der Bewohner entfernt. Eine Heimreise ist kaum möglich, alte Beziehungen und Kontakte gehen verloren.

Bei meinen Besuchen in den Heimen bot sich mir ein sehr unterschiedliches Bild. In vielen Häusern bemühen sich die Mitarbeiter, den Patienten ein auf ihre Wünsche und Bedürfnisse zugeschnittenes Angebot zu bieten. Es gibt meist eine Beschäftigungstherapie und Gruppen, in denen gemeinsam gesungen

1 Kipp, Johannes und Jüngling, Gerd: Verstehender Umgang mit alten Menschen, Berlin 1991.

wird. In einem Wohnheim studieren die Bewohner gemeinsam die Zeitung und unterhalten sich über Themen aus dem Weltgeschehen. So bleiben sie auch weiterhin dem Leben «draußen» verbunden und trainieren Beobachtung und Orientierung. Beim Malen haben sie eine Möglichkeit, ihren Gefühlen, ihren Ängsten, Sorgen und Nöten, aber auch ihrer Freude Ausdruck zu geben. Ein anderes Heim betreibt einen kleinen Bauernhof mit Esel, Schafen, Hasen, Ziegen und Enten, die von den 16 Bewohnern versorgt werden. Sie haben die Verantwortung für die Tiere und sehen im unmittelbaren Kontakt den Sinn ihrer Arbeit.
Auf der anderen Seite habe ich aber auch ein Heim im Nachbarlandkreis erlebt, an dem die Entwicklung der letzten Jahre spurlos vorübergegangen zu sein scheint. Über achtzig Menschen sind dort in einem früheren Hotel per Gerichtsbeschluß unter geschlossenen Bedingungen untergebracht. Sie wohnen in Drei- und Vierbettzimmern. Es gibt kaum ausgebildetes Fachpflegepersonal, keine Pflegeplanung, geschweige denn eine Beschäftigungstherapie. Achtzigjährige Patienten liegen im Bett, ohne daß sie ausreichend durchbewegt werden und haben starke Kontrakturen in den Beinen entwickelt. Der einzige Lichtblick ist eine einmal in der Woche stattfindende Musikgruppe, an der aber nur wenige Patienten teilnehmen. Sind die Patienten erregt, erhalten sie hohe Dosen sedierender Psychopharmaka. Eine fachpsychiatrische Versorgung findet nicht statt.
Ein großes Problem für alle Heime besteht darin, daß zwar in den Psychiatrien Betten abgebaut worden sind, die dadurch eingesparten Gelder den Heimen aber nur begrenzt zur Verfügung stehen. Aufgrund des Kostendrucks werden Stellen eingespart. Es ist im ländlichen Raum kaum möglich, Krankenpflegepersonal mit Psychiatrieerfahrung zu finden. Die Lücken werden zumeist mit angelernten Kräften und ausländischen Mitarbeitern gestopft. Diesen kann man es nicht zum Vorwurf machen, wenn sie mit der Situation überfordert sind. Die Mitarbeiter aus Rumänien, Rußland oder Jugoslawien kennen die hiesigen Verhältnisse kaum und wagen oft nicht, auf Mißstände hinzuweisen. Sie sind allerdings sehr interessiert und dankbar, wenn sie in Fortbildungen Anregungen und Anerkennung für ihre Arbeit erfahren und etwas über psychische Erkrankungen oder über Wirkmechanis-

men und Nebenwirkungen von Medikamenten erfahren. Hilfe kann auch eine Balint-Gruppe bieten, in der die Möglichkeit besteht, Gefühle von Hilflosigkeit und Überforderung zu artikulieren und ihre Probleme mit Patienten zu schildern. Aus dem miteinander Teilen und der gemeinsamen Suche nach passenden Lösungen lässt sich dann wieder Kraft und Rückendeckung für die Arbeit schöpfen.

Seit zwei Jahren besuchen sich Mitarbeiter verschiedener Heime in einem ambulant komplementären Verbund gegenseitig und können so Anregungen und Erfahrungen austauschen. Ziel eines solchen Verbundes der verschiedenen Einrichtungen ist es, den Bewohnern soviel Eigenverantwortlichkeit und Selbstständigkeit wie möglich zu belassen und ihnen die in ihrem Fall notwendigen Hilfen zukommen zu lassen.

Im hausärztlichen Notdienst erlebe ich oft, daß alte Menschen sich scheuen, Hilfe anzunehmen, aus Angst, daß sie aus ihrer Wohnung in ein Heim gebracht würden. Sie versuchen, solange wie irgend möglich, zuhause zurecht zu kommen. Ein abgestuftes Hilfeangebot von betreutem Wohnen, Tagesstätten und offenen Treffpunkten könnte ihnen und ihren Angehörigen dabei eine wertvolle Hilfestellung geben und letztlich Kosten für Heimplätze sparen.

Die von Frau Klessmann beschriebenen Hilfsangebote für pflegende Angehörige sollten auch im ländlichen Raum eingeführt und ausgebaut werden. Dazu gehört eine qualifizierte Beratung vor Ort, bei der Fragen der Pflege sowie im Umgang mit Vergesslichkeit und verstörendem Verhalten besprochen werden können. Viele Heime bieten bereits Kurzzeitpflege und Tagespflege an. Dieses Angebot sollte von den Pflegekassen besser finanziell unterstützt werden. Die häusliche Krankenpflege darf nicht nur die körperliche Versorgung im Minutentakt umfassen, sondern muß speziell auf die Bedürfnisse altersverwirrter Menschen hin ausgerichtet werden. Erst wenn so für Familien wirklich die Möglichkeit geschaffen ist, die oft erschöpfende und aufopfernde Pflege zu leisten, ohne auf eigene Rentenansprüche, Freizeit und Lebensqualität verzichten zu müssen, können wir von einer wirklichen Verbesserung im Bereich der Alterspsychiatrie sprechen.

Zehn Jahre danach

von Edda Klessmann

Ein Jahrzehnt ist vergangen, seit ich das Buch der Schwedin Maj Fant für Pflegende und Angehörige von Alzheimerkranken las. Aus dem spontanen Impuls, etwas Ähnliches für deutsche Leser/innen zu schreiben, konkretisierte sich 1989 ohne spätere Veränderungen das Buch, das nun in die 4. Auflage geht. Heute stellt sich die Frage für mich: Soll es so bleiben?

Eigentlich hatte ich nicht die Absicht, mich über das Buch hinaus mit der Alzheimer-Problematik auseinanderzusetzen. Durch Einladungen zu Vorträgen, Seminaren oder auch Funk- und Fernsehdiskussionen mit Angehörigen, Pflegenden und «Professionellen» blieb ich jedoch mit der Problematik verbunden und erhielt auch neue und andere Einblicke; nun nicht mehr aus der eigenen unmittelbaren Konfrontation, sondern aus einer distanzierteren und umfassenderen Teilnahme. Wie gehen andere damit um, was könnte, was müßte weiter verbessert werden? Was hat sich überhaupt inzwischen getan? Das sind Fragen, die mich heute beschäftigen, und die ich hier zusammenfassen möchte.

Ich habe zunächst registriert, daß es weitere *«Angehörigen-Bücher»* gibt, die mit jeweils besonderen Erfahrungen für jeweils spezielle Themenkreise eine unterschiedliche Leserschaft finden werden. Das Buch von Rose Götte (1997) wendet sich beispielsweise an Angehörige, die die Kranken mit «eigenen Konzepten»... «soweit wie möglich in das Leben in der Familie einbeziehen» wollen und können. Dazu kontrastiert in gewisser Weise mein Buch, das sich eher mit der Hilflosigkeit beschäftigt, wenn es daheim nicht weitergehen kann, mit den dann unweigerlich einsetzenden Schuldgefühlen und den besonders schwierigen Kommunikationsmustern der vertauschten Eltern-Kind-Rollen. Inzwischen gibt es auch Bücher von Ehe- und Lebens-Partnern, die aus einer anderen Beziehungsebene ihre ganz eigenen Erfahrungen schildern, z. B. das Buch von Alfred Fuhrmann (1990). Ich denke, daß solche persönlichen Ratgeber für stille Stunden der Begleitung weiter ihren Platz behalten werden und hilfreich sein können.

Was für mich neu, jedenfalls anders ist als zu der Zeit, in der ich meine Mutter pflegte, ist die Situation im weiteren Umfeld der Kranken, wo sich viel Positives bewegt hat und noch bewegt. In der Einleitung zur 1. Auflage meines Buches zitierte ich den Satz aus einer Ärztezeitung (von 1987): «Hirnkranke alte Menschen haben keine Lobby.» Das würde ich beispielsweise heute nicht mehr uneingeschränkt wiederholen. Die seit 1990 bestehende *Deutsche Alzheimer Gesellschaft* hat sich inzwischen zu einer allgemein anerkannten Institution mit mehr als 30 regionalen Tochtergesellschaften entwickelt. In regelmäßig erscheinenden Infoblättern werden alle Neuerungen, Mitteilungen, Veranstaltungen usw. gesammelt und den Mitgliedern zugesandt. Zum ersten überregionalen Kongress der Deutschen Alzheimer Gesellschaft im September 1997 (unter der Schirmherrschaft des Bundespräsidenten) kamen rund 1000 Teilnehmer/innen. Das Thema wurde und wird in den letzten Jahren nicht nur in der Fachliteratur und auf Fachkongressen diskutiert, sondern zunehmend auch in allen Zweigen der deutschen Medien (Zeitschriften, Funk und Fernsehen). Das Wort «Alzheimer» ist so bekannt geworden, daß es geradezu als Synonym für eine wie immer geartete Vergeßlichkeit gebraucht wird. Das war vor zehn Jahren, als die Krankheit eher ein Nischendasein führte, keineswegs der Fall.

Manches, was ich seinerzeit irritierend fand, ist inzwischen so selbstverständlich, daß die meisten kaum noch darüber nachdenken. Der heute jedenfalls nicht ungewöhnliche Anblick von Puppen, Teddybären u. ä. in den Armen oder Betten der alten Menschen war damals eher selten, zum Teil sogar umstritten (man hatte Sorge, die Kranken zu infantilisieren). Erst der Austausch mit Peter Wollschläger über seine Erfahrungen auf der gerontopsychiatrischen Station und unsere Diskussionen, ob sich hier nicht etwas Analoges, wie mit den Übergangsobjekten der Kleinkinder, abspielen könnte, ermutigten mich seinerzeit, diese Beobachtungen und Deutungen zu publizieren. Der Rollentausch von Eltern-Kind-Funktionen, der auch den Titel meines Buches prägte, ist inzwischen bei weiteren Buch- oder TV-Titeln schon «Allgemeinplatz» geworden. Manches, was ich bei meiner Mutter für unbeeinflußbar hielt, die «guten Tage» etwa, die ich schicksalsmäßig so hinnahm, wie sie gerade kamen, wurden in den letzten Jahren systematisch erforscht. Scheinbare Zufallsbeobachtungen konnten damit im größeren Rahmen gezielt zu therapeutischen Zwecken eingesetzt werden. Die Beobachtung, daß die sonst so «vergeßlichen» Kranken alte Lieder im zum Teil noch erstaunlich gut funktionierenden Langzeitgedächnis bewahrt hatten und zu Weihnachten mehr oder minder inbrünstig singen: Auch das ist ein allen Pflegenden vertrautes Phänomen geworden. Es gibt Einrichtungen, die diese Fähigkeit regelmäßig für *musiktherapeutische Interventionen* nutzen.

Ein Beispiel: Die Musiktherapeutin G.K. Loos (1997) hat sich selbst nach ihrem 80. Geburtstag in einen, wie sie schreibt, «Seniorenwohnpark umgetopft». Sie führt dort u. a. bei «Patienten mit allen nur möglichen Demenzen... mit Bewußtseins-, Wahrnehmungs-, Denk- und Sprachstörungen» musiktherapeutische Begegnungen durch. Anfänglich reagierte sie «bestürzt und ratlos» auf diese Klientel. Aber, so schreibt sie weiter, «langsam lösten sich die Krankheitsbilder in Menschenbilder auf. Ich spürte den Wunsch nach Verstanden- und Angenommenwerden... am entgegengesetzten Pol der Säuglingszeit, in der gleichen Angewiesenheit.» So begann Frau Loos intuitiv und zunächst als «Lernende» zu spielen: «...auf der Kantele ein Stückchen mit geringem Informationsgehalt, aber in klarer rhythmischer Struktur. Dabei schaue ich sie an, jeden einzeln: Du bist gemeint. Das macht sie still... Hinter einem Tuch entnehme ich dem Instrumentenkorb einen kleinen Geräuschemacher, lasse ihn erklingen und frage, was wurde gehört, erlebt, erinnert. Da ergeben sich natürlich nur bruchstückhafte Assoziationen, auch Ablehnung oder Einschlafen. Aber nach dem Schütteln eines Kürbisses mit seinen trockenen Samen sagt eine blinde Bauersfrau: ‹Als wenn die Mäuse über den Dachboden trappeln...›, und ein alter Mann erinnert nach zärtlich gehauchten Mundharmonikatönen: ‹Als großer Junge war ich sehr verliebt, da legte mir das Mädchen ihre Hand auf meine – daran mußte ich eben denken.› So werden Erinnerungen wach, längst verschüttete Zusammenhänge und Gefühle wieder lebendig. Zum Schluß führt Frau Loos aus: «Es gibt Improvisationen und Klangbilder wie ‹Wind›, ‹Regen›, ‹ich bin traurig›, ‹wir sagen uns Gute Nacht›, wobei unbeholfene, nonverbal geäußerte Sehnsucht nach Nähe und Gehaltenwerden anklingt. Manchmal singen wir auch ein altes Lied, wir mit unseren brüchigen Stimmen. Die Melodie, früh eingeprägt, finden wir schnell. Der Text liegt auf den Flügeln der Melodie... So sangen wir kürzlich etwas falsch und durcheinander, dann lachend wie Teenager ‹mein Papagei frißt keine harten Eier...› 1930 tanzten wir danach. Wer kennt das noch? Wir!» (Das weckt bei mir Erinnerungen an die Karnevalsveranstaltung im Heim meiner Mutter, s. S.117/118.)

Ich habe Frau Loos so ausführlich zitiert, weil ich hier etwas von einer Nicht-Angehörigen, aber ungewöhnlich offenen, humorvollen und intuitiv begabten Therapeutin in einem weiteren Kontext verwirklicht fand: Aus der Gleichaltrigkeit trotz der geistigen Ausfälle ein «Wir-Gefühl» zu entwickeln und damit eine Identitätsbrücke zum «normalen alten Menschen» zu bauen, mit Melodien, Rhythmen, Berührungen und Bewegungen alte Geschichten anzurühren und eine Atmosphäre von Ich-Kongruenz schaffen zu können.

Auch die *Kunsttherapie*, eine gleichfalls noch relativ junge Einrichtung in psychiatrischen und psychosomatischen Kliniken, arbeitet überwiegend mit nonverbalen Ausdrucksmitteln, die sich für demente Patienten als besonders geeignet erwiesen haben.

Ein weiteres Beispiel: Flora von Spreti (1997), Kunsttherapeutin in der psychiatrischen Klinik der Technischen Universität München, berichtet von einer Alzheimerkranken: «...in unseren Gesprächen umschiffen wir die unzähligen Klippen der fehlenden Wörter. Den Malkasten bezeichnet Frau St. als ‹Ding mit den Dingern›. ... Sie sucht sich fast immer ein großes Papierformat aus. An einem Bild arbeitet sie mehrere Stunden. Es ist wichtig für sie, am Beginn der nächsten Stunde etwas wiederzufinden, was von ihr stammt... An manchen Tagen kann sie nicht erkennen, wo das Papier endet. Dies Problem lösen wir einfach, indem wir ein Lineal an die Blattgrenze legen. Oft benutzt sie nur eine Farbe, weil sie die anderen aus dem Gesichtskreis verliert. Sie ist dann sehr erstaunt, immer denselben Farbton auf ihrem Bild zu finden. Wir haben uns darauf geeinigt, daß es in der Kunst auch einfarbige Bilder gibt... Während des Gestaltens erzählt Frau St. viel von Kindheit und Jugend... Offenbar führt sie das Malen an Erinnerungen aus ihrer Vergangenheit heran. Wieder eine Vergangenheit zu besitzen, ist für einen Menschen, der so wenig Gegenwart (und Zukunft) hat, eine große Bereicherung und eine wichtige Stütze des Selbstwertes. Nach und nach verliert Frau St. den Wunsch nach gegenständlicher Darstellung. Sicher ist es ein Zeichen ihrer fortschreitenden Krankheit, daß in ihren Bildern jetzt keine erkennbaren Gegenstände mehr auftauchen. Manchmal erschrickt sie darüber. Aber wir wissen auch, daß viele Künstler den Weg vom Gegenständlichen zur Abstraktion finden und daß sie dadurch an künstlerischer Qualität gewinnen (können). Wir machen uns klar, daß mit dem Verlassen des Gegenständlichen auch Leistung, Vergleich und formaler Zwang in den Hintergrund treten.»

Letzteres scheint mir ein wichtiges psychologisches Moment bei der Behandlung von dementen Patienten zu sein. Man steht dabei immer vor der Problematik, einerseits die noch vorhandenen

Möglichkeiten der Kranken weitgehend auszuschöpfen (was ihr Selbstwerterleben stärkt), andererseits dürfen sie nicht überfordert werden, womit man die ohnehin an sich Zweifelnden entmutigt. Da das Leistungsvermögen stark schwanken kann, ist es immer ein Balanceakt, und man sollte m. E. eher die Gefahr der Überforderung einkalkulieren. Oft haben die Kranken selbst ein gutes Gespür dafür, was sie sich noch zumuten können. Meine Mutter beispielsweise, die ja eine Kunstausbildung absolviert hatte und daher an ihre Bilder entsprechende Ansprüche stellte, hatte relativ früh aufgehört zu malen, zu einer Zeit jedenfalls, als andere Zeichen einer Konzentrations- oder Leistungsschwäche noch kaum auffielen.[1] Offensichtlich spürte die Mutter, daß sie ihr altes Niveau beim Malen nicht mehr erreichen konnte und verlor so die Lust an dieser Tätigkeit. Heute denke ich, daß man zu einem späteren Zeitpunkt unter dem Motto «Warum nicht abstrakt?» ihr vielleicht noch einmal Mut zu einer neuen Art des Malens hätte machen können. Aber die allgemeine Einstellung, «Alzheimer – da kann man nichts machen», habe ich damals als so selbstverständlich und schicksalsgegeben hingenommen, daß ich nur dankbar war, wenn es z. B. «gute Tage» gab, daß ich aber nicht auf den Gedanken gekommen wäre, solche Tage gezielt auszubauen.

Helmut Klingenfeld und Jens Bruder (1997) haben einen solchen Wandel der Anschauungen sehr klar ausgedrückt: «Der Pessimismus des Verstandes, nämlich unser Wissen, die Krankheit Demenz nicht heilen zu können, hat sich mit dem Optimismus der Tat zu verbinden, alles zu tun, um die Eigenständigkeit des Erkrankten so lange wie möglich zu erhalten, selbst dann, wenn das Ausmaß bescheiden bleibt. Das Nebeneinander vom Bewußtsein des Ungenügens und dem Wunsch nach Verbesserungen, von Aufmerksamkeit, Neugier und oft mutiger Bereitschaft zum Experimentieren läßt sich am besten mit dem Begriff des konstruktiven Umbruchs beschreiben.»

[1] Auch Fuhrmann schildert, «daß die bildnerische Begabung im Laufe der Krankheit schon zu jener Zeit in einer Kleinkind-Kritzel-Stufe endete, als meine Frau im Sprechen noch keinerlei Ausfälle hatte.»

«Mutige Bereitschaft zum Experimentieren... konstruktiver Umbruch»: Zu solchen innovativen Impulsen sind Angehörige in der Regel leider kaum in der Lage. Sie sind froh, wenn sie den Alltag einigermaßen bewältigen. Ich konnte beispielsweise das Buch auch erst schreiben, als ich nicht mehr täglich mit «Gummifäden» oder «Bleischuhen» an das jeweilige Ergehen der Mutter gebunden war, sondern nach ihrem Tod einen gewissen Abstand gewonnen hatte.

G. K. Loos, Flora von Spreti und andere haben jedoch aus einem weniger involvierten, dafür therapeutischen Überblick, sowie einer großen Identifikationsbereitschaft den intuitiven «Mut zum Experimentieren» gefunden und den «konstruktiven Umbruch» im Sinne Bruders realisiert. Bruder spricht an anderer Stelle sogar von einer «kopernikanischen Wende» (1997). Diese im ersten Moment recht euphemistisch klingende Botschaft wird durch praktische Erfahrungen, beispielsweise von Bettina Rath (1997), Jan Wojnar (1997) und anderen überzeugend verwirklicht.

Es hat sich gezeigt, daß «Schritte von der befristeten Nähe, die durch pflegerische Handlungen vorgegeben» waren, «nur erfolgreich sind, wenn sie in ein (konstantes) dementengerechtes, therapeutisches Milieu eingebunden» werden (B. Rath). Bruder charakterisiert die «Milieu-Therapie», die sehr umfassend gesehen wird, als «Grundlage der Betreuung von Demenz-Kranken, das schützende Dach, unter dem sich das Leben der Kranken abspielt». Man weiß heute, daß dazu bereits die Gestaltung und Ausstattung der Räume gehört: Als günstig hat sich beispielsweise eine 500 Lux-Beleuchtung in Augenhöhe bewährt, die eine gleichmäßige, ausreichend helle und warme Atmosphäre vermittelt. Als ungünstig haben sich hingegen krasse Farbkontraste oder Muster im Fußbodenbelag erwiesen, auf die die Kranken mit Angst reagieren können. Sie weigern sich gelegentlich sogar, über bestimmte Muster zu «steigen». Spiegel und spiegelnde Oberflächen (Glas) sollten aus dem gleichen Grund vermieden werden, da Demenz-Kranke die Zuordnung von gespiegelten Bildern häufig nicht mehr bewerkstelligen können. Allgemein gilt, daß sich übersichtliche, freundliche, nicht überfüllte und zu enge Räume besonders eignen, weil sie dem Bewegungsdrang (Umherlaufen) der Kranken einen genügend großen und einigermaßen gesicherten Auslauf ermöglichen (am besten mit Gartenanlage). Es empfiehlt sich ferner ein moderater Geräuschpegel (absolute Stille kann auch Unruhe auslösen!), Temperaturen, die nicht über 21°C liegen sollten, Oberflächen, die angenehme Berührungsreize auslösen, inklusive der bereits erwähnten weichen Plüschtiere. Kurz: Alle Sinne sollen in positiver Weise stimuliert, jedoch nicht überreizt werden. Aber Milieu-Therapie bedeutet viel mehr als die materielle Umgebung: Der gesamte zwischenmenschliche Kommunikationsbereich ist hierin eingeschlossen. Das gilt für die professionellen Pflegekräfte ebenso wie für betreuende Angehörige, und das bezieht sich auf die konkreten pflegerischen Maßnahmen (Waschen, Toilettengänge, Füttern usw.) genauso wie auf den persönlichen alltäglichen Umgang mit den Kranken.

Ich habe mich, als ich mich vor 15 Jahren mit der Frage auseinandersetzen mußte, ob und wie ich meine Mutter in ein Heim geben könnte bzw. mußte, vergeblich nach mündlichen oder schriftlichen Ratgebern umgesehen. Ich sah zunächst nur, daß es anders nicht mehr ging und zugleich, daß es eigentlich für sie unmöglich sei. Ich sah es nur als eine für die Kranke (fast) unzumutbare Notlösung an, und meine Schuldgefühle, der eigenwilligen Mutter ein solches «Gefängnis» zumuten zu müssen, stiegen unermeßlich. Ich habe allerdings damals schon, nachdem ich die Mutter eingewiesen hatte, unerwartet positive Seiten auch für die Kranke entdeckt... Das Thema *Schuldgefühle der Angehörigen* spielt in der fach- und populärwissenschaftlichen Literatur, in Vorträgen usw. nach wie vor eine große Rolle. Das läßt sich auch gar nicht eliminieren, wenn man bedenkt, daß hier über einen ehemals selbständigen Menschen in der Regel gegen seinen Willen verfügt wird.

Aber die Situation erscheint mir in dieser Beziehung heute wesentlich anders. Sprach man früher leicht vom «Abschieben» der alten Menschen und meinte damit häufig, daß die Kranken das normale Funktionieren eines leistungsfordernden Umfeldes erheblich behinderten und darum in eine Einrichtung gegeben werden mußten, wo sie weniger «störten», stand also damals die Frage im Vordergrund, was man den Kranken *zumutet*, so denkt man heute darüber nach, ob man etwas *versäumt*, wenn man ihn (sie) nicht rechtzeitig einer diagnostisch und/oder therapeutisch erfahrenen Einrichtung zuführt. Eine so radikale Umkehr der Argumentation für oder gegen eine Maßnahme rechtfertigt also durchaus das Wort von der «kopernikanischen Wende».

Man weiß allerdings, daß das Inanspruchnehmen einer rechtzeitigen Fachkonsultation unter Laien heutzutage noch nicht selbstverständlich ist. Die Frage einer rechtzeitigen Diagnostik stellte sich seinerzeit ja auch nicht, weil sie keine therapeutischen Konsequenzen beinhaltete, und die diagnostischen Möglichkeiten zudem keine sichere Diagnose garantieren konnten. Wir wissen heute, daß alles, was den krankhaften Prozeß verzögern kann, möglichst frühzeitig eingesetzt werden muß, so lange der Zerstörungsprozeß noch nicht allzu weit fortgeschritten ist. Das geht aber nur, wenn die Diagnose weitgehend geklärt ist, und das läßt sich inzwischen in Spezialeinrichtungen durchführen. In sog. Memory-Kliniken oder geronto-psychiatrischen Zentren an Universitätsklinken[2] kann die Diagnose jetzt mit Hilfe spezieller Röntgenverfahren oder standardisierter psychologischer Tests und eventuell genetischer Untersuchungen schon relativ früh und genau gestellt werden.

Wie sieht es aber konkret mit den *therapeutischen Möglichkeiten* aus? Die zentrale Frage lautet natürlich nach wie vor: Ist die Krankheit heilbar? Und die Antwort heißt leider immer noch: «Nein.» Trotzdem hat sich auf dem medikamentösen Feld etwas Entscheidendes geändert. Mußte ich vor zehn Jahren noch bei der Einteilung der drei sich überlagernden Problemfelder von einem «unbeeinflußbaren Prozeß des Abbaus von Hirnsubstanz mit entsprechenden Ausfallerscheinungen» sprechen, so kann das, dank intensiver Forschung der Pharmaindustrie, heute zum Teil relativiert werden: Durch die medikamentöse Blockade eines Enzyms (Cholinesterase) wird der bei den Kranken bestehende Mangel eines wichtigen Überträgerstoffes im Gehirn (Acetylcholin) teilweise ausgeglichen. Dadurch können sich in begrenztem Umfang die Gedächtnisleistungen und andere kognitive Funktionen verbessern, zumindest kann der weitere Abbau von Hirnsubstanz vorübergehend (u. U. bis zu zwei Jahren) gestoppt wer-

[2] Zu erfragen bei: Deutsche Alzheimer Gesellschaft e. V., Kantstraße 152, D-10623 Berlin.

den. Auch andere Pharmaprodukte mit zellschützenden Eigenschaften können den Untergang von Nervenzellen teilweise aufhalten und Verhaltensstörungen mildern. Der Geronto-Psychiater Martin Haupt konnte daher mit Recht in einer ZDF-Sendung (1998) formulieren: «Mittlerweile können wir kleine Siege über die Alzheimer-Krankheit verzeichnen... (es ist) kein Schicksal mehr, das man kampflos hinnehmen muß.»

Neben der medikamentösen Verbesserung der Situation beschäftigt sich die Alzheimer-Forschung aber auch intensiv mit den psychologischen Auswirkungen. Das Wort *«Psychotherapie»* schien mir vor zehn Jahren zu hoch gegriffen, da es damals keine systematisierten Erfahrungen gab und eine Heilung der Krankheit auf diesem Weg ohnehin illusorisch bleiben mußte. Klingenfeld und Bruder plädieren jedoch heute in ihrem bereits erwähnten Beitrag für diese Bezeichnung. Die unterschiedlichen psychotherapeutischen Strategien wurden und werden zum Teil zwar noch kontrovers diskutiert. Dennoch zeichnet sich heute schon ein historisch zu nennender Verlauf ab: Orientierte man sich (besonders in den USA) zunächst an der Realität und den dazu kontrastierenden Defiziten der Kranken, so schien es logisch, durch Gedächtnisübungen («Realitäts-Orientierungs-Training» – «ROT» oder «Gehirn-Jogging»), das normale Leistungsvermögen so lange wie möglich aufrechtzuerhalten. Das kann im Frühstadium gewisse Erfolge nach sich ziehen, vor allem, wenn Gedächtnis- und Konzentrationsaufgaben in andere Ebenen (visuelle, akustische, berührungs- und erinnerungsbezogene Vorstellungen) eingebettet werden. Insgesamt ist man heute aber von solchen Trainingsmethoden wegen der Gefahr der Überforderung mit anschließenden resignativen, ja depressiven Reaktionen wieder abgekommen.[3] Es gibt sogar Stimmen (B. Rath), die «das Realitäts-Training für den Umgang mit Dementen als brutal und erfolglos» beurteilen.

Stattdessen setzen sich z. Z. immer deutlicher *«validierende Umgangsformen»*, die auf der Methode der Validation von Naomi Feil (1990) basieren, durch. Validation bedeutet Gültigkeitserklärung,

[3] Vgl. die vergeblichen Versuche meiner Mutter, ihr Gedächtnis mit englischen Vokabeln zu schulen.

d. h., sie läßt die Sichtweise des Demenz-Kranken gelten, ohne sie an der Realität zu überprüfen oder gar zu korrigieren. Sie fordert also von den Gesunden, daß sie den Kranken in ihrer meist stark vergangenheitsbezogenen Welt begegnen.

Ein Beispiel soll das verdeutlichen: Häufig geschieht es, daß Alzheimer-Kranke ihren Ehepartner nicht mehr erkennen und «den alten Kerl» empört aus dem Zimmer weisen. Sie haben aber noch ganz lebendige Erinnerungen an die Jugendzeit, etwa ihre damalige Verliebtheit. Zeigt man ihnen Fotos des Partners aus dieser Zeit, wissen sie meist sofort, um wen es sich handelt und erzählen u. U. erstaunliche Details. Sie können die alten Erinnerungsbilder jedoch nicht mehr mit der inzwischen gealterten Person in Verbindung bringen, was für den Partner natürlich schmerzlich ist. Gelingt es diesem, mit den auch ihm vertrauten Erinnerungen in ein Gespräch zu kommen und den «XY von damals» in der dritten Person einzuführen, kann sich wieder ein lebhafter Austausch entfalten, der aber bei einem Korrekturversuch (das auf dem Bild bin doch ich!) auf umgehenden Widerstand oder Abbruch des Gesprächs stoßen kann. B. Rath erwähnt das Beispiel eines Ehemannes, der die Realitätsverschiebung nicht akzeptieren mochte, und berichtete, daß seine Frau häufig von ihm verlange, den Tisch auch für ihre Eltern und Geschwister zu decken. Die seien aber längst tot, so sagte er. Auf die Frage, warum er nicht einfach tue, was sie wolle, reagierte er empört: Nicht er sei schließlich verrückt, sondern seine Ehefrau.

Hier tut sich ein anderes wichtiges Feld auf, das man u. a. in einer Art systemischer Intervention verändern kann: das der Partner-Kommunikation. Barbara Romero (1997) hat dafür ein überzeugendes Konzept gefunden. Sie stellt die hypothetische Frage: «Wie kann ich ich-selbst bleiben und mir das Gefühl dafür erhalten, wenn das Gedächtnis brüchig geworden ist, die Erinnerungen unzuverlässig, orientierende, haltgebende Strukturen nicht mehr zu fassen sind?»

Diese Frage drückt eine 76 Jahre alte Patientin so aus: «Das Gedächtnis ist einfach im Eimer. Ich leg' etwas dahin… und fünf Minuten später sehe ich's nicht mehr. Ich such' die halbe Wohnung ab. Das ist schrecklich geworden… Wenn man so unsicher wird davon, daß man sich sagt, halt lieber den Mund; du blamierst dich bloß. Du sagst doch bloß einen Quatsch, weil du schon wieder nicht mehr weißt, was du meinst. Das ist schlimm. Man wird da – wenn man nicht aufpaßt – vereinsamt, weil die anderen sagen, mit der kannst du ja nicht reden, die redet ja lauter Quatsch.»

Die dementiellen Defizite, das wird in der schlichten Aussage der Alzheimer-Kranken deutlich, führen zwangsläufig zu Brüchen

im Selbst-Verständnis. Es kommt zu Folgeerscheinungen, depressiven oder aggressiven Regungen, Scham oder Angst. Man spricht auch von Sekundärsymptomen. Romero führt hier den Begriff des «Selbst» ein: «Das Selbst sichert die Kontinuität und die Identität einer Person, vermittelt das Gefühl: Ich bleibe ich selber, obwohl die Zeit vergeht und sich vieles durch die Lebensumstände verändert.» Gegen den Verlust dieses «Selbstseins» hat die Autorin ihr Konzept der «*Selbsterhaltungstherapie*» (SET) entwickelt. Die SET wird in einer Reha-Klinik etwa vier Wochen lang durchgeführt. Möglichst gemeinsam mit den betreuenden Angehörigen werden unterschiedliche «Maßnahmen zur verlängerten Erhaltung des Selbst» trainiert. Es gibt beispielsweise «ein Programm zum Üben von biographischem und anderem selbst-bezogenem Wissen. Dazu gehört auch der «Aufbau eines externen Gedächtnisses». Als «Träger» dafür eignen sich Filme oder Videoaufnahmen, Tonbänder, Fotoalben, die durch «kontinuierliches Vergegenwärtigen» länger präsent bleiben. Begleitende Gespräche mit den Kranken und ihren Angehörigen sowie individuell gestaltete Unternehmungen, die an alte Ressourcen anknüpfen und die noch vorhandenen Möglichkeiten verbaler und nichtverbaler Aktivitäten fördern können, sollen das Selbst-Wert-Gefühl (wieder) erlebbar machen: «Statt Selbst-Korrektur ist Selbst-Erhalt die Losung» (Romero).
In einem kürzlich gesendeten Film des bayerischen Fernsehens («Wenn Eltern zu Kindern werden...») beeindruckte mich nicht nur das veränderte Verhalten der Kranken, sondern auch die Aufgeschlossenheit und Ausgeglichenheit der Angehörigen, die zum Teil sehr überraschende neue Wege zu einem anderen Miteinander gefunden hatten. Allerdings muß hier ergänzt werden, daß sich diese Therapie in erster Linie für das erste und zweite Stadium eignet, weniger hingegen für die Endphase, da die Kranken sich dann doch schon sehr weit von der realen Umwelt entfernt haben.[4]

Die hier erwähnten Beispiele einer anderen Sichtweise (Familientherapeuten sprechen in ähnlichen Fällen vom «positiven Umdeuten einer Situation») mögen genügen, um den Methoden-Wandel der vergangenen zehn Jahre zu verdeutlichen. Die neue

4 Für diese Phase empfiehlt sich eher eine «stille Begleitung» (s. S. 157ff).

Sichtweise dürfte im übrigen nicht nur die unmittelbar Betroffenen ermutigen, sondern viele alte Menschen. Ich zitiere Schützendorf und Wallrafen-Dreisow (1991): «Fragt man alte Menschen, dann erfährt man, daß sie fast ausnahmslos die Sorge haben, mit zunehmendem Alter nicht mehr Herr ihrer Sinne zu sein». Das Credo der Autoren heißt daher, «man müßte die Zuversicht haben können, in Ruhe den Verstand verlieren zu dürfen, und man müßte in dem Gefühl leben können, daß die ‹normalen› Menschen einen auch dann als Mensch behandeln werden, wenn man in eine andere Welt ver-rückt ist». Der Titel ihres Buches heißt dementsprechend: «In Ruhe ver-rückt werden dürfen.»

Daß wir davon noch weit entfernt sind, weiß jeder, aber diesem Ziel näherzukommen, erscheint inzwischen doch greifbarer. Es kommt hinzu, daß auch die Pflege-Einrichtungen wesentlich variabler und «dementengerechter» geworden sind. Es gibt nicht nur ambulante, sondern auch *teilstationäre Einrichtungen* wie Alten-Tagesstätten, aber auch lokale Einrichtungen von Selbsthilfegruppen, «Wohngruppen», «betreutes Wohnen» u. ä. Eine Wohngruppenpflege vermag z. B. während einer begrenzten Phase Sekundärsymptome, wie Ängstlichkeit, Depression und Mißtrauen zu reduzieren, aber auch ein Unabhängigkeitsgefühl für längere Zeit zu gewährleisten. In einigen Fällen bezieht man bewußt die Angehörigen in Tagesaktivitäten mit ein, so daß ein besonders familiäres Lebensgefühl entstehen kann, das sich unter Mitwirkung der Angehörigen auch individueller gestalten läßt.

Eine wesentliche Voraussetzung für die Realisierung der neuen Konzepte ist allerdings ein breiter Konsens der Bevölkerung, die Krankheit nicht mehr zu tabuisieren, und die Bereitschaft der Betroffenen, sich der Diagnose so früh wie möglich zu stellen. In einer Presseerklärung (1998) der Deutschen Alzheimer Gesellschaft heißt es folglich: «Damit alles bisher an Therapie und emotionaler Unterstützung Mögliche zum Tragen kommt, ist eine *frühe Diagnose* erforderlich!» (Bruder). Alexander Kurz (1997) formuliert es so: «Was Patienten, Angehörige und Ärzte häufig nicht wahrhaben wollen: Nur wenn die Diagnose gestellt ist, können die heute vorhandenen Möglichkeiten der Behandlung genutzt werden», und er ergänzt, «daß viele Ärzte die Bedeutung einer klaren Diagnose verkennen und die therapeutischen Möglichkeiten (noch) viel zu negativ einschätzen. Vor allem nehmen sie nicht wahr, daß... schon ein geringer Zuwachs von Übersicht und Selbstsicherheit einen unschätzbaren Gewinn bedeuten kann. Sie haben kaum eine Vorstellung davon, welche Erleichterung die Familie empfindet, wenn das Fortschreiten der Krankheit wenigstens eine Zeitlang aufgehalten wird, oder wenn problematische Verhaltensweisen wie Aggressivität und Unruhe zurückgehen.»

Ich denke, daß sich diese hoffnungsvollere Sicht zunehmend verbreiten wird und möchte daher nach der «Zehn-Jahre-danach-Rückschau» noch eine Vorausschau für weitere zehn Jahre wagen: Ähnlich, wie man sich heute in breiten Teilen der Bevölkerung wegen der Bedeutung der frühen Diagnose Krebsvorsorge-Untersuchungen unterzieht oder bei Verdacht auf Aids einen HIV-Test durchführen läßt, wird es bei einem Alzheimer-Verdacht immer selbstverständlicher sein, eine diagnostische Untersuchung zu veranlassen, und zwar um so selbstverständlicher, je mehr sich das Angebot therapeutischer Möglichkeiten verbessert.

Damit zeichnet sich allerdings ein weiteres Konfliktfeld ab, das vor zehn Jahren in Deutschland *so* noch nicht diskutiert wurde. Neue Medikamente müssen, bevor sie allgemein angewandt werden, auf ihre Wirksamkeit, eventuelle Nebenwirkungen usw. getestet werden. Man muß also – wie auch sonst in der *pharmakologischen Forschung* – vergleichende Untersuchungen durchführen. Das geschieht üblicherweise mit dem Einverständnis der Probanden einer solchen Testserie. Was macht man nun mit Demenzkranken, die die persönliche Reichweite einer pharmakologischen Prüfung gar nicht mehr abschätzen können (z. B. Unverträglichkeiten, Blutentnahmen für Labortests usw.). Die Frage einer sog. «fremdnützigen Forschung an nicht einwilligungsfähigen Demenzkranken» wird bei uns wegen der nationalsozialistischen Übergriffe immer noch kontrovers diskutiert. In der Deutschen Alzheimer Gesellschaft wurde daher in Ergänzung zu der vom Europarat relativ weit gefaßten Bioethik-Konvention ein eigener Arbeitsausschuß gegründet, der zu den schwierigen Fragen der Grenzen einer Einwilligungsfähigkeit Stellung beziehen soll.

Die Möglichkeit einer frühzeitigen Diagnostik könnte vielleicht auch in dieser Frage weiterhelfen. Ich wünschte mir jedenfalls für die Zukunft, daß man dann nicht nur «in Ruhe», sondern auch «in Würde ver-rückt werden» dürfte, weil man rechtzeitig, d.h. im Frühstadium der Krankheit noch über sein weiteres Schicksal mitbestimmen könnte, z.B. um durch die selbstgewählte Teilnahme an einem Forschungsprojekt dem so sinnlos wirkenden Verfall einen sinn-vollen Aspekt hinzuzufügen. Man könnte es auch als eine weitere Möglichkeit ansehen, länger auf der «*Erwachsenen-Ich*»-Spur (s. S. 124ff) zu bleiben.

Lemgo, November 1998

...und noch einmal zwei Jahre später: Neues zum Schwerpunkt «Pflege der Pflegenden»

von Edda Klessmann

Zwei Jahre sind seit der 4. Auflage des Buches und meinem dafür geschriebenen Beitrag «Zehn Jahre danach» vergangen. Inzwischen ergibt sich anlässlich der 5. Auflage erneut die Frage nach einem «Nachwort».

Ich habe mich für den folgenden Beitrag entschlossen, weil mir so erfreulich auffiel, daß das scheinbar tote Gleis des Alzheimer-Schicksals immer neue Gegenpotentiale weckt. Z. Z. betrifft das vor allem die pflegenden Angehörigen. Was diese nach wie vor täglich vollbringen müssen: Geduldige Zuwendung, das Annehmen-Können des Verfalls, die Paradoxien in der Rollenverteilung, die Schuld- und Ohnmachtgefühle, auch hilfloser Zorn , neben der physischen Belastung der Pflege: das bleibt eine schwer zu tragende Dauerbelastung. So hat man in dem sensiblen Beziehungsdreieck: Kranke / Pflegende Angehörige / Pflegende Fachkräfte gerade den stark-sein-müssenden Pfeiler der pflegenden Angehörigen als möglichen Schwachpunkt bei allzu großer Belastung entdeckt.[1]

Neben den schon immer bestehenden Angehörigen-Gruppen-Aktivitäten werden daher Angebote unterbreitet, die man auch als prophylaktisch-therapeutische Maßnahmen gegen Dekompensationen ansehen könnte. Die *«Pflege der Pflegenden»* rückt so in den Vordergrund der Aufmerksamkeiten.

Ich möchte zwei Beispiele zitieren, die mich sehr überzeugten und vielleicht auch weitere, ähnliche Entwicklungen nach sich ziehen können. Das erste nennt sich *«Betreuter Urlaub»* und wird durch Jörg Springmann von der Alzheimer Gesellschaft Münster[2] organisiert. Der «Betreute Urlaub» findet seit fünf Jahren

1 Ein Synonym für die Alzheimer-Krankheit heißt: «Die Krankheit der Angehörigen»...

2 Auskunft erteilt: Jörg Springmann, Alzheimer Gesellschaft Münster, Postfach 4008, 48002 Münster – oder: Fasanenweg 7, 23946 Boltenhagen

(seit einiger Zeit in enger Kooperation mit der «Alzheimer-Angehörigen-Initiative», Berlin) statt. Inzwischen kommen Teilnehmer/innen aus dem ganzen deutschen Raum nach Boltenhagen an der Mecklenburgischen Ostseeküste, wo insgesamt 8 Termine in den Nebensaisonzeiten für rund 180 *Kranke mit ihren Angehörigen* zur Verfügung stehen. Das Besondere dieser «Kuren» ist die Entlastungsmöglichkeit durch professionelle Pflegekräfte (im Verhältnis 1:1), die den begleitenden Angehörigen ermöglichen, sich je nach individuellem Bedarf aus der *Betreuung* und Pflege *zurückzuziehen – ohne den Kontakt zum Kranken zu verlieren!* Neben der dringend notwendigen Erholung vom Pflegealltag werden gemeinschaftsfördernde Maßnahmen für die Kranken (z. B. «die Wassergruppe»), aber auch *spezielle Angebote für Angehörige* unterbreitet; sei es durch entspannende oder anregende Veranstaltungen, aber auch mittels spezieller Angebote wie SET (Selbsterhaltungstherapie nach Romero, s. S. 199). Die pflegenden Angehörigen werden so bei gleichzeitiger Nähe zum Erkrankten wirksam entlastet, beiden, Pflegenden und Kranken werden neue Strukturen der Beziehung vermittelt, womit auch die weiterhin stattfindende häusliche Pflege entlastende Impulse erhält.
Ist beim «Betreuten Urlaub» der Aufmerksamkeitsfokus vor allem auf die Beziehung gerichtet, so ist der prophylaktisch-therapeutische Aspekt der «Zürcher Memory Klinik» über das Beziehungsfeld hinaus auch auf *das individuelle Verarbeiten bei den Angehörigen* gerichtet. Die Memory Klinik Entlisberg ist eine ambulante Institution der Stadt Zürich. In Ferienseminaren dieser Einrichtung können die betreuenden Angehörigen die Beziehung zu ihren Kranken aus Lehm modellieren und anschließend über das, was während des Gestaltens sichtbar und spürbar geworden ist, sprechen.

Ein ehemaliger Schneidermeister hat die eheliche Beziehung mit seiner Alzheimer-kranken Frau als verkrüppelte Hand modelliert, weil er so vieles «nicht im Griff» habe. Der Mann ist verzweifelt über die Veränderungen seiner Frau. Er kann nicht mehr unterscheiden, was auf die Krankheit zurückzuführen ist oder auf den (nicht vorhandenen?) Willen. Er weiß sich selber kaum zu helfen und ist durch seine Betreuungsaufgaben derart absorbiert, daß er die nötige Kraft nicht findet, sich Unterstützung zu organisieren. Die Situation droht zu entgleisen. Etwas nicht «im Griff haben» bedeutet, sich ohnmächtig, hilflos und ausgeliefert zu fühlen. Ein solches Gefühl des Kontrollverlustes kann in eine ohnmächtige Wut wachsen. Ohnmächtige Wut, die verdrängt wird, kann aber auch zu psychosomatischen Beschwerden führen, wie z.B. Magen- oder Darmbeschwerden, die vom «Herunterschlucken» von Ärger und Wut ausgelöst werden können.

Insofern ist die Methode der Memory Klinik auch ein *therapeutischer Akt,* der heilende Wege zu einer Entspannung bzw. Veränderung der Situation schaffen kann.
Regula Schmid[3] , die die Modelliergruppen leitet, besitzt inzwischen eine Sammlung von rund 80 Lehmgruppendarstellungen. Ein anderes Beispiel:

«Ich habe meinen Mann und mich je mit einem Rucksack dargestellt. Sein Rucksack wird immer kleiner, weil er mit Fortschreiten der Krankheit seine Schwächen immer weniger wahrnimmt und darum weniger leidet. Mein Rucksack wird immer größer, weil durch seine Krankheit immer mehr Sachen hinein kommen. Ein großes Gewicht in meinem Rucksack ist der Kampf, den ich mit mir selber immer noch austrage, weil ich meine Lieblingsbeschäftigung, meinen Teilzeitjob, aufgegeben habe, um meinen Mann zu betreuen. Ich tue mich immer noch schwer, diese Entscheidung zu akzeptieren. Ich formte eine Kette um unsere Beine, die bedeutet, daß ich nicht so schnell laufen darf, wie ich will. Ich muß langsamer werden und neben ihm hergehen – nicht vorne weg. Das muß ich noch lernen. Wenn es mir gelingt, langsam zu sein, ist mein Mann zufrieden und aufgehoben. Deshalb habe ich ihm einen Hut aufgesetzt, der symbolisiert, daß mein Mann geborgen ist, wenn ich da bin...»

Auch diese Darstellung gab kreative Ansätze zu neuen Versuchen, sich mit der Situation abzufinden und positive Ressourcen in der Betreuungsaufgabe zu entdecken.

Eine andere Ehefrau hat sich und ihren Mann als einen einzigen umschlungenen Pfahl modelliert. Als sie ihre Skulptur in der Gruppe betrachtete, erzählte sie: «Seit vier Jahren werde ich umklammert, von ihm, der Angst hat, mich zu verlieren. Er war immer auf der Suche nach Geborgenheit. Früh hat er seine Mutter verloren, später die Mutter seiner Kinder... Wir sind wie zusammen gewachsen. Ich muß dieses Schicksal annehmen... Ich merke aber auch, daß ich zu wenig für mich selber gesorgt habe, so dass ich dieser Welt kaum noch zu-

3 Lic. phil . R. Schmid, Leiterin der Memory Klinik, Entlisberg , Paradiesstr. 45, 8038 Zürich

gehöre. Auch ich war immer auf der Suche nach Geborgenheit. Ich hoffe, diese hier in der Gemeinschaft zu finden.»

R. Schmid führt dazu aus: «Die Ambivalenz der Betreuungssituation, die ja einerseits eine enorme Belastung ist, andererseits aber durchaus auch eine Bereicherung sein kann, ist ein zentrales Thema der Angehörigen-Arbeit. Entlastungsmöglichkeiten werden von den betreuenden Angehörigen oft nicht angenommen. Offenbar hat diese Vorstellung mit widersprüchlichen Wünschen zu tun: Der Wunsch nach Entlastung ist zwar stark, ebenso aber auch der Wunsch nach Gehaltenwerden und die Angst vor dem Alleinsein. Das ist eine symbiotische Falle. Wird die Ambivalenz des symbiotischen wie auch des trennenden Verlangens nicht erkannt und akzeptiert, kann es eine Entlastung verunmöglichen. Durch die institutionelle Trennung (während des Ferienaufenthaltes) wird u. a. auch ein Prozeß des inneren Loslassens ausgelöst. Die Betroffenen erkennen, daß sie ihren Kranken am besten beistehen können, wenn sie *auch für sich selber Sorge tragen* und sich nicht allzu sehr verschlingen lassen.
Die eben zitierten Beispiele mögen, so hoffe ich, Anregungen geben, um das weite Feld der «Pflege» von Alzheimer-Angehörigen noch weiter auszubauen. R. Schmid zitiert verschiedene kontrollierte Studien, in denen nachgewiesen wird, daß durch solche Maßnahmen Demenzkranke bis zu 39 Monate länger zu Hause bleiben konnten (was natürlich auch erhebliche Kosteneinsparungen bedeutet).

Lemgo, Dezember 2000

Literatur

Berne, E.: Spiele der Erwachsenen. Rowohlt, Reinbek 1970.

Brodaty H. et al (1991) Cost effectiveness of a Training Program for Dementia Carers. International Psychogeriatrics, Vol. 3, No. 1.

Bruder, J.: «Kopernikanische Wende», zitiert bei Rath, B.: Psychotherapeutische Aspekte bei Alzheimer-Demenz. In: Forum Sozialstation 88/1997.

Fant, M.: Att bli mamma till sin mamma. Natur och Kultur, Lund 1988.

Feil, N.: Validation. Ein neuer Weg zum Verständnis alter Menschen. Delle-Karth., Wien 1990.

Fuhrmann, A.: Das Alzheimer-Schicksal meiner Frau: Lebend begraben im Bett? Trias, Stuttgart 1990.

Götte, R.; Lackmann, E.: Alzheimer – was tun? Eine Familie lernt, mit der Krankheit zu leben. Beltz, Weinheim – Basel 1997.

Haupt, M.: Alzheimer-Krankheit. Klinisches Erscheinungsbild und Verlauf. Z. f. Allgemeinmedizin, 15, 372, 1989.

Van Hoesen, E.: Liebesmüh mit alten Eltern. Kreuz-Verlag, Stuttgart 1987.

Klingenfeld, H.; Bruder, J.: Nicht medikamentöse Behandlungs- und Betreuungsformen... Fidem-aktuell 2, 1997.

Kraft, H.: Die Kopffüßler. Eine transkulturelle Studie zur Psychologie und Psychopathologie der bildnerischen Gestaltung. Hippokrates, Stuttgart 1982.
– Grenzgänger zwischen Kunst und Psychiatrie. Du Mont, Köln 1986.

Kurz, A.; Feldmann, R.; Müllers-Stein, M.; Romero, B.: Sozialpsychiatrische Probleme bei der Betreuung und Therapie von Patienten mit dementiellen Erkrankungen. In Weitbrecht, W.-U. (Hrsg.): Dementielle Erkrankungen. Springer, Berlin/Heidelberg 1988.

Kurz, A.: Angst vor den Folgen. Die positive Bedeutung einer klaren Diagnose wird verkannt. In: Forum Sozialstation 88, 1997.

Lauter, H.: Die Alzheimersche Krankheit. Deutsches Ärztebl. 86, 794, 1989.

Loos, G. K.: Abschiedsmusik In: Musiktherapeutische Umschau, 18, Heft 2, 1997 (Themenheft Musiktherapie in der Altenarbeit).

Mace, N.L.; Rabins, P. V.: Der Sechsunddreißig-Stunden-Tag. Huber, Bern 1996 (4. Auflage).

Oswald, W. D.: Altersdemenz läßt sich eindämmen. Selecta, 29/30, 1694, 1989.

Petzold, H.: Integrative Therapie. Der Gestaltansatz in der Begleitung und psychotherapeutischen Betreuung sterbender Menschen. In: Spiegel-Rösing, I.; Petzold, H. (Hrsg.): Die Begleitung Sterbender. Junfermann, Paderborn 1984.

Rath, B.: Psychotherapeutische Aspekte bei Alzheimer-Demenz. Den Spuren innerer Welten folgen. In: Forum Sozialstation 88, 1997.

Romero, B.; Kurz, A.: Kommunikationswege für Alzheimer-Kranke. In: Roth, V. M. (Hrsg.): Kommunikation trotz gestörter Sprache. G. Narr, Tübingen 1988.

Romero, B.: Selbst-Erhaltungs-Therapie (SET) bei der Alzheimer-Krankheit. Ergotherapie und Rehabilitation 2, 3, 1997

Sacks, O.: Der Mann, der seine Frau mit einem Hut verwechselte. Rowohlt, Reinbeck 1987.

Schlegel, L.: Die Transaktionale Analyse. UTB Francke, München 1984.

Schützendorf, E.; Wallrafen-Dreisow, H.: In Ruhe verrückt werden dürfen. Für ein anderes Denken in der Altenpflege. Fischer TB, Frankfurt/M. 1991.

v. Spreti, F.: Ich bin wieder wer. Kunsttherapie mit einer Alzheimer-Patientin. Alzheimer Info 4, 1997.

Soziale Psychiatrie. Rundbrief der deutschen Gesellschaft für soziale Psychiatrie e.V., 23. Jg., Heft 2.

Stierlin, H.: Eltern und Kinder im Prozeß der Ablösung. Suhrkamp, Frankfurt 1975.

Weakland, J. H.; Herr, J. J.: Beratung älterer Menschen und ihrer Familien. Huber, Bern 1988 (2. Auflage).

Wettstein A. et al (1996) Kostenreduktion im Langzeitpflegebereich dank Memory Klinik. Schweiz. Rundschau für Medizin. Praxis. No. 85, S. 1175–1179.

Winnicott, D. W.: Vom Spiel zur Kreativität. Klett-Cotta, Stuttgart 1987 (4. Auflage).

Zimmer, R.: Alzheimer-Krankheit. Klinische Diagnose. Z. f. Allgemeinmedizin, 15, 379, 1988.

Zgola, J.: Etwas tun! Die Arbeit mit Alzheimerkranken und anderen chronisch Verwirrten. Mit einem Vorwort von Michael Martin und einem Adressenteil. Huber, Bern 1999 (2. Auflage).

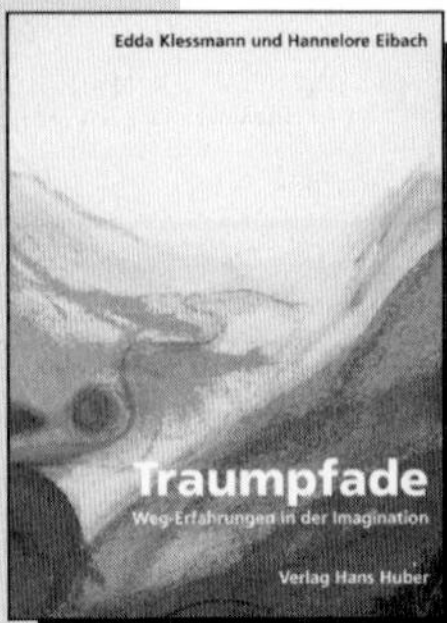

Edda Klessmann / Hannelore Eibach

Traumpfade

Weg-Erfahrungen in der Imagination

1996. 143 S., Kt
€ 32.95 / CHF 51.00
(ISBN 3-456-82817-9)

Wege, Pfade, Straßen, Schienen und Brücken verbinden die Häuser, Büros und Fabriken, und – wenn sie im Traum vorkommen – den Träumenden mit seinen Zielen und Vergangenheiten, mit seinen Hoffnungen und Versäumnissen. Die Autorinnen beschreiben und systematisieren diese unterschiedlichen Weg-Erfahrungen. Dank hundert farbigen Abbildungen, meist Patientenzeichnungen, nehmen diese Traumpfade zugleich konkrete Gestalt an.

Edda Klessmann / Hannelore Eibach

Wo die Seele wohnt

Das imaginäre Haus als Spiegel menschlicher Erfahrungen und Entwicklungen

2. Aufl. 1999. 180 S., Gb
€ 39.95 / CHF 78.00
(ISBN 3-456-83142-0)

Seit Menschen Häuser bauen, sind diese immer auch Symbol für den Körper, in dem die «Seele wohnt». Die Autorinnen wählten aus ihrer großen Sammlung von Bildern 165 besonders eindrückliche aus, ordneten sie und kommentierten sie gemeinsam. Daraus ist eine vielfältige «Häuser-Anthologie» entstanden, die anregen will, aber auch dem Nachschlagen dienen soll.

http://Verlag.HansHuber.com

Verlag Hans Huber
Bern Göttingen Toronto Seattle

Nancy L. Mace / Peter V. Rabins

Der 36-Stunden-Tag

Die Pflege des verwirrten älteren Menschen, speziell des Alzheimer-Kranken

Übersetzung und Anhang von Michael Martin.
5., vollst. überarb., erw. u. akt. Aufl. mit Adressteil
2001. 375 S., Kt € 26.95 / CHF 44.80
(ISBN 3-456-83486-1)

Dieser inzwischen weit verbreitete Alzheimer-Ratgeber wurde speziell für Angehörige und Pflegende geschrieben. Ihr Tag ist mehr als ausgefüllt mit der Betreuung und Überwachung der Kranken. Die fünfte deutsche Auflage wurde an die neueste amerikanische Ausgabe angepasst, und der Anhang für deutsche Leser wurde erneut aktualisiert.

J. M. Zgola

Etwas tun!

Die Arbeit mit Alzheimerkranken und anderen chronisch Verwirrten

Mit einem Vorwort von Michael Martin und einem neuen Adressenteil.
Aus dem Englischen übersetzt von Ute Martin.
2., erg. Aufl. 1999. 138 S., Kt € 15.95 / CHF 26.80
(ISBN 3-456-83397-0)

«Das Buch eignet sich für Angehörige und Pflegende, die demente Menschen betreuen. Es hilft zum besseren Verständnis dieser Krankheit und zeigt neue Perspektiven für die anspruchsvolle Aufgabe der BetreuerInnen.»
(Sylvia Zangger in «Krankenpflege»)

Verlag Hans Huber
Bern Göttingen Toronto Seattle

http://Verlag.HansHuber.com